KB261554

청소년 포교 지침서

오성일 지음

불광출판부

청소년 포교 지침서

오랜만에 아주 오랜만에 단비가 내려 온 대지가 촉촉히 젖어 나무와 풀들이 생기를 되찾아 영롱하게 빛나는 6월의 상쾌한 아침이다.

여기 저기서 찾는 이 책이 햇빛을 보게 되어 축하라도 하듯이 젖은 숲 속에서 새들도 노래 부른다.

한 수인의 참회 편지를 보고 청소년 수련원 문을 열고 청소년 교화를 시작한 지도 벌써 25년이란 연륜이 쌓였다. 그 오랜 세월 하루같이 쉬지 않고 열심히 하였다. 힘드는 줄 모르고 즐겁게 기쁘게 행복하게 정말 열심히 하였다.

그 동안 수많은 우리 청소년들이 수련을 하고 부처님의 지혜와 자비를 배워 갔고 그들이 벌써 부모가 되어 그들 자녀를 이 수련원에 보내고 있다. 이 책에 소개하는 내용들은 지난 25년 동안 청소년 포교를 하면서 어떻게 하면 좀더 부처님의 위대한 사상과 생애와 가르침을 미래에 이 세상의 주인이 될 청소년들에게 잘 전할 수 있을까? 하는 끊임없는 노력과 정성어린 연구로 이루어진 실제 진행한 자료들이다.

아무리 불교에 처음인 청소년이라도 3박 4일 수련 한 번만 하고 나면 이 세상에서 부처님처럼 위대하신 분이 없고 부처님의 가르침이 훌륭하시다는 것을 순수한 그들 마음에 느끼며 불교를 믿는 마음이 생긴다.

그리고 부모은중경을 통하여 부모님의 은혜를 알고 효도할 마음이 생기고 3귀의, 5계, 수계 설법을 통하여 인간이 어떻게 바르고 착하고 청정하게 살아갈 바른 가치관을 갖게 되는가를 그들이 남기고 간 소감문에서 늘 읽게 된다.

그 보람으로 오랜 세월 기쁘게 포교한다.

우리 불교계도 근래에 들어 부쩍 청소년 포교에 관심이 높아져서 이 곳으로 청소년 포교 자료를 구하러 오는 분들이 많아 그 동안 흩어져 있는 자료들을 보내드리면서도 부족한 마음 가득하였다.

작년 여름에는 미국 교환교수로 가 있으면서 청소년 포교를 하는 우리 나라 성균관대학 교수님이 자료를 구하러 사람을 보내서 우선 챙겨 보내기는 하였는데, 이 책이 나오면 그런 분들에게 좀 도움이 될 텐데 하여 더 급한 마음이었다.

3년 동안 정리해 오던 원고를 이제 탈고하고 햇빛을 보게 되었으니 참으로 오랜 숙제를 다한 홀가분함이다.

이 책이 나오기까지 모든 소중한 인연에 감사드리며 이 땅의 청소년 포교에 조금이라도 보탬이 되었으면 하는 바람으로 부족함 무릅쓰고 이 책을 펴낸다.

불기 2544년 6월
신흥사 · 청소년 수련원에서
오 성 일 합장

차 례

설법

불자예절과 의식

불교상식

청소년을 위한 심성수련

Ⅰ

청소년 포교 25년 하루같이

우리 청소년들은 아름답고 건전하고 희망적이다
- 토론발표를 보고 -

지금 사회적으로 청소년 문제를 가지고 많은 걱정들을 하고 또 청소년 범죄 또한 날로 많아지고 극악해지며 학교 폭력 문제 같은 것 등이 많은 사회문제를 일으키고 있다. 그러한 뉴스를 접할 때마다 안타깝고 안타까울 뿐이다. 우리가 포교를 하면서도 제일 어려운 계층이 바로 청소년이다. 청소년들은 시간도 정서도 불완전하기 때문에 교화할 기회와 환경이 여의치 못하다. 더욱이나 근래에는 대학입시 때문에 공부 공부하여 가정에서도 사회에서도 학과 공부에만 치중하다 보니 인성 교육에는 소홀해졌다.

그 결과 많은 우리의 사랑스런 청소년들이 탈선의 늪으로 빠져 들어 가고 있다. 그러나 청소년 토론 발표를 들어보면 더 많은 우리 청소년들은 아름답고 건전하고 희망적이다.

예를 하나 들어보면 '부모님과의 갈등 요인'을 주제로 토론하여 대화 부족, 세대차이 등 문제점이 이야기되고, 부모님을 이해하려고 노력하여 부모님의 뜻을 거스르지 않고 집안 일을 분담하여 도와드리며 아침, 저녁 인사부터 잘하자라는 결론이 나왔다.

이런 식으로 모든 문제의 잘못들을 부모 탓이나 남의 탓으로 돌리지 않고 자기들의 탓으로 돌리며 자신들이 개선하겠다는 긍정적인 사고를 다 가지고 있어 토론 발표를 들을 때마다 누가 뭐래도 우리 청소년들은 아름답고 건전하고 희망적이라는 생각을 하게 된다. 그 동안 청소년 선도의 예만 보아도 얼마든지 고칠 수 있고 잘 할 수 있고 더 잘할 수 있는 가능성이 우리 청소년들에게는 있다.

겨울 햇살이 은빛처럼 빛나네
- 인재를 길러야지 -

　청소년 겨울 수련 3일째 되는 날 다행히 날씨가 포근하고 겨울 햇빛이 따사롭게 은빛처럼 빛나는 오후 나절이다. 수련 일정 중 '서해 바다를 바라보며 산 위에서 민속놀이' 시간이어서 수련생들이 모두 서해바다가 내려다보이는 구봉산 정상 당성 꼭대기에 올랐다. 솔숲에 노랗게 쌓인 마른 솔잎 위에 추운지도 모르고 앉아, 놀이를 지도하는 간사의 진행에 따라 열심히 재미있게 민속놀이를 하고 있다. 올라가면서 들으니 청소년들의 까르르 까르르 재미있다는 맑은 웃음소리와 손뼉치는 소리가 고요한 산 정상을 메아리친다. 가까이 가보니 놀이지도 간사가 참 재미있게 진행하고 있다.

　지난 반년 동안 특별 교육비를 들여 불교 레크리에이션 협회에 보내 교육을 시켰고 레크리에이션 지도자 자격증도 땄다.

　대학 4학년인 이 간사는 전공이 컴퓨터 공학인데 이 인연으로 졸업 후 이벤트 회사에서 환영받는 직원이 되었다.

　또 한 대학생은 선기공 수련원에서 6개월 교육받게 하여 청소년 수련 때 선 체조를 성인 수련 때 선무도를 지도하는 대학 4학년 간사로, 동국대 사회대학원 선무도 교육원에 입학시켜 2년째 계속 배우면서 지도하고 있다. 그리고 다도와 예절을 가르치기 위하여 스님이 다문화원에서 교육받아 청소년들을 지도한다.

　이렇게 수련 지도에 필요한 특수 분야의 지도자들을 외부에서 초빙해 보니 여러 가지로 힘든 일이 많아 자체적으로 우리 식구를 곳곳에 보내어 교육시켜 활용한다. 참으로 바람직하다.

절로 봐서는 여러 가지로 편하고 본인들로 봐서도 하나의 특기를 익히게 되니 아주 좋다. 그리고 또 종단에서 행하는 어린이, 청소년 지도자 연수교육 때도 모든 교육비를 대어 많이 참가시켜 보고 듣고 배우게 한다. 나머지 불교 교육은 사내에서 법회와 교육 시간을 통해서 지도 간사로 키우고 활용한다.

이렇게 노력한 결과 수련 때 지도 간사가 30여 명씩 확보되어 수련을 원활히 쉽게 할 수 있는 것이다. 이 곳 어린이, 중·고등학생들은 대학 가면 간사 하는 것이 꿈이라고 할 정도로, 우리 신흥사 간사들은 그 역할이 활발하고 크다.

물론 간사 중에는 대학생이 될 때까지 절에 처음 나온 사람도 있다. 가령 그 어머니께서 아들, 딸 대학 입학 기도를 열심히 하여 시험 합격하면 감사하다고 인사드리러 올 때 대학생이 되었으니까 여름 수련부터 간사로 와서 봉사를 해 보라고 권한다.

처음에는 모두 불교를 몰라 망설이지만 스님께 교육받으면 다 할 수 있다고 하여 참가한다. 이렇게 해서 3박 4일 서투른 간사지만 한 번 하고 나면 불심이 생기고 또 자기 자신이 불자가 되는 것이다. 그래서 학교에서는 불교 학생회에 가입하고 군에 가서는 군법당에서 군종병으로 종사하는 등 어쨌든 수련 한 번만 거쳐가면 불교 믿는 마음이 굳어진다.

그래서 이 간사 활용은 두 가지 이득을 얻는 셈이다. 그 하나는 어린이, 청소년 수련 때 지도자의 큰 역할과 그리고 그 간사들까지도 불자로 만드는 것이다. 곳곳마다 사람이 없어 어린이, 청소년 포교를 하지 못하겠다는 걱정들을 하던데 인재는 발굴하고 기르고 요소 요소에 적절하게 쓰면 된다. 우선적으로 신도들의 자녀들부터 자꾸 찾아내야 한다.

우리는 자랑스런 야사스 풍물패
- 신흥사 중 · 고등학생회 -

청소년 수련 때마다 우리 신흥사 야사스 풍물패의 공연은 전국에서 수련 온 많은 청소년들의 부러움의 대상이다.

서양음악은 한참 듣다 보면 머리가 더 어수선하지만 우리 가락 풍물치는 것은 한참 들으면 머리가 시원해지고 정신이 맑아진다.

듣는 사람도 이럴진대 직접 풍물치는 청소년들의 마음이야 얼마나 시원하겠는가? 우리 가락은 참 흥겹고 마음을 순수하게 만드는 힘이 있다. 일요일 중 · 고등학생 법회가 끝나면 특별 활동으로 풍물을 배운다.

40여 명의 회원들이 다 칠 수 있게 장고, 북, 징, 꽹과리 등을 많이 구입해 주었다.

십몇 년 전에 처음 가르칠 때는 강사를 초빙하여 가르쳤는데 그 이후로는 선배가 후배들을 가르치고 하는 것이 연이어져서 계속 선배가 가르친다. 그리고 청소년들은 거의가 또 이 풍물치는 것을 좋아하여 열심히 배우고 친다. 한참 열중해서 풍물치는 그들의 빨갛게 물든 볼, 이마에 송글송글 맺힌 땀방울을 보면 풋사과처럼 순수하고 예쁘다.

그리고 신흥사의 큰 행사 때마다 행사가 시작하기 직전에 우리 청소년들이 풍물을 한 번 치고 들어가면 행사장은 조용해지고 금세 정리된다.

그리고 부처님 오신 날 밤 제등행진 때 풍물 의상인 초록빛 색동옷을 입고 긴 제등행렬을 왔다갔다하면서 풍물치는 모습은 너무나 제등행진을 활기차게 만든다. 땀을 뻘뻘 흘리면서 열심히 풍물치는 아이들을 보면 대견하고 불교의 장래 희망이 저 아이들에게 다 있다는 생각이 든다. 이 풍물치는 것은 자꾸 장려해서 공부하느라 힘든 청소년들의 스트레스도 해소하고 정서적으로 큰 도움이 되도록 하여야 한다. 그리고 우리 중·고등학생회원들을 보면 참 대견하고 칭찬할 만한 일들이 많다.

큰 행사 때는 꼭 전날 저녁에 절에 들어와 자고 행사날 이른 아침부터 열심히 절 일을 돕는다. 그것도 아주 즐거운 마음으로 저희들끼리 재미있게 장난도 치며 리본을 달아 드리고 등을 나르고 등을 걸고 또 뒷정리까지 한다.

청소년 수련 때도 보면 수련이 끝나고 여러 곳에서 온 수련생들이 떠나는 길목에 줄서서 잘 가라고 손 흔들며 배웅해 보내고는 저들도 수련하느라 힘들텐데 수련원 뒷정리까지 하고 나중에 집에 가면 스님은 너무 기특해서 팥빙수도 사준다.

행사 때 축가를 부를 때도 보면 학생회 청소년들의 찬불가 소리가 제일 청아하고 듣기 좋다. 신흥사 큰 행사는 모두 일요일로 한다. 그래야 어린이, 청소년, 대학생, 청년, 어른들, 더욱이 직장을 가진 남자 분들이 대거 참석할 수 있기 때문이다.

이렇게 행사에 청소년, 대학생들이 있어야 행사가 생기가 나고, 거사님(남자 신도)들이 또 많이 참석하여야 행사가 무게가 있고 근엄하고 든든하다. 다른 사찰보다 큰 행사가 많은 신흥사 행사날 보면 어린이, 청소년, 대학생, 청년, 어른들 모두가 한가족 한마음이 되어 화기애애하게 정성껏 행사를 잘 치르는 것을 보고 행사에 참석하신 스님들 말씀이 항상 신흥사는 생기가 넘치는 곳이라고 기뻐하신다.

남의 귀한 아들 30방 때리다

일요일 사시기도를 마치고 큰법당에서 땀을 씻으며 내려오니까 아직도 수련원에서는 중·고등학생회 법회 중이어서 지도법사스님이 열심히 설법 중이고 바로 가까이 관음약수터 테라스 밑에서는 떠드는 소리가 아주 크고 시끄럽게 들려 왔다.

누가 절에 와서 기도시간, 법회시간에 저렇게 떠드는가 싶어 자세히 보니 학생회원인 고 1짜리 남학생 진태가 여름방학 동안 대금연습을 산사에서 한다고 사하촌 신도가 부탁하여 받은 국악고등학교 여학생과 웃고 떠들고 있는 것이다. 평소에도 법회 때마다 말썽이던 아이라 저희들 법회에도 들어가지 않고 여학생과 떠들고 있다고 생각하니 화가 치밀었다.

한참 신나게 떠들고 있는 진태를 화난 큰 소리로 수련원으로 불러 들였다. 수련원에서는 이제 막 설법이 끝나고 출석 부르려고 하는데 이제사 들어오는 진태를 아이들은 모두 쳐다보고 있다. 마침 수련원 구석에 빗자루 하나가 있어 집어들고 어떻게나 괘씸하던지 "네가 그럴 수가 있냐." 하며 탱탱한 엉덩짝을 한참 때리다 보니 맞는 아이도 보는 아이들도 순식간의 일이라 모두 놀라 얼이 빠졌다.

팔이 아프도록 때려주고 들어왔는데 법사스님 이하 학생회원들이 그 아이의 잘못을 참회하기 위하여 108참회를 하였다.

초등학교 1학년 때부터 어린이 법회에 나온 진태는 종가집 외아들로 얼굴도 잘 생겼고 머리도 아주 영리하였다. 그 옛날 어린이 법회를 볼 때 스님 설법시간에도 까불고 떠들고 법회를 못 볼 정도로 가만 있지 않아 설법이 끝나고 설법내용을 이야기하게 해 보면 다 한다. 까불고 떠들면서도 듣기는 듣는다. 중학교에 올라가서도 법회에 빠지지 않고 열심히는 왔다.

그런데 중학생 때는 불교용품 무인판매대에서 돈을 훔쳐가는 등 여러 가지로 좋지 않은 일들이 많았다. 그때마다 그 훌륭한 부모님이 먼저 아이의 잘못을 고치려고 노력했고 가져간 돈도 다 적도록 해서 아버지가 손수 아들을 데리고 와서 참회하고 반환하고 어머니는 아들의 도벽을 소멸하기 위해 지극정성으로 기도하여 그 버릇이 없어졌다.

고등학교 올라가서는 여름 수련 때 머리를 빡빡 깎고 와서 하도 개구쟁이 짓을 해서 지도간사들이 그 아이 때문에 너무너무 힘들어 했다. 참으로 대책 없는 아이로 생각하고 있던 차여서 그 오랜 세월 동안에 참고 참았던 것이 한꺼번에 폭발되어 실컷 때렸다. 그렇게 맞고도 절에는 여전히 나온다.

고1 겨울 수련이 끝나고 하루는 그 아이를 상담실에 불러 정색을 하고 말했다.

"너는 머리가 좋으니까 지금 스님 말씀 하는 소리를 잘 듣고 고치도록 해라. 이제 새학년이 되면 학생회장을 뽑아야 하고 절에 다닌 연륜으로나 상급학년인 네가 당연히 회장이 되어야 하는데 신흥사·청소년 수련원 학생회 회장이 지금 너처럼 해서는 되겠느냐? 회장은 우선 품행이 단정하고 바르게 행동해야 하고, 또 학교 공부도 잘 해야 한다. 너는 똑똑하니까 고치려고 마음만 먹으면 얼마든지 고칠 수 있다. 그렇게 해서 고2 되면 회장이 되도록 해라."

그 날 이후 고맙게도 이 아이는 이제까지의 망나니짓을 싹 버리고 성실하고 진지하게 모든 일에 임하고 공부도 열심히 하여 반에서 30등 하던 성적을 5등 안으로 끌어 올렸고 학생회장도 잘 하였다. 대학도 졸업하고 벌써 한 직장의 성실한 직원이고, 결혼하여 한 가정의 가장이기도 하다.

한 인간을 바르게 성장시킴에는 이렇게 많은 시간을 지켜보고 인내하고, 그리고 기다리다 보면 바뀌진다. 늘 느끼는 일이지만 인간의 심성이 아주 잘못된 사람은 없다. 어떤 순간에 잘못 되었어도 자타가 노력하면 꼭 좋게 바뀌질 수 있다. 더욱이나 청소년 시기에는 얼마든지 가능성이 있다.

아빠하고 싸우고 집 나왔어요
- 전교에서 모범생 표창 받은 경진이 -

10월 셋째 일요일 일요법회를 하느라 온 도량이 하루종일 떠들썩하다가 저녁예불 시간이 되어서야 모든 사람들이 떠나가고 겨우 조용해졌다.

조용한 도량과 하나의 법회를 잘 치룬 홀가분한 마음으로 저녁 기도를 하기 위해 큰법당 계단을 올라가고 있는데 누가 뒤에서 "스님, 저 며칠만 절에 있으면 안 될까요?" 해서 뒤를 돌아 보았더니 학생회에 나오는 고1 남학생 경진이었다.

윗 층계에 멈춰서서 뒤따라 오는 경진에게 "야, 너는 내일 월요일인데 학교 안 가고 왜 절에 며칠 있느냐?" "아빠하고 싸우고 집 나왔어요." "그래? 그러면 상담실로 와 봐."

상담실에 따라 들어온 경진이를 앞에 앉게 하고 "그런데 아빠하고 싸웠다는 말도 맞지 않지만 이유를 이야기해 봐라."

경진이는 잔뜩 볼멘소리로 "학기말 시험도 끝나 친구들하고 오토바이 타고 낚시하러 가기로 해서 아빠께 말씀드렸더니 못 가게 하셔서 몰래 갔다 왔어요. 아빠가 이해해 주실 줄 알았는데 야단을 쳐서 아빠하고 싸우고 맨발로 집 나왔어요."

"스님이 듣고 보니 네가 두 가지 잘못을 하였다. 네가 그래도 불교학생회 회원으로 수계식 할 때마다 3귀의, 5계 설법 중에 살생하면 안 된다는 설법을 듣고 또 지키겠다고 부처님께 약속드린 불자로서 낚시를 한 것이 첫째 잘못이고, 둘째는 아버님께서 아들 생각하셔서 오토바이 타고 못 가게 하셨으면 가지 말았어야지. 마도

고 3학년 남학생이 오토바이 타고 수원 놀러가다가 교통사고로 그 자리에서 죽었다. 그저께 49재를 지내면서 그 아버지, 어머니의 슬프게 우는 모습을 보니까 너무 안 됐더라. 아버지가 가지 말라고 하신 것을 어기고 갔다 왔으면 용서를 빌어야지 뭐 잘했다고 아버지하고 싸우고 집을 나왔느냐? 네가 잘했는지 아버지께서 잘못하셨는지 스님 기도 끝나고 내려올 때까지 수련원에서 참선하고 앉아 생각해 봐라." 하고 두 시간 후에 내려오니 아직도 그대로 앉아 참선하고 있는 경진이를 불러 "그래, 누가 잘못이냐?"

"제가 잘못했어요."

"그러면 집에 가서 아버지께 용서를 빌 수 있어?"

"네."

경진이 집에 전화를 드렸더니 마침 할아버지께서 전화를 받으시면서 손자를 좀 잘 타일러 달라고 부탁하셨다. 집에 돌아간 경진이는 더욱 착실해지고 공부도 열심히 하여 그 학교에서 전교 모범생 표창을 받았다. 그 때 그 착한 경진이가 절을 잘 다녔으니 아버지께 쫓겨 맨발로 집 나왔을 때 절에 왔지, 그렇지 않고 딴 곳으로 갔으면 어쩔 뻔하였나 하는 생각이다.

청소년들이 그런 상황에서 순간적인 발걸음을 잘못하여 나쁜 구렁텅이에 빠지는 일이 너무 많은 것을 우리는 보고 듣고 안타까워한다. 그래서 어른들 법회 때 가끔 이 경진이 이야기를 하면서 어릴 때부터 절에 잘 나오게 하고 부처님 가르침 배우도록 하는 것은 참으로 좋은 일이고 중요한 일이라고 강조한다.

깡패형들이 교도소는 재미있는 곳이라고 하였는데
– 두 학교에서 퇴학시킨 아이 선도 –

20년을 넘게 수련을 해오면서 보람있는 일도 수없이 많았지만, 깡패가 되어 두 학교에서 퇴학당한 중학교 3학년 소년을 선도한 이야기를 소개하고자 한다.

'91년도 봄 4월에 아버지, 어머니가 두 학교에서 퇴학을 당한 중 3인 아들을 데리고 상담하러 왔다. 아버지 직장을 따라 전라도에서 학교를 다녔는데 중학교 1학년 2학기 때부터 탈선하여 깡패 집단에 들어가서 나쁜 짓을 하였다. 결국 그 학교에서 퇴학을 당하고 아버지 고향인 이 곳 경기도 중학교에 다니게 되었다.

그런데 깡패가 좋다고 전라도까지 도망가기를 세 번이나 하여서 부모들이 밤을 새워 찾아다 놓으면 금세 도망치고 하여 이 곳 학교에서도 다른 아이들 물든다고 퇴학을 시켰다.

학교에서 종교가 무어냐고 물어서 무종교라고 하였더니 신흥사 청소년 수련원에 데리고 가보라고 하여 왔다고 하였다. 이 아이는 많은 죄지은 사람들의 공통적인 시선인 곁눈질을 하고 있었다. 차마 상대방을 당당하게 바라볼 수 없었던 것이다.

부모님을 상담실에서 내보내고 아이만 데리고 앉아 "왜 집을 자꾸 나가느냐?" 물어 보았더니 집에서 엄마가 잔소리를 자꾸만 해서 집이 싫고, 깡패 소굴에 가면 깡패형들이 구경도 잘 시켜주고 먹을 것도 잘 사준다고 하였다.

"너는 교도소를 생각해 보았느냐?" 하였더니 "깡패형들이 그러는데 교도소에 가면 재미있다."고 하더란다.

"지금 스님이 교도소에 14년 설법하러 다니지만 교도소는 그런 재미있는 곳이 아니야. 네가 한 달만 문 밖에 나오지 못하고 갇혀 있다고 생각해 봐라, 살 수 있겠는가. 교도소는 자유가 구속된 곳이야." 하였더니 이 아이 하는 소리가 깡패형들이 교도소에 가면 재미있다고 하였는데, 스님은 왜 거짓말 하느냐고 곧이 들으려 하지 않았다.

이 아이를 위해서 부모님은 아침, 저녁 정성을 다하여 기도 정진하였다. 아이는 일요학생법회에 억지로 나오게 하고, 석 달 후에 여름방학이 되어서 청소년 수련 때 오지 않으려는 것을 겨우 달래어 참가시켰다.

200여 명 청소년들이 큰법당 안에서 예불을 드리려고 합장하고 섰으면 혼자만 두 손을 내리고 서 있다. 그것도 맨 앞줄에서 그러고 서 있으니 다른 학생들에게 무척이나 민망스럽기 그지 없었지만 그나마 손을 올리라 내리라 하면 수련하지 않고 내려가 버릴 것 같기에 참았다.

수련 3일째 되는 날 새벽예불 때 그 아이의 두 손이 배꼽 앞에까지 모아졌고, 그 동안 좋은 설법도 듣고 3일째 밤에는 수련하면서 1,080배를 하고 마지막날 소감문을 쓰는데 그 아이 소감문에

"내가 수련 오기 싫었는데 부모님과 스님들 권유에 억지로 와서 이틀째 되는 날 힘들어 내려가 버리려고 하다가 억지로 참고 견디었다. 이제 내 마음에 조금 신앙심이 생기는 것 같고 어제 1,080배를 하면서 내가 이렇게 살아서는 안 되겠다는 생각이 들었다."

이렇게 수련 소감문을 쓴 그 아이는 수련을 마치고 집에 가서 공부할 마음을 낸 것이다. 친구들이 불러내어도 들어 앉아 공부를 하기 시작하였고 학생법회에도 열심히 나오게 되었다.

　그 해 겨울에 감기가 들어 열이 펄펄 나는데도 제 스스로 와서 열심히 수련하였다. 이듬해 새학기에 다시 중3에 입학하여 맘먹고 공부하여 10등 안에 들면서 중학교 졸업을 하게 되었다. 졸업생들을 위해 특강을 하러 간 스님께 학교 선생님들은 모두 고마워하면서 "그 아이를 퇴학시킬 때는 졸업시키리라고 상상도 하지 못하였는데 신흥사 스님들이 선도를 잘 해주셔서 졸업시킬 수 있다고 기뻐하였다. 그 아이는 고등학교 졸업도 잘 하였고 대학을 가기 위하여 열심히 공부하고 있다.

　이처럼 2박 3일, 3박 4일 수련 한 번만 하면 인성이 바뀌어져 나온다. 또 부처님의 제자가 된 것을 자랑스럽게 생각하고 부처님 가르침대로 착하고 바르게 살겠다고 마음먹는다. 감수성이 예민한 우리 청소년들이 5계 법문만 듣고 수계식만 하여도 청소년 윤리도덕 교육에 그 이상 좋은 교육이 없을 것이다.

빨강머리, 쪽머리, 긴머리, 노랑머리

빨강머리

초가을날 하늘은 맑고 푸르고 상쾌한 좋은 날이다. 9월 둘째주 토요일 오전 화성군 학교폭력근절위원회에서 주최하는 청소년 일일수련회를 위탁받아 수련시키는 날, 우리 신흥사 스님 및 간사 15명은 화성군에 있는 중 · 고등학교 중 여덟 학교 150여 명 학생들이 학교 수업 대신 이 곳 수련원에 와서 하루 수련하는 청소년들을 위하여 만반의 준비를 하고 있었다. 그런데 우리 가락 풍물치기를 지도할 남자 간사의 머리 앞부분이 빨갛게 물들어져 있었다.

깜짝 놀라 "왜 물들였냐?"고 물었더니 "머리 깎으러 갔더니 미용실 누나가 장난으로 물들였습니다."라고 하는 것이다.

평소에 성실하고 착한 대학생이었는데…. 이유야 어찌 되었든간에 머리가 그래가지고는 수련생들을 지도할 수가 없다. 아무리 머리 속에 생각이 바르고 지식이 많이 들어 있더라도 우선 외모가 단정해야지 외모가 벌써 단정하지 못하면 가장 중요한 첫인상이 신뢰가 가지 않아 교육이 될 수가 없다. 하지만 그 간사가 빠지면 수련에 지장이 있고 시간은 없고 하여 급하게 생각해 낸 것이 앞부분의 빨간색 머리카락들을 검정 매직으로 칠하는 것이었다.

그 날 그 기발한 생각으로 별일없이 수련을 잘 시키고 풍물도 잘 지도하였다. 두고 두고 그 이야기는 웃음을 자아내게 하였지만….

쪽머리

어린이 여름불교학교를 시작하는 날. 날씨는 무척이나 덥고 온

도량은 그새 도착한 어린이들의 떠들고 웃는 소리로 가득하다. 아직 입교식 두 시간 전인데도 벌써 먼저 도착한 어린이들이 1층공양실에서 점심공양을 하기 위하여 배식구에 길게 줄을 서서 공양을 받고 있었다. 거기에는 어린이들을 데리고 오신 부모님들을 위시해서 어른들도 많이 줄을 서 있었다.

그 중에 대전에 사시는 낯익은 신도 보살님이 어린이 불교학교에 간사할 대학생 아들을 데리고 왔다고 인사하면서 아들을 인사시켰다. 대학교 1학년인 그 아들은 잘난 얼굴에 미소를 지으며 스님께 공손히 합장인사를 하였다. 그런데 머리가 길고 뒤에 쪽머리처럼 묶어 매고 있었다. 어린이 지도할 간사가 머리가 그래서는 안 된다는 생각에 공양줄에 서 있는 그 아들을 불러 머리를 여기 가까운 사강에 가서 자르고 와야 간사를 할 수 있다고 하고는 올라 왔다.

입제식 때 보니까 고맙게도 머리를 단정히 자르고 있었고 나중에 그 어머니 말씀이 대학에 들어가자마자 머리를 길러 몹시 애지중지하면서 가꾸었단다. 아버지가 머리를 그렇게 자르라고 하셨는데도 말을 듣지 않더니 간사는 하고 싶어 어머니와 가서 머리를 잘랐단다.

긴머리

겨울 청소년 수련 입제날이었다. 전날 들어 온 간사들이 수련일정에 대해서 교육받고 간사복을 착용하고 입제식 전까지는 수련하러오는 수련생들을 안내하기 위하여 큰법당에서부터 수련원 곳곳에서 안내와 절하는 지도를 하고 있는데 교육관 2층 발우공양실을 지나다 얼핏 보니까 머리가 긴 간사가 안내하는 뒷모습을 보았다.

그 곳에는 남학생들의 관물함이 있어서 남간사가 배정되었는데 왜 여간사가 있나 싶어 확인해 보니 전날 참석하지 못한 남간사가 오면서 그 곳에서 안내하고 있다. 간사회장을 불러 돈 만원을 주면서 머리 자르고 오라고 하였다.

그리고 얼마 후에 긴머리 간사가 이발비 만원을 도로 들고 와서 사정을 하는 것이다. 이렇게 머리를 붙이면 덜 보기 싫으니까 머리 자르지 않고 간사하면 안 되겠냐고, 허락해 달라고 애원의 빛까지 띄워 가면서 통사정을 한다.

그래도 간사 안 하고 가는 것보다는 훨씬 더 고마운 일이라 생각하고 또 머리를 붙이니까 눈에 많이 거슬리지 않아 내가 졌다 하고는 그냥 두었고 간사 소임도 열심히 잘 하였다.

이 대학생 역시 가정이나 부모님, 그리고 본인도 아주 착실한 집안이다. 나중에 그의 어머니께 들은 이야기지만 그 날 스님이 머리를 자르라고 하셨다는 전화를 부모님이 받으시고 아버지께서 더욱 기뻐하셨단다. 그런데 군에 가기 전에 한 번 머리를 길러 보고 싶다고 자기 용돈 7만원을 들여 가꾼 머리란다. 그런 애지중지한 머리를 이발비 만원을 줘서 자르라고 하였으니 ….

그 긴머리 간사는 겨울 수련이 끝나고 며칠 후에 중국에 배낭여행을 다녀왔다. 그의 어머니께서 전화를 하셨는데 "우리○○이가 스님 드린다고 차를 한 통 사가지고 와서 갖다 드려야 하는데 머리가 길어서 가기가 뭣하다고 머리 긴 것 봐주시면 인사드리고 차 갖다 드린다고 합니다."라며 봐주시란다.

"봐줄테니 오라고 하세요."

그참 알다가도 모를 일이다. 머리모습이 뭐 그렇게 하고 싶을까. 더욱이 남자들이 여자머리 모양을 ….

노랑머리

　중·고등학생회 정기법회를 보면서 지도법사스님을 도와 법회 진행을 맡은 간사와 특별활동으로 풍물치기를 지도하는 간사 둘이 있는데 1년씩 봉사한다.

　이 지도간사 대학생들은 장학금도 다른 장학생들보다 훨씬 많이 준다. 정기법회 지도간사는 거의가 중·고등학생회에서 대학 가면 하는 선배들이다. 지금 하는 간사가 아주 열심이고 또 착하고 성실하다고 칭찬할 정도였다. 그런데 군에 간다고 휴학계를 내었다는 소식이 들려 얼마 후에 절에 온 걸 보니 머리 전체가 노랑머리다.

　군에 갈 날이 얼마 남지 않았다기에 못 본 척하고는 이래라 저래라 하지는 않았는데 그래도 후배들에게 지도간사 역할을 하고 있다는 학생회 지도법사스님 이야기다.

　또 그 1년 후배인 여학생은 여기 시골이 집이고 얌전하고 착하고 학생회 법회 때 2년이나 피아노도 치고 하였는데 대학 들어가서 며칠 되지 않아 학생회 출신 11명 모두에게 대학에 입학한 축하장학금 준다고 오라 하였더니 그 얌전한 여학생이 온통 빨강, 노랑머리를 하고 온 것이다.

　그참! 알 수 없는 일이다.

　벌써 외모가 더욱이 머리가 정상적이지 못하면 우선 남이 보기에 진실하지 못하다는 선입견이 드는데 왜 그럴까?

　왜? 그런 것으로 남에게 별나게 보이려 하는 것일까? 그래도 더 많은 성실하고 단정한 젊은이들이 깨끗한 머리 모습으로 그들의 인격을 더 높이고 아름답게 보이고 있는데 ….

스님을 보고 고개 돌리던 내가 이제는 웃을 수 있네
- 화성군 학교 폭력 근절 지원협의회 위탁수련-

화성 군내에 있는 중·고등학교 학생들이 한 번에 여덟 학교 150여 명 학생들이 토요일 학교 수업 대신에 이 곳에 와서 일일 수련을 한다.

오전 10시부터 오후 4시까지 수련을 하는데 그들이 써놓고 간 수련 소감문을 읽어보면 어떤 학교에서는 모범 학생들을 보냈는가 하면 어떤 학교에서는 문제아들을 뽑아 보내기도 하였다.

모범 학생들 글에는 잘 수련하고 학교에 와서 다른 친구들에게 솔선 수범을 보이리라는 내용이고, 문제아들은 "공부가 하기 싫어 지루하던 차에 선생님이 제부리 섬에 놀러 간다고 관광버스 타라 하여 탔더니 공부보다 더 힘든 수련을 하루종일 하였다. 처음에는 온 것을 후회도 하였지만 하루종일 수련하고 나니 힘은 들었지만 여러 가지 좋은 것을 많이 배웠다. 참 잘 왔고 보람된 하루였다."는 내용이 태반이었다.

한편 다음과 같은 내용의 소감문이 눈길을 끌었다.

"처음으로 합장이란 걸 해 보고 스님께 절도 해 보았다. 참 많은 것을 알았다. 난 몇 대째 기독교라서 다른 종교에 대해 배타적이고 보수적이었다. 그러나 장장 6시간을 절에서 수련하고 보니 조금은 발전되고 마음을 연 상태로 돌아가게 되었다. 스님을 보고 고개 돌리던 내 모습이 이제는 스님 보고 웃을 수 있는 내가 되었다. 감사합니다."

150여 명의 수련생을 일일 수련시키기 위하여 다양한 프로그램으로 지도자 15명이 정성껏 조심성을 가지고 최선을 다한 공덕으로, 불교에 처음 접한 그것도 타종교 학생들이 많은 수련생들 소감 설문조사를 해보면 95%가 참 보람있고 좋았다고 한다.

'96년도 8월부터 반 년간이나 시켰다. 오히려 불교가 종교인 학생들보다 타종교 학생들이 불교에 대해서 하나하나 느끼는 것을 더 진지하고 좋게 받아들였다. 어떠한 인연으로든지 그들이 불교를 접하는 기회가 많아져서 불교를 이해하고 호감을 가지게 되고 배타적이지 않아야 우리 나라 곳곳에 훼불사건이 일어나지 않고 또 국민간에 화합이 이루어질텐데….

또한 그들의 인성을 부처님의 지혜와 자비로 승화시켜 모두가 안락하고 편안해져야 한다.

부처님 저는 바르고 착하고 행복하게 살기를 원합니다
- 집단폭행을 한 여중생들 특수수련 -

서울 모 여자 중학교에서 집단 폭행을 두 번이나 한 중3 여학생 7명을 수련시켜 달라고 위탁이 왔다.

수련기간이 아니어서 수련시킬 수 없다고 하였더니 그렇지 않으면 퇴학을 시켜야 한다고 하였다. 한 번 더 기회를 줘서 수련하여 선도되면 퇴학을 시키지 않겠단다.

그렇다면 여기서 수련을 시키지 못하여 퇴학을 당한다면 그 아이들이 가야 할 곳은 뻔하다. 타락의 늪으로 퇴폐의 골목에서 지금보다 더 나쁘게 되면 그 아이들로 인하여 우선 그 가족들이 고통을 겪게 되고 나아가서 사회의 악이 되어 많은 사람들이 고통을 당할 것을 생각하니 안 되겠어서 어렵지만 특수수련을 시키기로 하였다.

부모들과 수련원에 도착한 그 학생들에게 회색 수련법복을 입혀 큰법당에 와서 제일 먼저 하게 한 것이 '부처님 저는 바르고 착하고 행복하게 살기를 원합니다.' 한 줄 쓰고 절 3번을 시켰다. 한 줄 쓰고 절 3번 이렇게 하기를 108번씩 절을 하다 보니 많은 절을 하는 강도 높은 3박 4일의 특수수련일정이 보통 청소년 수련보다 훨씬 힘드는 수련이었다. 술담배까지 하던 이 소녀들은 별 저항 없이 수련에 잘 임해주었다.

부모들까지 오시게 하여 상담하고 최선을 다하여 수련시켜 학교로 돌려 보냈다. 그리고 얼마 후에 몇몇 아이들이 공부 잘 하고 있다는 감사의 편지를 보내 왔다. 제발 우리의 노력이 헛되지 않도록 계속 기도도 해 주고 있었다.

그리고 그 해 겨울방학을 며칠 앞두고 그 여학교 학생주임 선생님이 전화하시기를 그 아이들 일곱 명이 한 명도 낙오자 없이 공부도 열심히 하여 모두 성적도 올라가고 더 좋은 고등학교에 진학하여 세 아이는 반에서 반장까지 한다고 감사하다는 전화가 왔다.

참으로 너무나 고맙고 기쁜 일이다. 수련시킬 때 힘들어도 그런 보람 때문에 오랜 세월 이렇게 기쁜 마음으로 보람된 마음으로 수련을 시키는 것이다.

또 그런 학생들 세 명의 위탁수련을 부탁하였지만 겨울 청소년 수련때 함께 하는 수밖에 없어 보내라고 하였다.

절에 와서 실컷 노래 부르고 노래방은 가지 마라
- 노래방 기계 시설 -

새학기가 들어서면서 학생회에 새로 입회한 학생들이 여럿이다. 신입생 환영 법회가 있던 날 밤 9시가 되어 학생 회원 부모님들로부터 전화가 걸려 왔다. 그 때까지 아이들이 집에 오지 않았다고 한다.

도대체 그 아이들이 절에서 떠난 시간은 오후 3시쯤인데 아직까지 집에 가지 않았으면 어디로 가서 무얼 하는가? 실로 걱정이 되고 부모님들에게 공연히 죄지은 것처럼 미안한 마음이 가득하다.

법회 끝나면 집에 바로 가서 더 열심히 공부하라고 일러주었는데 어디 가서 무얼 할까? 그 날 그 아이들은 절에서 나가 노래방을 가고 에버랜드까지 갔단다.

다음 학생법회 때 대중 공사를 하여 이제부터 노래방 가는 회원은 절에 못 온다고 하였더니 그들의 선배인 간사회에서 진정이 들어 왔다. 노래방은 나쁜 곳이 아니라는 것이다. 가족들이 함께 가는 것을 보니 나쁜 곳은 아닌 것 같은데 어쨌든 학생 회원들이 그런 곳을 출입하다 보면 좋은 일보다는 좋지 않은 일이 더 많기 때문이라고 대답하고는, '그렇다면 수련원에 노래방 시설을 하여 절에 와서 실컷 노래 부르고 노래방은 가지 못하게 하여야겠다' 고 생각하였다.

즉시 노래방 시설을 하고 그 다음해 졸업 법회 날 제1부 법회를 마치고 2부 다과회 때 쿵쾅쿵쾅하는 노래방 기계를 틀어 놓고 마이크를 대고 크게 노래 부르고 춤추고 아이들은 한창 흥겨운데 도

랑에 나와 있는 스님은 그 또한 안절부절이었다.

일요일이어서 그 날 따라 처음 오는 참배객이 많은데다 점잖은 남자 분들도 큰법당을 참배하고 계단을 막 내려서는데 1층 수련원에서 아이들의 큰 노래 소리가 쾅쾅 들려 오니 처음 이 절을 찾는 분들은 영문을 모를 수밖에 ….

청소년 졸업 법회 다과회를 하느라 그렇다고 묻지도 않는 대답을 하기도 하였다. 그것도 한참 활용하더니 근래에는 덜 재미있어 하기에 왜 그러나 하였더니 요즘은 또 DDR이 유행이어서 노래방은 인기가 떨어졌단다.

그래서 DDR을 설치하려 알아보랬더니 너무 고가여서 보류하고 덤브링만 시설하기로 결정하였다.

우리 혜경이는 절에 다녀야 해요
- 부모님의 정성과 노력이 -

혜경이는 초등학교에 들어가기 전부터 절에 나오기 시작하여 초등학교 졸업할 때까지 어린이 법회와 어린이 불교학교에 빠지지 않고 나왔다.

중학교에 들어가서도 3년 동안 학생법회에 잘 나왔는데 고등학교를 수원으로 나가면서 친구들과 어울려 다니고 또 옷사러 다니고 하느라 법회에 빠지기가 일쑤였다. 학교 성적도 떨어지고 자꾸만 행동도 나빠지고 있었다. 지난 10여 년을 넘게 맏딸 혜경이를 비롯하여 밑으로 세 동생들도 법회에 안 빠지고 보내는 부모님이라 큰 걱정을 하면서 상담을 해왔다.

"스님, 우리 혜경이가 일요일 법회에 간다고 나가서는 절에 가지 않고 친구들하고 옷사러 서울 갔다가 깜깜한 밤에 집에 왔어요. 아빠한테 꾸중을 많이 들었어도 자꾸 옆길로 가려고 합니다. 혜경이는 성격상 잘못될 소지가 많은 아이에요. 이제까지 그래도 절에 열심히 가게 하였으니 저 정도지 그렇지 않으면 안 돼요.

엄마인 제 말은 안 들어도 스님 말씀이라면 들으니 좀 타일러서 절에 잘 나오도록 해주세요."

그 때부터 일요일만 되면 그 아빠가 혜경이를 차에 태워 와서 법회에 들어가게 하기를 아주 강력하게 하고 지도법사스님이 관심을 가지고 상담하고 지도하자, 오래 가지 않아 마음을 잡고 공부도 열심히 하고 절에도 열심히 나온다.

근래에 부모님들이 자녀들이 잘못하면 야단을 치고 싶어도 야단

치면 혹시 더 잘못될까 봐 미리 겁부터 내어 과감하게 야단을 치지 못한다.

자식이 잘못된 길로 가면 우선은 조리 정연하게 잘못된 사유를 자세히 말하고 꾸중을 하여 작은 잘못의 씨앗이 텄을 때 고치도록 하여야 한다. 잘못한 것을 그냥 넘기고 넘기다 보면 작은 허물이 자꾸만 커지고 또한 마음에 잘못 되었다는 반성의 마음도 아예 없어져 버리기 때문에 그 때 그 때 고쳐 주어야 한다. 어른들은 당당하게 야단도 쳐야 한다.

시대에 부응하는 포교활동 생동하는 포교도량 신흥사

불기 2543년 겨울 청소년 수련법회 교사 소감문

신흥사에 도착했을 때 제일 먼저 놀란 점은 사찰의 규모와 시설이었다. 종단 차원에서 특별한 지원이 있으리라 생각했지만, 주지스님의 원력으로 세우신 것을 알고 놀라움을 금치 못했다. 다른 지역에서는 아마 사찰측의 지원, 후원이 힘들어 각 지역포교사들은 알게 모르게 무척 힘들 것으로 생각한다. 하지만 여기 신흥사에서는 주지스님께서 포교에 뜻을 두고 계시기에 이 지역 주민들은 복밭에 산다 하겠다.

전반적으로 수련회 프로그램이 새롭고 좋았다. 간사들의 나이가 젊어서인지 프로그램이 대체로 청소년에게 호응이 가는 내용이 많았다. 질서가 없는 가운데서도 질서를 볼 수 있는, 마치 '카오스' 이론을 연상하게 하는 듯하였다. 모든 일이 주지스님의 뜻에 따라 움직일 수 있다는 점에 있어서 일의 진행에 착오가 없고 정확했다.

간사님들의 적극적인 활동 또한 수련회를 활성화하는 데 가장 중요한 요소의 하나라 하겠다. 현대적 감각으로 학생들을 지도함으로써 학생들과의 친화관계가 쉽게 형성이 되었다. 거룩하고 접근하기 힘든 곳으로서의 사찰이 아니라, 쉽게 접근할 수 있고 친근한 곳으로서의 사찰로 인식전환을 이룰 수 있는 수련회 기간이었던 걸로 느껴진다.

마냥 좋은 말만 할 수 없듯이, 미비했던 점은 '주지스님' 혼자 너무 고생을 많이 하신다는 점, 한편으로는 감사하기도 하지만 다른 한편으로는 너무 죄송스럽게 생각이 든다. 프로그램 내용에 '사찰

예절'을 넣어 청소년들이 익히고 또 익히도록 할 필요가 있음을 느꼈다. 선배가 지도간사가 되어 후배를 지도하는 신흥사 수련회는 최신 프로그램으로 최대의 효과를 올려, '신흥사 수련회'에 참석한 사람이면 누구든 훌륭한 신심을 발심할 수 있는 역할을 계속해 준다면 앞으로의 한국 불교가 거듭날 수 있으리라 생각된다.

상주에서 4시간 30분을 묻고 물어 찾아온 신흥사는 일반사찰과는 다른 규모와 시설을 갖추었지만 처음에는 별 감동을 주지 못했다. 그러나 계단에서부터 미소짓는 간사들의 친절한 태도에서, 주지스님의 힘찬 모습과 말씀에서 지금까지와는 다른 수련회를 만나게 되었다는 느낌이 들었다.

과연 신흥사는 오랫동안의 경험과 전통이 있는 수련원답게 모든 일정을 원만하게 이끌어 갔으면, 우리들은 그러한 신흥사의 힘을 지켜보면서 감탄하지 않을 수 없었다. 특히 주지스님의 원력과 기도의 힘을 가까이에서 접하면서 나의 부족한 수행이 매우 부끄러웠다. 그리고 교사·간사회의 헌신적인 활동은 너무나 보기 좋았다. 일부의 간사님들은 예불시간에 졸거나 일과 중에 장난을 거는 경우도 있었지만, 대부분의 간사님들은 매우 신심이 깊고, 주지스님의 훌륭한 가르침을 따라서 매우 세심하게 수련생들을 배려하면서 봉사하는 모습을 보고 무척 감명을 받았다.

지난 겨울 청소년 수련 때 경북 상주시에 있는 몇 고등학교에서 150여 명의 남녀 학생들을 인솔해 온 두 분 선생님들의 소감문이다.

간사 한번 하고 나면 인생관이 달라진다

간사, 스님을 도와서 수련생들을 지도하는 소임이 간사이다. 간사래야 연령이 청소년들하고는 겨우 1,2년 선배이지만 의젓하게 아주 열심히 이끌어 나가는 것을 보면 항상 고맙게 생각하고 참 대견스럽게 생각한다.

대학생활 중 방학은 황금 같은 시간인데 10여 일을 어린이, 청소년 수련시키기 위해 자원 봉사하는 것은 부처님과 인연이 깊지 않고는 어려운 일이다.

참으로 불연이 깊은 사람들이다. 그리고 간사로 참가하는 자신들에게도 큰 공부가 된다.

이제까지 부모님의 보살핌, 학교 선생님, 사회의 배려 속에서 나만 위하고 받기만 하였던 것을 처음으로 남을 위하여 베푸는 기회이다. 남을 위하여 봉사를 하는 것이 얼마나 뿌듯하고 값진 삶인가 느끼며 간사 한번 하고나면 인생관이 달라진다.

힘든 수련이라고 한 번 하고 두 번 오지 않더라도
수련은 수련같이
- 모든 프로그램은 백퍼센트 모두 좋았고 -

간부 수련회의 취지에 맞게 여러 가지 프로그램 개발을 하던 중 우연히 신흥사에서 발간한 화보를 접하고, 이 정도의 프로그램은 학생 간부로서의 자질과, 통솔력과 능력을 신장시키는 데 많은 도움이 되고자 여름 수련회에 참가하게 되었습니다.

이 곳 수련원의 원훈처럼 마음을 닦아 참된 나를 찾고, 나보다 먼저 남을 위하고, 부모님께 효도하고 나라에 충성하는 구절처럼 학생들이 정진할 수 있도록 길을 인도, 이끌어 주시는 것이 인상에 많이 남습니다.

3박 4일 동안 모든 프로그램은 백퍼센트 모두다 좋았고 특히 주지스님께서 주안점을 몇 가지 두시고 인도하는 듯한 모습을 발견할 수 있었습니다. 발우공양과 부모님께 효를 행하라 함과 수계식에 큰 비중을 두시는 것 같습니다.

앞으로도 제 욕심은 청소년의 윤리와 도덕관, 부모님의 은혜(대부모은중경), 발우 공양 등에 비중을 많이 두시어 설법과 가르침을 주시는 프로그램이 되었으면 합니다.

끝으로 이렇게 좋은 장소와 시설에서 가르치심을 주신 주지스님, 여러 담임 간사님의 노고에 진심으로 감사드립니다.

올 여름 청소년 수련에 학교 학생 간부 50여 명을 인솔하여 함께 동참한 H여고 선생님의 소감문이다.

신흥사 청소년 수련은 힘든 수련이라고 정평이 나 있다. 다른 곳에서 여러 번 수련해 본 학생들은 다 그렇게 생각한다.

수련이 여섯 번째인 인천의 고2 여학생의 소감문에 의하면 "나는 수련을 여섯 번째 하는데 전에는 캠프 식으로 노는 시간이 더 많아서 남는 것이 없었는데 이번에 신흥사 수련은 너무 너무 힘든 수련이라 처음에는 많이 힘들어 온 것을 후회도 했었지만 마치는 지금은 너무나 보람있고 얻어 가는 것이 많아 정말 잘 왔구나 하는 생각이 든다 ……."

이렇게 청소년들이 진솔하게 남기고 간 소감문을 보면 한결같이 수련이 힘들었지만 뿌듯한 보람과 얻은 것이 많다고 적고 있다.

지난 26년 동안 고수해온 청소년 수련 프로그램, 그것이 오늘날 우리 청소년들에게 더욱 절실히 필요한 가르침이라고 이 반 학교의 선생님까지도 그렇게 생각하니 참으로 감회가 크다.

지난 오랜 세월 동안 수많은 수련을 해오면서 주위의 사람들로부터 청소년 수련은 캠프식 놀이 위주로 즐겁고 재미있어야 한다고 조언도 많이 들어 왔지만 그 때마다 "설사 힘든 수련이라고 한 번하고 두 번 오지 않더라도 수련은 수련같이 시켜야 가슴에 남는 것이 있다." 하는 것이 이 곳 수련 방침이다.

물론 레크레이션 위주로 쉽게 즐겁게 하고 나면 수련할 때는 좀 편할지 모르지만 하고 나면 가슴에 남는 것이 없어 수련생들은 허탈해 한다.

그래도 설법 듣느라 다리가 아파도 불교에 대해 좀 많이 알았다고 기뻐하고, 한 시간 꼬박 범성으로 부모은중경을 독송하고 부모님의 은혜에 대해 구체적으로 알게 되어 부모님께 효도하려는 마음을 낸다.

줄 맞춰 가부좌하고 염불하면서 식사하는 발우공양도 처음에는 무척 힘들다. 더욱이 자기 발우에 숭늉을 부어 씻어 마시는 그 일에 대해 비위 약한 사람은 토할 것 같다.

그렇지만 그 힘든 발우공양을 하고 나면 한결같이 모든 사람에게 꼭 필요한 식사법이라고 느낀다.

오늘날 현대 인류의 생존권을 위협하는 환경오염 문제를 크게 막을 수 있는 좋은 방법이기 때문이다.

또한 3박 4일 수련 중에 수계설법 듣고 수계식 하는 것만 가지고도 청소년 수련은 다라고 할 정도로 중요하게 생각하는 3귀의 5계 설법 내용은 오늘날 우리 청소년들에게 정말 필요한 가르침이다.

참선과 108배, 1080배 가장 힘은 들어도 가장 성취감, 자신감, 보람을 느끼는 일정.

이러한 주된 프로그램을 하기 위하여 나머지 여러 가지 프로그램이 운영되는 것이며 신흥사의 수련과 법회가 이렇게 오래도록 잘 유지되고 있는 힘인 것이다.

신흥사(新興寺) 연혁 및 유래

서해 바다가 내려다보이는 사적 217호로 지정된 구봉산 당성(唐城)을 배경으로 자리잡고 있는 본 신흥사는 1934년 덕인(德仁) 스님이 한영석 거사의 시주로 창건하였습니다.

원래 이 당성 안에 절이 있었는데 오랜 세월이 흐르면서 절은 없어지고 무심히 세월만 흘러가던 어느 날 구봉산 아래 마을에 살고 있는 한영석 거사의 꿈에 위풍이 당당한 도승(道僧)이 나타났습니다. "당성 안에 옛 고려 시대의 석불이 계시니 잘 모셔다 새로이 절을 일으키라."는 현몽을 받은 거사는 새떼들이 인도해준 옛 절터에서 석불을 찾으니 키가 2m 정도로, 서 계시는 불상이었습니다.

오랜 세월 비바람에 깎이고 시달렸는데도 그 상호(相好)에는 자비로운 미소가 감돌고 있었으니 현재 큰 법당에 모셔진 좌보처 관세음보살님이십니다. 그리고 얼마 후에 또 불도섬에서 부처님을 모셔오니 가운데 주불로 모셔진 아미타 부처님입니다.

이 부처님께서 불도섬에 계시게 된 연유는 옛날 이 섬에 사는 어부가 고기잡이를 하러 나가서 그물을 건져 올렸습니다. 고기는 한 마리도 없고 시커먼 석상(석불)이 그물에 건져 올려져 어부는 깜짝 놀라 부처님이신지도 모르고 바다에 버리고 집으로 돌아갔습니다. 그 다음날에도 또 석상이 그물에 걸려 또 버리고 돌아오며 이상하다 생각했는데, 그날 밤 꿈에 석상이 나타나 "어부야! 내가 부처인데 너는 왜 나를 두 번이나 버렸느냐? 나를 갖다 잘 모시면 부자가 될 텐데…" 하고 사라졌습니다.

어부는 깜짝 놀라 깨어보니 꿈이었고, 이튿날 바다에 나가 또 고

기잡이를 하는데 그날도 고기는 한 마리도 잡히지 않고 석불이 그물에 건져 올려졌습니다. 어부는 드디어 "이 석상이 부처님이시구나." 하고 현재의 그 절터에 모시고 공양도 정성껏 올려 큰 부자가 되었습니다.

그래서 절도 짓고 부처님을 잘 모셨는데 오랜 세월이 지나면서 어부는 죽고 절은 허물어지고 부처님만 언덕에 서 계신 것을 도셔오게 된 것입니다. 주불 아미타부처님의 오른쪽에 서 계시는 우보처 대세지보살님은 10년 기도 중에 새로 모셨습니다.

삼존불

신흥사 전경

교육관 전경

청소년 수련원 건립 유래

이 곳 청소년 수련원은 불기 2519(서기 1975)년 여름부터 문을 열어 그 동안 수많은 어린이, 청소년, 대학생, 청년 성인들이 수련을 하고 갔습니다.

여기 수련원이 서게 된 것은 필자가 수원 교도소에 나가 재소자들을 교화할 때 살인죄를 저지른 한 청년 죄수로부터 참회편지를 받은 것이 직접적인 동기가 되었습니다.

"스님, 제가 진작 스님의 설법을 듣고 부처님의 가르침을 알았다면 이렇게 끔찍한 죄를 지어 여러 사람을 슬프고 불행하게 하지 않았을 텐데 …. 저는 돈만 있으면 뭐든지 다 할 수 있고 행복할 수 있다는 생각으로 이렇게 끔찍한 잘못을 저질렀습니다. 이제부터는 부처님의 가르침대로 착하고 바르게 살겠습니다."라는 재소자의 편지 내용을 보고 어릴 때부터 인간에게 가장 필요한 교육이 부처님의 가르침이라 생각하고 처음 10평 되는 작은 법당에서 어린이, 청소년 교화를 시작하였습니다.

25년 동안 쉬지 않고 수련하여 수만 명의 수련생이 마음을 닦고 몸을 단련하여 불심을 돈독히 하고 돌아갔습니다.

Ⅱ
수련법회를 통한 청소년 포교

1. 청소년 수련 꼭 필요한가

1) 청소년 수련의 필요성

올해로 꼭 25년째 청소년 수련을 지도해 왔다. 그 동안 여름, 겨울 방학에 한 번도 거르지 않고 많은 수련을 해오면서 참으로 우리 청소년들에게 수련은 필요하고, 또 이 좋은 수련을 몰라서 참가하지 못하는 청소년들에게는 수련 기회가 주어지지 못하는 것이 늘 안타깝게 느껴졌다.

청소년은 이 세상에서 가장 청순하고 아름다운 정서를 가지고 성장해야 한다. 그러나 오늘날 우리 청소년들은 청순하고 아름답고 사색하고 미래 희망의 꿈에 부풀어 볼 겨를도 없이 매일 매일 입시공부에 시달리다 보니 학문에 임하면서 새로운 것을 배워 아는 기쁨을 맛볼 수 없고 한결같이 지긋지긋한 공부로만 생각하고 있다. 그도 그럴 것이 새벽에 책가방 들고 나가서 한밤중에나 집에 돌아오면 숙제하기도 바쁘다. 이러니 공부를 재미있고 유익하다고 생각할 수 있겠는가. 조용히 앉아 넉넉한 마음으로 문학책 한 권도 읽을 여유가 없다. 가을 낙엽이 포도 위에 수북히 쌓여도 낙엽 밟는 소리를 들으며 천천히 걸을 겨를도 없다. 온통 집에서나 학교에서나 관심은 성적, 성적, 학업 성적 오르는 것뿐이다. 수련을 하면서 청소년들의 설문지를 읽어보면 우리 청소년들은 참으로 깊은 생각과 착한 심성을 가지고 있음을 알 수 있다. 어른들이 생각하는 것처럼 어린애만은 아니고, 비행을 생각하기 이전에 바르고 건전한 것을 더 많이 생각하고 있다.

이러한 청소년들의 갈등과 고민을 들어보면 주로 가정에서는 부모님과 대화를 나눌 시간이 없고 세대 차이로 인해 부모님이 현대 청소년 문화를 이해하지 못하여 자식에 대해 무관심하거나 과잉 기대를 하는 것 등이다.

그러나 우리 불자 청소년들은 그 해결책을 부모님께 바라고만 있지 않고 부모님을 이해하도록 노력한다. 아침, 저녁 인사를 꼭 하고 부모님 일을 도와드리고 주말에는 가족이 함께하는 시간을 갖고 가족법회에 참석하여 마음을 순화시키고 있다. 또 학교에서는 선생님들의 기계적인 지식 전달로 인해 스승과 제자간의 뜨거운 가슴과 가슴이 전달되지 않고, 별로 도움이 되지도 않은 보충 수업의 불필요성, 급우들간의 성적 경쟁 의식 때문에 학교 생활이 즐겁지 못하다고까지 한다. 사회적으로는 이러한 청소년들이 마음을 활짝 열고 가슴을 후련히 할 청소년 문화 공간이 없다는 것이다.

청소년들의 수련을 오래도록 해 오면서 그 동안 수련을 한 그 청소년들은 이제 대학을 졸업한 직장인도 있고 현재 대학 재학생들도 많다. 그 중에는 지금은 교사, 간사가 되어 어린이 청소년 수련을 지도하면서 보람을 느끼고 있다.

어린이 불교학교 때부터 9년이나 빠짐없이 수련대회에 참가하고 대학에 들어가면서부터 5년째 수련을 지도해 온 한 간사는 "간사 역이 힘들지만 스님께서 하시는 일이 꼭 필요한 불사이므로 스님 품에서 부처님 가르침을 양식으로 삼아 성장한 우리들이 당연히 해야 할 일이고, 수련은 성장기 청소년들의 삶의 가치관과 윤리, 도덕, 순결 교육에 큰 몫을 차지하고 있다고 생각한다. 우리 경험으로 미루어 보아도 어떤 때 친구들과 어울려 좋지 못한 곳으로 가다가도 불현듯 부처님의 가르침이 생각나서 그 곳을 벗어날 수 있는 지혜와 용기를 가지게 되고 이제까지 건전하고 성실하게 생활할 수 있는 것은 부처님의 가르침 덕분이라고 생각한다."고 이야기한다.

이런 젊은 불자들 30여 명이 단결된 조직이 신흥사 여래회다. 이 여래회 회원들의 미끈미끈한 모습을 보면 이제까지 여름은 여름대로 가장 더울 때, 겨울은 겨울대로 가장 추울 때 쉬지 않고 수련시켜 키운 불교의 재목들이다. 25여 년을 그 숱한 힘을 들여 끊임없는 원력으로 얻어진 보배다.

2) 어떻게 해야 할 것인가?

우선적으로 부모와 학교가 지식을 위한 학문만 가르치려 하지 말고 인격, 인성 교육에 눈을 돌려서 먼저 수련에 참가할 수 있도록 부모와 학교의 협조가 있어야 하고, 사찰 또한 현대 청소년들에게 맞는 수련을 시켜야 하는 것은 두말할 나위도 없다. 지금은 옛날과 달라서 청소년 수련 프로그램도 많이 개발되었고 다양해서 수련 효과 또한 크다.

다만 전국의 스님들이 불교의 미래와 국가의 장래를 위해서 이 나라와 불교를 짊어지고 나아갈 미래의 주인 청소년들에게 바른 인간 교육인 불교 교육을 시켜야 한다는 사명감과 원력만 있으면, 불교는 얼마든지 청소년 선도와 교화에 앞장설 수 있는 힘과 능력이 있다.

청소년 포교 시작부터 하자

우리 종단은 올해를 '불교 청소년의 해'로 정하고 많은 조사와 연구를 하여 그 보고서를 신문지상과 종단 시책에 반영하여 불교계가 어린이, 청소년 포교에 힘을 기울이도록 노력하고 있다. 어린이, 청소년, 청년 포교의 중요성이야 재론할 필요가 있겠는가? 이 나라가 잘 되고 못 되는 것도 미래의 주인이 될 그들에게 달려 있고 우리 불교의 장래도 그들에게 달려 있기 때문이다.

　문제점도 많고 어려움도 많지만 복잡하게 생각할 게 없고 작은 데서부터 시작하는 것이 중요하다. 하다 보면 부족한 점은 보완하면 되고, 자꾸 하다 보면 잘 할 수 있다. 처음부터 다 갖춰 놓고 할 생각하지 말고 지금 현 위치에서 할 수 있는 데까지 하면 된다. 중요한 것은 어린이, 청소년, 청년 포교가 시급하다는 인식을 갖고 원력만 있으면 아무 것도 문제될 것이 없다.

　어린이, 청소년 포교를 해 보면 수행 생활에 매일 매일 희망과 기쁨과 활력이 넘친다. 부처님 도량에 어린이, 청소년들이 오지 않는다고 생각하면 그것은 참으로 오아시스 없는 사막을 횡단하는 것보다 더 절망적이다. 25여 년을 포교해서 키워 놓은 그 어린이, 청소년들은 지금 곳곳에서 불교를 아끼고 지키고 있다. 대학에 들어가서는 모두 불교학생회에서 열심히 불교운동 하고 방학이 되어 수련기간 중에는 개인 일 제쳐두고 어린이, 청소년 수련을 돕는다. 군에 가서는 군법당에서 봉사하고 법당이 없는 곳에는 법당까지 마련하고 있다. 직장에서도 동료들 포교하기에 열심이다.

　절의 크고 작은 행사에 적극적으로 열심히 협조하는 우리 아이들을 볼 때 수많은 날을 저들을 키우기 위하여 얼마나 많은 힘이 들고 정신적, 경제적으로 얼마나 많은 투자를 하였던가? 그 투자로 인해 저들이 이 신흥사의 재목이고 우리 불교의 크나큰 힘이며, 이 나라를 바르게 이끌고 갈 주인이 되지 않았던가?

주지스님들 원력에 달려 있다

어린이, 청소년, 청년 포교는 전국 사찰의 주지스님들의 적극적인 원력이 없이는 아무리 소리쳐 외쳐 봐도 소용이 없다.

우선은 모든 것이 투자되어져야 하기 때문에 사찰의 운영권도 경제권도 없는 원력 있는 젊은 스님들이나 신심 있는 재가 불자들이 아무리 노력해도 주지스님들의 협조가 없으면 되지 않는다. 주지스님들의 원력만 있으면 전국 사찰 어느 곳에서도 다 가능하고 또 이 포교를 해보면 부처님께서 경제도 힘도 지혜도 다 할 수 있게 해 주신다. 포교는 부처님께서 제일 바라시는 일이고, 제일 기뻐하시는 일이고, 제일 복 주시는 일이기 때문이다.

아직은 기성 신도들이 절에 많이 온다고 안심하고 있을지 모르지만 그것은 한치 앞도 내다보지 못하는 근시안적이다. 그 동안의 조사 보고서에 의하면 어른 신도는 불교 신도가 숫자적으로 조금 많을지 모르지만 어린이, 청소년, 청년 불자의 수는 타종교에 비교도 되지 않을 정도로 적다. 초·중·고등학교에서 종교에 관해서 손들어 보라고 하면 한 반의 반 이상은 서양 종교이며 불교는 서너 명이 손을 든다고 한다. 이러한 현상에서 우리 나라는 현재 여러 가지로 종교 갈등을 겪고 있다.

우리 국민이 모두 편안하고 우리 나라가 번영하고 불교가 찬란히 지켜지려면 미래의 이 나라의 주인이 될 어린이, 청소년, 청년 불자를 많이 많이 키우는 것뿐이다.

세계 인류의 보물로 지정된 팔만대장경이 아무리 훌륭하게 모셔져 있다 한들 무슨 소용인가. 그 가르침을 믿는 사람이 있어야 불교는 존재하고 우리 불교를 지키고 펴는 힘이 된다.

우리는 인도 부처님의 성지를 참배하면서 가슴아픈 눈물을 흘렸다. 가는 곳마다 폐허된 성지, 얼굴(상호)을 싹싹 깎아버린 불상, 파괴된 필라, 0.5%의 불교신자 … 이것이 오늘날 부처님이 나신 나라, 천년이나 불교가 꽃피었던 부처님 나라의 실상이다. 백 번 말하지만 부처님의 가르침이 아무리 인류의 최고 진리라고 하더라도 알려 주지 않으면 알 수 없고, 알지 못하면 그 좋은 불교는 믿지 않는다. 믿는 사람이 없으면 불교는 이 세상에 존재할 수 없다.

그 옛날 인도의 이슬람들은 석벽의 부처님의 얼굴을 깎아 버렸지만 오늘날 우리 나라 이교도들은 그 장엄한 법당을 통째로 태워 버리는 만행을 저지르고 있다. 경악하고만 있을 때가 아니며, 더 지체하고만 있을 때가 아니다. 지금부터 시작하면 된다. 우리 한국 불교는 그들의 반만 노력해도 그들보다 큰 성과를 거둘 수 있다.

여기 소개하는 자료는 이론이 아니고 27년을 어린이, 청소년들이 거의 올 수 없다고 생각이 드는 교통이 불편한 벽지 사찰에서 이루어진 자료이기에 웬만한 사찰에서 다 할 수 있다. 그리고 여기에서는 청소년 수련을 중점으로 소개한다.

대상은 우선 신도 자녀부터

대상이야 전체 청소년 모두이지만 신도 자녀부터 우선적으로 포교하여야 한다. 청소년 포교는 부모님의 협조 없이는 도저히 할 수 없다. 오늘날 우리 나라 교육 현실이 인성 교육에는 관심도 없고 오직 성적과 입시에만 온통 정신을 쏟고 있는 상황이다 보니 웬만한 깊은 생각과 불심이 아니면 공부해야 할 시간에 절에 가서 마음 공부하라고 보내지 않기 때문이다. 신도법회 때에 부모님들에게 자녀들의 불교 교화의 중요성을 계몽하고 역설하여 자녀들을 절에 보내도록 하여야 한다. 지금은 가족간에 겪는 종교 갈등도 크기 때

문에 자녀들이 부모의 종교인 불교에 귀의하기를 바라고 있기에
절에서 노력하면 협조한다.

우리 신흥사의 예를 들면 중·고등학생회 법회에 6년 잘 나오고
대학에 들어간 학생들에게 '축하 입학 장학금'을 준다. 신도들이
많이 모인 법회에서 부모님과 자녀가 함께 나와 장학증서와 장학
금을 받게 하였더니 그 이후 부쩍 아이들을 절에 많이 보내고 있
다. 법회에 열심히 나와 착해지고 공부 열심히 하여 모두 대학에
들어가는데 반대할 부모가 없다.

시작은 여름방학 수련부터

이제 우리 나라 교육 시책도 초등학교부터 중·고등학교 모두가
청소년 자원봉사를 하면 학교 성적에 반영되고, 또 방학을 통하여
극기와 협동, 독립심을 키우기 위하여 수련에 대한 관심이 높아가
고 있기 때문에 사찰에서의 수련은 앞으로 꼭 필요하며 각광을 받
을 것이다.

방학 20여 일 전에 신도 각 가정에 수련 안내 포스터를 붙이고
더 나아가서 학교에 조직되어 있는 학생회에도 참가하도록 홍보한
다. 우선은 절에까지 오게 하는 데 총력을 기울인다. 오랜 세월 어
린이부터 어른까지 수련을 해 오면서 느끼는 것은 1년에 몇 번 절
에 나오는 10년 신도보다 매월 정기법회에 나오는 1년 신도가 더
신심과 질이 높고, 정기법회에 1년 나오는 신도보다 3박 4일 수련
한 번 한 신도가 훨씬 더 신심과 질이 높다.

절에 처음 온 사람이라도 3박 4일 수련 한 번만 하고 나면 이 세
상에서 부처님이 제일이고 그 부처님의 제자 된 것을 자랑스럽고
행복하게 생각하도록 교육되어져 나온다. 이 수련생들을 토대로

하여 일요일 정기법회를 할 수 있는 학생회를 결성하면 된다. 거리와 교통이 불편한 곳은 2주에 한 번씩 정기법회를 보는 것도 바람직하다.

무엇을 어떻게 교육시킬 것인가?

부처님의 어린이, 청소년 교육은 아무도 따라올 수 없는 훌륭한 교육이다.

거짓말과 게으름을 일삼는 말썽꾸러기 어린 라훌라를 교화하신 '발 씻은 물과 대야'의 이야기는 요즘처럼 강압적으로 '뭘 해라' 식의 교육이 아니고 스스로 자기 잘못을 알게 하고 그 잘못을 반성하고 고치도록 하여 훗날 성자가 되게 하신 가르침이다. 명령식의 교육과 그에 대한 반발로 나오는 피교육자 사이의 부작용으로 많은 사회 문제를 야기시키는 오늘날 교육을 생각하면 부처님의 교육 방법은 이 시대에 꼭 필요한 가르침이다.

청소년 교화 또한 이 세상에서 최초 교화 대상이 청소년 야사였다. 5비구는 함께 고행하던 수행자들이었고 부처님께서 최초로 청소년 야사를 제도하신 것은 3,000년 앞을 내다보신 지혜이시다. 오늘날 청소년 문제가 전 세계적으로 제일 어려운 문제이고 선도 또한 제일 중요하기 때문이다. 어린이, 청소년, 어른 할 것 없이 교육 내용은 다음과 같다.

첫째: 절대적인 믿음(삼귀의)을 심어주어야 하는데 부처님의 생애와 사상부터 자세히 교육시킨다. 부처님의 생애만 잘 교육되어도 불교를 믿지 말라 해도 믿을 것이다. 청소년들도 부처님의 6년 고행에 대하여는 아주 감동하고 우러러 존경한다. 이 세상에서 부처님이 가장 위대하시고 그 가르치심이 제일인 것을 가슴 깊이 심

어주어야 한다.

둘째: 크나큰 서원, 사홍서원을 일깨워 주어야 한다.

불자라면 서원(목표)이 있어야 한다. 그것도 나를 위한다는 소극적인 기복에서 벗어나 나와 남이 다 함께 살 수 있고 해탈할 수 있는 사홍서원 정신을 심어주어야 한다.

셋째: 실천수행 육바라밀행으로 나만 잘 먹고 잘 살면 된다는 이기주의와 물질만능, 배금주의로 팽배해 있는 현대에 보시정신으로 함께 잘 사는 가르침, 물질의 풍족보다 정신의 풍요가 행복하다는 가치관을 교육시켜야 한다. 『부모은중경』 가르침으로 효도 사상을 일깨운다.

윤리와 도덕이 무너질 대로 무너진 오늘날 지계 사상인 5계 가르침은 청소년뿐만 아니라 인간 윤리 교육에 그보다 더 좋은 가르침은 없다. 생각도 몸도 나약할 대로 나약해진 오늘날 어린이 청소년들에게 기도와 108참회(1,080배), 참선을 통하여 인욕과 정진을 스스로 체험하고 극복하는 힘을 길러 주어, 불안한 이들의 마음을 안정되게 하고 매사에 자신감 넘치는 지혜로 이끄는 가르침은 우리 불교 교육뿐이다. 또한 불교의 자랑스런 발우공양 정신으로 현대 인류의 생존을 위협하고 있는 환경, 식수오염을 막고 음식 절제와 무소유 정신으로 살아갈 수 있게 좀 힘들어 하더라도 수련은 수련답게 시키고 보면 불교 믿는 마음이 변함 없다.

또 수련 소감문을 읽어보면 한결같이 모두 친구를 많이 사귀어 좋다고 한다. 학교의 급우들이 성적의 경쟁 대상이라면 부처님 도량에서 만난 법우들은 마음을 활짝 열 수 있는 친구들이기 때문이다. 불꽃 축제로 발랄한 청소년들의 모습을 보는 것 또한 기쁨이다.

지도 누가 할 것인가?

전체적인 수련 지도와 교육은 주지스님이 직접 하는 곳이라야 지속적으로 할 수 있다. 근래에 우리 절집 가풍은 명령 체계가 제대로 서 있지 않아 대중 가운데 어느 스님이 맡아 잘 하다가도 자기 기분대로 그만 두고 싶으면 금세 그만둬 버리기 때문에 누구를 믿고 포교할 수 없다. 그저 절 책임자인 주지가 처음부터 끝까지 할 각오로 임해야 한다. 여건이 되어서 함께 하면 더 바랄 것이 없지만 쉬운 일이 아니다.

그리고 재가 불자 자원봉사자들을 많이 활용하여 참가시킨다. 신도들 자녀들 중에서 찾아보면 많고 또 참가한 교사, 간사들도 한 번만 하고 나면 다 돈독한 불심이 생겨 부처님의 훌륭한 일꾼이 된다. 수련 전에 자기 사찰에서 간사 교육을 시키고 또 전국 어린이, 청소년 지도자 연수 교육에 참가시키면 실제 교육도 받고, 많은 젊은 불자들이 모여 환희심이 더욱 날 것이다.

– 간사교육용 세부 진행표 참조

불교 교육은 우리 수행생활 그대로 가르치고 실천해 보도록 하면 되고 찬불가 음악지도와 레크리에이션 등 특별분야는 하는 불자들도 많으니 초청하면 된다.

2. 청소년 수련법회 실제 진행 방법

1) 수련 준비

• 준비위원 : 대회장(주지스님)

• 지도법사 : 주지스님, 스님

• 간　　　사 : 자원봉사 재가불자(대학생, 청년회)

• 준 비 물 : 안내문, 현수막, 교재(자료집), 수련복(수련 티), 명찰,
식단, 발우, 침구, 비상의약품, 참가확인서(학교에 제출용), 확인
서 발급대장, 참가신청서(단체별, 개인별), 접수부, 출석부(전체,
반별), 수계대장, 만의가사, 수계증, 수료증, 포상대장, 상장, 상
품, 전체 기념품, 반기, 피아노(카세트, 테이프), 사경지(반야심경,
신묘장구대다라니)

2) 수련생 모집
• 신도 가정에 보내는 안내문
• 교사, 간사 모집 안내문
• 중 · 고등학생 수련대회 안내문
• 청소년 수련대회 간사 ○○○ 불자님께
• 신흥사보 안내문
• 불교 신문 광고 문안
• 각 사찰 주지스님께
• 가정 통신문

　청소년 자녀를 두신 부모님께 그리고 청소년에게

　이제 기다리던 여름 방학이 다가오고 있습니다. 솔바람이 시원하게 불어오고 싱그러운 푸른 산 숲에서 높푸른 하늘 맑은 공기를 맘껏 마실 수 있는 우리 신흥사에서는 여름 방학을 맞이하여 청소년 여름 수련대회를 엽니다.

　공부에 힘겨웠던 우리 청소년들 3박 4일 동안 잠시라도 집을 떠나 부처님 품 속에서 심신의 피로를 회복하고 새로운 힘과 희망으로 살아갈 수 있는 수련에 참가하여 몸과 마음을 건강하고 바르게 키우며, 부모님 은혜에 감사하고 효도하는 마음을 배웁니다. 인간의 행복이 물질에 있지 않고 매사에 감사하고 남을 위하는 자비심에 있다는 것을 알게 되며, 인내심과 협동심으로 모두 함께 잘 살아야 하는 공동체 의식을 갖게 될 것입니다. 이렇게 되어야 나도 잘 살 수 있고 남도 함께 잘 살 수 있습니다. 이제 우리 부모님께서도 공부 성적만 제일로 키우려는 자세에서 벗어나 사람다운 사람이 되도록 인성교육에 힘을 기울이셔야 할 때입니다.

　청소년 자녀들 수련에 참가하도록 적극적으로 협조하여 주시기 바랍니다.

• 때 : 불기 2540년 7월 27일 ～ 7월 30일(3박 4일)
• 장소 : 신흥사 · 청소년 수련원

　　　주지　○○○　합장

교사, 간사 모집 안내문

대학생 자녀를 두신 부모님께 그리고 대학생들에게

대학생이 되기까지 뒷바라지를 해 주신 부모님께서도 공부를 한 본인들도 그 동안 노고가 많으셨습니다. 이제 새로운 학문을 연마하는 대학 생활에 여념이 없겠지만 잠시 시간을 내어 어린이, 청소년 수련의 교사·간사로 활동을 해 보시면 좋은 경험과 보람있는 일이 될 것입니다.

교사·간사는 스님을 도와 어린이, 청소년의 수련을 돕고 지도하는 일입니다. 불교를 몰라서 하지 못한다고 망설이지 마시고 동참하시면, 수련 전에 약간의 교육을 받아 다 할 수 있습니다. 수련에 자원봉사함으로써 인생관이 바뀌지고 삶에 참 가치와 환희가 넘칠 것입니다. 부모님을 위시해서 모든 분들로부터 대학생이 된 이제까지 은혜를 받기만 했던 것을 남을 위해 베풀 수 있는 좋은 기회입니다.

동참하시어 인생의 바른 가르침인 불교도 알게 되고 또 생활에 실천하여 이 세상에 나와서 제일 행복한 일이 불교를 만난 것이라고 감동하시기 바랍니다.

- 일   시: 어린이: 불기 2540년 7월 23일 ~ 7월 25일
  청소년: ″   7월 27일 ~ 7월 30일
- 장   소: 신흥사 청소년 수련원

주지 ○○○ 합장

이 여름방학을 시원한 부처님 말씀과 함께 지내보세요.

입시 걱정과 성적 걱정에서 잠시 벗어나서 불교란 무엇인가? 인생이란 무엇인가? 어떻게 사는 길이 바른 길이며 찾아야 하는 우리 민족의 뿌리는 무엇인가? 내가 택해야 할 종교는 과연 무슨 종교인가? 가장 건강하게 살고, 지혜롭게 살고, 행복하게 살 수 있는 법을 이번 수련대회 때 배워 가서 물질문명에 퇴색되어 가는 여러분의 깨끗하고 아름다운 마음을 더욱 푸르게 가꾸어 인생을 멋있게 살도록 합시다. 나무 석가모니불

◉ 청소년들의 바른 인생관을 찾게 하기 위하여
• 주제: 우리는 어떻게 살 것인가? 잃어버린 나를 찾아서
• 일시: 불기 2532년 7월 21일 ~ 7월 24일(3박 4일)
　　　　 7월 21일 11시까지 도착 요망(13시에 입재식)
• 장소: 신흥사 청소년 수련원
• 교육내용: 설법, 예식절차, 참선, 찬불가, 탈춤, 분과토론, 명상,
　　　　　 교리문답, 교리퀴즈, 수계식, 촛불제 및 캠프파이어,
　　　　　 바닷가 축제
• 대상: 중 · 고등학생(신흥사 학생들만 합니다.)
• 지도법사: 주지스님, 일명 스님, 선재 스님
• 지도교사: 서울대 농대, 외국어대 불교학생회, 신흥사 교사회
• 준비물: 필기도구, 세면도구, 회비 5,000원, 쌀 10공기

이제 기다리던 여름 방학이 다가오고 있습니다. 솔바람이 불어오고 싱그러운 푸른 산 숲에서 높푸른 하늘 맑은 공기를 마시면서 우리 신흥사 청소년 수련대회도 문을 열었습니다.

해마다 우리 간사님들의 헌신적인 자원봉사로 수련을 잘하고 있으며 더욱더 활기차고 재미있게 운영됩니다. 올해에도 큰 신심으로 모두 참가하여 한량없는 복을 짓고 어린이, 청소년, 젊은 법우들과 함께 하여 즐거운 시간 맘껏 누리기 바랍니다.

◉ 청소년 수련대회
• 일시: 불기 2541년 7월 27일 ~ 7월 30일
• 간사 연수일: 2000년 7월 12일 오후 5시까지 신흥사 도착
　　　　　　　　　　 7월 13일 오후 2시까지
　　　　　　　　　　 7월 22일 오후 5시까지 신흥사 도착
• 특기 사항: 이번 수련은 간사 조끼를 입습니다.
　　　　　　 흰 T셔츠 3벌씩 가져오세요.

대한불교 조계종

신흥사 · 청소년 수련원

주지 오성일 합장

시원한 여름, 부처님 품 속에서 '우리도 부처님같이'
– 어린이, 청소년, 성인 여름 수련대회 –

"이 세상에 사람 몸으로 태어나기 어렵고, 사람으로 태어나서는
불법 만나기 더욱 어렵다."
　　　　　　　　　　　　　　　　　　　　　　　　　–『열반경』

부처님께서는 불법 만나기 어려움을 '항수해 맹귀우목'의 비유
로 말씀하셨습니다. 불교의 대우주관에 사주(四州)를 싸고 있는 넓
고 넓은 바다에 오래 전부터 눈먼 거북이 한 마리가 살고 있었는데
이 넓은 바다를 헤엄쳐 다니다가 쉬고 싶어도 몸을 의지할 데가 없
어 쉬지 못하고 있을 때, 마침 그 바다에 구멍 뚫린 나무 조각 하나
가 떠다니는데 우연히, 아주 우연히 눈먼 거북이 그 나무 조각을
만나서 뚫린 구멍으로 머리를 쏙 내밀고 의지해서 잠시 쉰다는 이
야기로 부처님의 법을 만나는 것이 아주 어렵고 소중함을 비유한
것입니다.

이렇게 만나기 어렵고 소중한 불법을 우리는 복이 많아 만났습
니다. 그리고 또한 이 사바세계는 반고반락(반은 괴롭고 반은 즐거
움)이기 때문에 도 닦기 제일 좋은 곳이라고 하셨습니다.

이제 우리 불자들도 새롭게 거듭 태어나야 합니다. 형식적인 불
자, 이름만 불교신자에서 벗어나 참다운 불자, 나 스스로 신행 생
활을 통해 부처님의 가르침을 몸소 실천 수행하여 그 묘미를 맛보
고 더 없는 감동과 기쁨과 행복을 느끼도록 할 때입니다.

부처님의 가르침을 알게 되면 매일 매일이 싱싱하고 자신있고 즐겁게 살 수가 있습니다. 열심히 기도하고 정진하면 우리가 바라는 일은 다 성취됩니다.

인간이 끊임없이 진짜인 자기의 마음을 희생시켜 물질을 추구한다 해도 육, 칠십 년이 지나면 가짜인 나는 사라질 뿐이니, 영원한 내가 가지고 갈 수 있는 마음의 보배를 마련해야 합니다. 그것이 부처님의 가르침을 실천하는 길입니다. 이 귀한 부처님의 가르침을 더 많이 전해주기 위해 올 여름도 신흥사 수련원은 문을 활짝 열고 수련생을 맞을 준비로 바쁘고 활기찹니다.

이제 우리 부모님들도 자녀에 다한 진정한 교육이 무엇인지 깊이 각성하여 참된 사랑의 교육을 펼칠 때입니다. 자식을 공부 제일로 키우려는 자세에서 바른 인간이 되도록 키우는 데 전력을 기울여야 하고, 물질적 풍요를 주는 대신에 정신적인 풍요를 주어 바른 가치관을 심어 주어야 합니다.

인간이 바르게 살면서 가장 멋있고 안락하고 풍요롭게 살 수 있는 길은 부처님 가르침을 따르는 것뿐입니다.

수련의 필요성

수련이란 마음을 닦고 몸을 바르게 단련하는 것입니다. 마음을 닦음은 우리 마음에 도사리고 있는 탐·진·치 삼독과 번뇌·망상을 깨끗이 없애는 것이고, 몸을 바르게 단련하는 것은 바른 생활을 하는 것입니다.

매스컴에 보도되는 소식들은 아름다운 소식보다 나쁜 소식이 많아서 오늘을 살고 있는 우리 모두는 놀라움을 금할 수 없습니다. 지도자 위치에 있는 어른들의 부조리와 부정부패가 줄을 잇는가

하면 한창 착하고 청순해야 할 청소년들의 탈선 등 묵과할 수 없는 일들이 일어나고 있습니다.

이제는 삶과 행복의 가치 기준을 물질에서 구할 것이 아니라 내면의 세계에서 찾아야 할 때입니다. 기능 교육에만 치중할 것이 아니라 인성 교육에 중점을 두어야 합니다. 그 동안 우리는 지식과 물질의 풍요가 행복을 가져다 줄 수 없다는 것을 너무나 절실하게 느꼈습니다. 오직 인간을 바르게 인도하고 모든 사람들에게 안락과 행복을 가져다 줄 수 있는 가르침은 부처님 가르침뿐이라고 생각합니다.

수련의 공덕

무덥고 지친 여름날 부처님의 도량, 산사에서의 수련 생활은 내일의 삶의 활력소가 될 것입니다. 또 그 동안 막연하게 알았던 불교를 직접 체험함으로써 구체적으로 알고 이해하며, 인간이 바르게 살아가야 할 의미와 함께 절제와 버릴 줄 아는 마음, 다 함께 서로서로 도와가면서 살아야 나도 살 수 있고 남도 살 수 있다는 것을 깨닫게 될 것입니다.

그리고 한없는 원력으로 중생을 이롭게 하려는 불·보살님의 마음을 배우게 되며, 신심이 견고하여 끝내 성불할 마음이 생깁니다. 삶의 궁극적인 목표를 성불에 두고 살면 이 세상의 모든 고통도 사라지고 모든 일들이 원만히 성취됩니다.

시원한 여름 부처님 품 속에서 맑은 샘물처럼 감미로운 수련에 참가하여 공덕과 환희를 가득 담아갑시다. 다 함께 성불합시다.

시원한 여름 부처님 품속에서
- 불기 2544년 여름 청소년 수련법회 -

솔바람이 불어오고 싱그러운 푸른 산 숲에서
높푸른 하늘 맑은 공기를 한껏 마시면서 수련을 합니다.
부처님의 지혜와 자비를 배우고 체험하여
한층 더 우리의 삶을 지혜롭게 자비롭게 싱그럽게 열어갑니다.

⊙ 제38차 청소년 여름 수련법회
- 일　　시: 불기 2544년 7월 27일 ～ 30일(3박 4일)
- 대　　상: 중 · 고등학생
- 회　　비: 30,000원
- 준 비 물: 공양미, 필기도구, 세면도구
- 접수기간: 6월 15일～7월 27일(수련법복, 자료집 준비되어 있음)
- 주　　소: 경기도 화성군 서신면 상안리 산 42-1
- 문의전화: ☎ (031) 357-2695, 3916 · FAX: (031)357-8687
- 교통안내: 수원 역전 로터리 프리바게트 앞 → 서신행 좌석버스
(400-1, 999번) → 신흥사 입구에서 하차(절 보임)

대한불교 조계종 전법도량 신흥사 · 청소년 수련원
주지 오성일 합장

신흥사 청소년 수련원

신 흥: 2536-2   1992. 6. 11.

수 신: 각 사찰 주지스님

참 조: 중 · 고등 학생회 지도법사, 간사

제 목: 불교 청소년 여름 수련대회의 건

　미래의 한국 불교의 주인이 될 우리 청소년들에게 불심을 심어주어 청소년들이 바른 가치관과 착한 심성을 길러 보다 밝고 건강하고 지혜로운 삶을 살 수 있도록 오랫동안 청소년 수련대회를 개최해 왔습니다. 이번 여름 수련은 연합 수련을 하고자 귀 사찰에 알려 드리오니 신도 자녀들을 수련회에 보내주시면 감사하겠습니다.

다　　음

- 일　　시: 불기 2536년 7월 26일 ～ 29일(3박 4일간)
- 참가대상: 중 · 고등학생
- 회　　비: 13,000원(교재대, 티셔츠, 상품)
- 준 비 물: 공양미, 필기도구, 세면도구
- 신청기간: 7월 1일 ～ 10일(서류접수)
- 별　　첨: 일정표, 신청서.

대한불교 조계종 신흥사 · 청소년 수련원 원장 오성일 합장

문의처 : (031) 357 - 3916, 2695

귀의 삼보하옵고,

추운 날씨에 두루 평안하신지요. 그 동안 불자님 가정의 자녀들을 신흥사 학생회 법회에 보내주셔서 대단히 감사합니다.

전법도량 신흥사·청소년 수련원에서는 금년 겨울에도 청소년들의 바른 심신 함양을 위해 겨울 수련대회를 실시하는데, 신흥사 야사 중·고등 학생회 회원들에게는 회비를 30,000원에서 15,000원으로 할인해주기로 하였습니다. 앞으로도 계속 신흥사 학생회에 많은 성원과 관심을 부탁드리면서 불자님들의 가정에 부처님의 가피가 두루 충만하시길 기원드립니다.

불기 2543년 12월 12일

대한불교 조계종 전법도량   신흥사·청소년 수련원

학생회 지도법사　　선　　관

학생회 지도간사　　박 성 원 합장

확　인　증

학생회원 이름 :

보 호 자 성 명 :

주　　　　　소 :

불기 2543(1999)년 12월 27일

청소년 수련대회 : 1999년 12월 27일~30일(3박 4일간)

현수막 문안

불기 2543년 7월 27일~7월 30일

환 청소년 여름수련대회 영

대한불교 조계종 신흥사 · 청소년 수련원

90cm / 6m

나는 이 몸이 다 할 때까지 부처님은 진정코
나의 위대한 스승이시며 전 인류의 광명임을 믿고 살아간다

6m / 90cm

우리들 수련생은 참다운 구도자 올바른 인격자
이 땅의 불국토 건설을 목표로 정진한다

수 련 참 가 확 인 서

학 교   학 년   반
이 름

위 학생은 본 신흥사 청소년 수련원에서 실시하는 청소년 여름 수련대회에 참가함을 확인합니다.

◎ 수련일: 1995년 7월 27일 ~ 7월 30일

불기 2539년 7월 9일

대한불교 조계종 신흥사 · 청소년 수련원
주지 오 성일

청소년 수련 참가 확인서 발급 대장

번 호	발급자 이름	학교, 학년, 반	발급년월일	계인	비 고

청소년 수련대회 참가 신청서

불 기	불기 254 년(200 년)	월 일 ~ 월 일

소속사찰명		전 화	
학 생 회 명		전 화	

학생회지도	법사		교사(간사)	

소속사찰 주소	

번호	이 름	법 명	남	여	지 역	학 교	학 년

반 별 출 석 부

수련명칭	
일 시	불기 254 년(200 년) 월 일 ~ 월 일
반 이 름	반
지도법사	
지도교사	
지도간사	
비 고	

<table>
<tr><td colspan="9" align="center">수 련 생</td></tr>
<tr><td>번 호</td><td>성 명</td><td>법 명</td><td>별 명</td><td>성 별</td><td>생년월일</td><td>학 교</td><td>학 년</td><td>소속단체</td></tr>
<tr><td></td><td></td><td></td><td></td><td></td><td></td><td></td><td></td><td></td></tr>
</table>

전 체 출 석 부   년 월 일 ~ 월 일

제 회

번 호	성 명	법 명	별 명	성별	학 교	소 속	일	일	일	일	비고

수 계 대 장   년 월 일

제 회

번 호												
계인												
성명												
법명												
성별												

청 소 년 수 련 대 회 소 감 문

불기 254   (200   년)   월   일   요일   소 속 사 찰:
학 교   학 년   반   이   름:
주 소: 전 화 번 호:
제 목: 보호자이름:

불교포상대장

수련명칭		제 회
일 시	불기 년 월 일 (서기 년)	

대회부문	상 이 름	등수	수 상 자	상 품	비 고

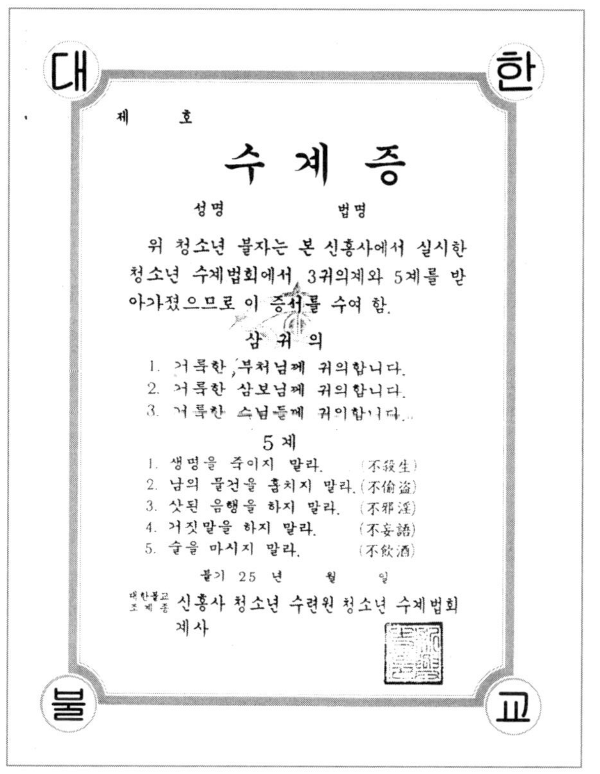

제 호

수 료 증

성명   법명

위 청소년 불자는 본 신흥사에서
실시한 중·고등학생 수련대회의 과
정을 마쳤기에 이 수료증을 수여함.

불기 253 년   월   일

대한불교
조계종 신 흥 사

신흥사 청소년 수련원

주지 오 성 일

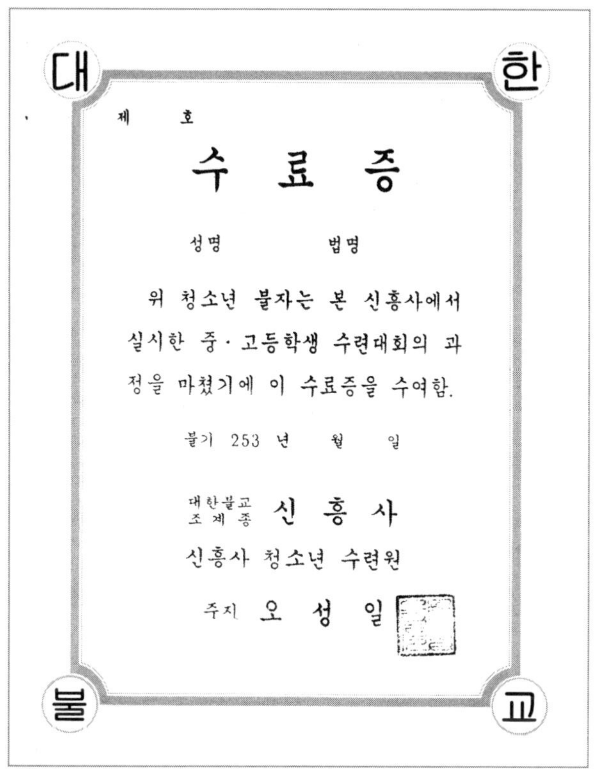

제 호

수 계 증

성명   법명

위 청소년 불자는 본 신흥사에서 실시한
청소년 수계법회에서 3귀의제와 5계를 받
아가졌으므로 이 증서를 수여 함.

삼 귀 의

1. 거룩한 부처님께 귀의합니다.
2. 거룩한 삼보님께 귀의합니다.
3. 거룩한 스님들께 귀의합니다.

5 제

1. 생명을 죽이지 말라. (不殺生)
2. 남의 물건을 훔치지 말라. (不偸盜)
3. 삿된 음행을 하지 말라. (不邪淫)
4. 거짓말을 하지 말라. (不妄語)
5. 술을 마시지 말라. (不飮酒)

불기 25 년   월   일

대한불교
조계종 신흥사 청소년 수련원 청소년 수계법회
제사

<table>
<tr><td rowspan="2"></td><td colspan="6" align="center"><h2>청소년 수련대회 지도 간사카드</h2></td></tr>
<tr></tr>
<tr><td>취임일</td><td colspan="6">불기 254　년　(서기 200　년)　　　월　　일 부터　　　월　　　일</td></tr>
<tr><td>취임회</td><td colspan="6">청소년 수련대회　　　　제　　　　회</td></tr>
<tr><td>성　명</td><td colspan="3"></td><td>법　명</td><td colspan="2"></td></tr>
<tr><td>생년월일</td><td colspan="3"></td><td>성　별</td><td colspan="2"></td></tr>
<tr><td>본　적</td><td colspan="6"></td></tr>
<tr><td>주　소</td><td colspan="3"></td><td>전화</td><td colspan="2"></td></tr>
<tr><td>현　직</td><td colspan="6"></td></tr>
<tr><td>학　력</td><td colspan="6"></td></tr>
<tr><td>취　미</td><td colspan="3"></td><td>특　기</td><td colspan="2"></td></tr>
<tr><td>입문년도</td><td></td><td>입문
사찰</td><td></td><td>현　재
지도단체</td><td>직책</td><td></td></tr>
<tr><td rowspan="2">수
계</td><td colspan="6">년　　　월　　일　　사이에　　　을　계사로　　　계수지</td></tr>
<tr><td colspan="6">년　　　월　　일　　사이에　　　을　계사로　　　계수지</td></tr>
<tr><td rowspan="6">지
도
경
력</td><td colspan="2">지 도 기 간</td><td colspan="2">사 찰 및 단 체</td><td>직 책</td><td>비 고</td></tr>
<tr><td colspan="2"></td><td colspan="2"></td><td></td><td></td></tr>
<tr><td colspan="2"></td><td colspan="2"></td><td></td><td></td></tr>
<tr><td colspan="2"></td><td colspan="2"></td><td></td><td></td></tr>
<tr><td colspan="2"></td><td colspan="2"></td><td></td><td></td></tr>
<tr><td colspan="2"></td><td colspan="2"></td><td></td><td></td></tr>
<tr><td>지
도
자
된
동
기</td><td colspan="6"></td></tr>
</table>

지도 법사 교사, 간사 소감문

불기 254 (200   )년   월   일   요일   소속사찰:

주소: 이   름:

제목: 전화번호:

청소년 겨울 수련법회

- 수련자료집 -

일 시 1999년 12월 27일 ~ 12월 30일(3박 4일)
장 소 신흥사 · 청소년 수련원
주 최 대한불교 조계종 전법도량
　　　신흥사 · 청소년수련원

1) 수련원 원훈

- 마음을 닦아 참된 나를 찾는다
- 나보다 먼저 남을 위한다.
- 부모님께 효도하고 나라에 충성한다.

2) 수련생 수칙

- 화합 단결한다.
- 시간을 엄수한다.
- 개인 행동을 삼간다.
- 제한구역의 출입을 금한다.
- 외모를 단정히 한다.
- 만족감으로 공양을 든다.
- 환경을 깨끗이 한다.
- 상호 의사를 존중하고 신의로 대한다.
- 제 규칙을 엄수한다.

3) 수련대회 강령

- 우리는 부처님의 가르침을 이어받아 참다운 구도자가 되겠습니다.
- 우리는 부처님의 가르침을 체득하여 올바른 인격자가 되겠습니다.
- 우리는 부처님의 가르침을 실천하여 이 땅에 불국토를 건설하
  겠습니다.

4) 수련생 선서

우리들 수련생은 참다운 구도자, 올바른 인격자, 이 땅의 불국토
건설을 목표로 정진할 것이며, 수련기간 중 서로 화합하여 제반 규
칙을 성실히 준수할 것을 선서합니다.

환 영 사

　오늘 여기 모인 수련생 청소년 여러분, 환영합니다. 날씨도 춥고 또 보충 수업도 해야 하는데 마음을 닦고, 몸을 바르게 단련하는 수련에 용감하게 참가한 수련생 여러분은 정말 훌륭합니다. 또 복이 많습니다. 우리가 이 세상에 사람으로 태어난 것을 감사해야 하고 부처님 법 만난 것은 더욱 감사한 일이며, 수련에 참가한 것은 한없이 행복한 일입니다.

　아울러 수련에 보내주신 부모님 은혜에 진심으로 효도해 드릴 것을 마음 속에 생각하면서 그 동안 학교에서 집에서 공부에 힘들었던 심신을 훨훨 털어버리고 마음 가볍게 새로운 체험을 통하여 부처님을 만나 뵙게 될 것이고, 그 부처님 가르침 속에서 인생을 한없이 희망적이고 긍정적으로 기쁨 속에서 살아가는 법을 배울 것입니다. 그래서 우리 불자들은 이 세상에서 정신적으로도 제일 풍요롭게 살아야 하고 또 물질적으로도 제일 풍요롭게 살아야 합니다. 그것은 팔만대장경 부처님의 법문이 다 정신의 양식이 되는 가르침이고 그 가르침을 실천함으로써 한없는 복이 쌓여 물질적인 풍요도 이루어집니다.

　우리 3박 4일의 수련 열심히 하여 맑고 건강한 삶을 살아갑시다. 이 수련한 공덕으로 몸과 마음이 건강하고 항상 부처님의 보살핌이 계시기를 기원합니다.

불기 2543년 12월 27일
청소년 겨울 수련대회 대회장 오성일 합장

발 원 문

영원한 생명이요, 한량없는 광명이신 부처님!
오늘 저희 청소년들은 지극한 마음으로 부처님께 귀의 발원하옵고
지난날 어리석어 알게 모르게 지은
많은 잘못을 진심으로 참회하옵니다.

거룩하신 부처님!
저희가 어둠 속에 방황할 때 부처님의 지혜의 눈빛을 보게 하시고,
서로 미워하고 반목할 때 부처님의 자비하신 미소를 보게 하시며,
게으름과 좌절로 나약할 때 부처님의 고행을 보이시어
인내와 용기를 배우게 하옵소서.

어느 곳에나 아니 계신 곳 없으신 부처님!
지금 이 시간에도 저희 친구 청소년들이
탈선의 길목에서 방황하고 있습니다.
어두운 퇴폐의 골목에서 허덕이고 있습니다.
그들에게 부처님의 지혜의 광명을 비추시어
그들로 하여금 그 어두운 늪에서 깨어 나오게 하옵소서.
그들로 하여금 부처님의 가르침을 만나게 하옵소서.

자비하신 부처님!
저희들 마음 마음마다 나의 주인은 바로 나임을 알게 해 주시고,
나의 운명은 누구에게 의존하거나 원망할 것이 아니고

나의 미래는 오늘의 내가 이룩하는 것임을 알게 하시어
바르고 선하게 살게 하옵소서.

또한 이 몸이 다할 때까지
부처님은 진정코 저희의 위대한 스승이시며
전 인류의 광명임을 믿고 살아가게 하옵소서.

오늘 이 수련의 인연공덕으로
저희 청소년들이 밝고 바른 가치관으로 살아가게 하옵시고
우리 나라가 저 신라 시대처럼 불국토가 되어
부처님 가르침 아래 온 국민이 화합 단결하고
찬란한 문화를 남길 수 있는 가피를 주옵소서.

나무 석가모니불
나무 석가모니불
나무 시아본사 석가모니불

불기 2543년 청소년 여름 수련대회 일정표

1999년 7월 27일~7월 30일

시간 \ 날짜	7월 27일(화)	7월 28일(수)	7월 29일(목)	7월 30일(금)
오전 4:30	시원한 여름 부처님을 찾아서	기상, 세면		기상, 세면
5:00		새벽예불, 기도 108참회, 참선		
6:00				
7:00		아침체조(레크댄스)		아침예불
8:00		아침 발우공양		
9:00		운력(청소)	운력	운력(청소), 짐정리
		문화유적답사	청소년 수계식	식생활 문화(특강)
10:00		참선실수		소감문 쓰기
11:00	도착, 접수	설법 2	부처님 일대기 (비디오 상영)	회향식
12:00	점심공양(식판공양)	점심 발우공양		점심공양(식판공양)
오후 1:00	입제식 준비			
2:00	입제식 설법1	찬불가 율동	퀴즈 대장경	
3:00		선재동자 구법행	멋을 찾아 (茶, 선기공, 풍물놀이)	법회에서 반갑게 만나요!
4:00	만남의 시간			
5:00			우리반끼리	
6:00	발우공양 습의	식판 공양	저녁 식판 공양	
7:00	저녁예불, 기도 참회정진		청소년 축제 (찬불가, 장기자랑)	
8:00				
9:00	심성수련	부모은중경 독송	저녁예불	
10:00	취 침		보현행원 촛불제	
			1080배 정진	

불기 2543년 청소년 겨울 수련대회 일정표

1999년 12월 27일~12월 30일

시간 \ 날짜	12월 27일(화)	12월 28일(수)	12월 29일(목)	12월 30일(금)
오전 5:00	온 누리에 부처님 가르침을	세면, 큰법당으로		
6:00		새벽예불, 기도		
		108참회, 참선		
7:00		아침 공양(발우공양)		
8:00		봉사 활동	운력(청소), 연꽃	운력(청소)
9:00		찬불가와 율동	수계설법	수행활동
10:00		설법	수계식	문화활동
11:00	부처님께 예경, 접수	염주와 매듭	봉사 활동	소감문 쓰기
				회향식
12:00	점심공양(식판)	점심 발우공양		점심공양(식판)
오후 1:00	입제식 준비	문화유적답사	선재들의 구법행	끝없사오리 오늘 세운 이 서원은
2:00	입제식 설법	전래놀이 한마당		
3:00			수행 활동	
4:00	반별 모임	반별 모임	문화 활동	
5:00	발우공양 습의			
	저녁공양 (발우공양)		저녁 공양(식판)	
6:00				
7:00	저녁예불 기도, 참선	저녁예불 기도, 참선	저녁 식판 공양	
8:00		부모은중경 독송	찬불가, 장기자랑	
9:00	심성수련	Video 상영 (이차돈)	촛불발원, 불꽃제	
10:00	편안한 휴식을		1080배 용맹정진	

청소년 수련 의의

1) 수련(修鍊)이란?

마음을 닦고 몸을 바르게 단련하는 것.

2) 수련의 필요성

우리 청소년들이 자리(自利)의 삶과 이타(利他)의 삶을 잘 살아가기 위해서.

부처님의 삶은 두 가지로 나눌 수 있다

• 자리(自利)의 삶 • 이타(利他)의 삶

자리(自利)의 삶(자기를 이롭게 하는 삶)

① 명상(冥想)을 통한 자아(自我, atman) 완성의 삶

• 명상을 통해서 내적인 관조(觀照, 지혜로 사리 판단)

모든 지혜와 행복과 삶의 가치를 물질과 바깥 세계에서만 구하려는 마음을 내면의 세계에서 찾도록 함

• 명상을 통해서 자신감 회복

현대인의 불안 초조 노이로제에서 벗어나 항상 침착하고 여유있는 심성을 함양

② 정진(精進)을 통한 극기(克己)의 삶

• 물질 만능의 풍조에서 정신가치의 회복

　자기의 삿된 욕심을 이성으로 눌러 이기고 과도한 충동과 욕망과 감정을 억제하여 건전한 생활과 윤리회복

• 정진(고행)을 통해서 인내력 기름. 검소함과 절약함을 실천하고 근면성을 터득.

　이타(利他)의 삶(남을 이롭게 하는 삶)

① 중생 구제의 삶: 개인주의에서 단체주의로 공동체 의식과 협동정신 함양

② 자비 실천의 삶: 나눔의 정신, 화목하고 이웃을 공경하고 섬기는 자세, 끝없는 자비심 함양

결론

　청소년 여러분, 이 세상은 아름답고 평화로운 곳입니다. 여러분들 마음에 세상을 부정적으로 비뚤게 보아 불평 불만을 생각하기 전에, 세상을 긍정적으로 아름답게 보아 만족하고 서로 도울 수 있는 마음이 되면 자연 이 세상은 늘 편안하고 즐거운 극락 세계입니다.

　모든 중생을 차별없이 사랑하시는 부처님의 자비와 나보다는 먼저 남을 위하는 불교의 근본 정신이 여러분들 마음에 자라고 실천되면 미래의 세상은 그대로 평화롭고 아름다운 세상일 것입니다.

부처님의 생애(八相成道)

　석가모니 부처님이 이 세상에 오신 것은 모든 인류의 보람이며, 기쁨입니다. 부처님이 이 세상에 계신 생애는 겨우 80년이지만 그 가르침은 많은 세월이 지날수록 더욱 빛을 더해가며 우리에게 절실하게 다가오는 진리의 가르침입니다.

　이 세상에 인류의 마음이 있는 한 부처님의 한없이 커다란 가르침은 살아 있을 것이며, 우리를 인도할 것입니다. 인류의 빛이시며, 대도사이신 부처님은 지금으로부터 2,539년 전 인도의 카필라 성 정반왕의 태자로 태어나셨습니다. 카필라 성은 평화롭고 아름다운 착한 정치를 한 부강한 나라였습니다. 그런데 그 나라에도 걱정이 있었으니 나라를 이을 태자가 없어 온 국민이 근심하던 차에 어느 꽃피고 새들이 노래하는 봄날에 룸비니 동산에서 태자가 태어났습니다. 태자의 이름을 모든 일을 다 성취하라는 뜻에서 '싯다르타' 라고 지었습니다.

　어머니 마야 왕비는 태자를 낳은 지 이레 만에 돌아가시고 이모인 마하프라쟈 파티 왕비에 의해서 건강하게 자랐습니다. 태자는 참으로 총명하고 재주가 있었습니다. 12살 때 농경제에 나갔다가 불볕 더위 속에서 일하는 농부들의 가난한 모습과 쟁기에 찍혀 나오는 벌레를 보았습니다. 그 벌레를 작은 새가 물고 가고, 또 그 작은 새를 큰 새가 물고 가는 것을 보고 어린 태자는 커다란 충격을 받았습니다. '이 세상에는 강한 것이 약한 것을 해치고, 그보다 더

강한 것이 또 강한 것을 해치는구나. 아 불쌍하다. 어쩌면 이 세상의 중생이 모두 행복할 수 있을까? 하고 태자의 마음은 우울하였습니다.

정반왕은 그런 태자에게 왕으로서 갖추어야 할 학문과 무예를 가르치게 하였고, 태자의 총명과 재주를 따라올 사람은 아무도 없었습니다. 아버지인 정반왕의 의사로 19세에 아름다운 야쇼다라 공주와 결혼하여 아들 라훌라를 낳았습니다. 나라를 이을 왕손이 태어난 후 태자는 더욱 명상에 잠기었습니다.

어느 봄날 동서남북 4대 성문 밖으로 소풍을 나갔다가 병든 환자와 늙은 노인과 죽은 상여 행렬과 수도하는 스님을 보고 많은 충격을 받았습니다. '어떻게 하면 모든 중생이 한결같이 행복할 수 있을까? 모든 중생의 행복을 위해서 내 수도의 길을 걸어 그 괴로움에서 해탈하는 길을 구하리라'. 그러한 결심을 한 태자는 29세에 성을 넘어 출가하여 설산에서 6년이란 세월의 갖은 고행 끝에 도를 이루어 부처님이 되신 것입니다. 부처님이 되신 석가모니 부처님은 45년간 아니 가신 곳이 없이 다니시면서 불행한 많은 사람들을 일일이 돌보아 구제해 주셨습니다.

부처님이 가신 곳에는 어두운 황야에서 횃불을 만난 것 같고, 목마른 자에게는 물을 만난 것 같고, 배고픈 자에게는 밥이, 아픈 자에게는 약을 만난 것과 같았습니다. 45년간 하루도 쉬지 않고 중생을 제도하신 부처님은 80세에 열반하셨습니다.

부처님의 육신은 지금 이 세상에 계시지 않지만 부처님의 법신 (法身)은 그대로 우리 옆에 계십니다. 그 옛날 청소년 야사가 부처님께 달려 왔듯이 오늘 청소년 여러분도 부처님께 달려 왔습니다.

1) 최승업(最勝業)

　인간이 보여 줄 수 있는 가장 이상적이고 완벽한 모습을 보여줌으로써 중생의 마음을 교화하신 부처님의 생애는 크게 여덟 가지로 표현할 수 있습니다.

　① 도솔래의상(도솔천에서 사바세계로 내려오시는 모습)

　부처님께서 이 사바세계에 오신 까닭은 탐내고 성내고 어리석은 번뇌로 고통받은 우리 중생들에게 그 고통으로부터 벗어날 수 있는 대안락(大安樂)·대자유(大自由)·대해탈(大解脫)의 진리를 깨우쳐 보이시고, 우리 중생들도 대해탈의 진리를 깨달아 들어 고통에서 벗어나게 하시기 위해 이 사바세계에 오셨습니다.

　② 비람강생상(인도 카필라 국 룸비니 동산에서 태어나시는 모습)

　부처님의 탄생은 그 태어나시는 모습 자체가 이 세상 어느 성인도 중생도 따를 자가 없습니다. 때는 꽃피고 화창한 봄날, 모든 생명이 환희해 약동하고 희망이 넘치는 좋은 계절에, 곳은 지구의 중앙 인도 카필라 국으로, 카필라 국은 샤카족의 정반왕이 어질고 현명한 정치로 국민은 모두 화합하여 편안하고 경제 또한 풍요로운 좋은 나라였습니다. 별 걱정이 없이 안락한 모든 백성들은 나라를 이을 태자님이 한 분 태어나시기를 고대하였습니다.

　이러한 모든 사람들의 기다림과 축복 속에서 태어나셨습니다. 태자의 이름은 모든 것을 다 성취하라는 뜻에서 싯다르타였습니다. 갓 태어난 태자는 바로 일곱 걸음을 옮기고 오른쪽 손은 하늘을 가리키고 왼쪽 손은 땅을 가리키며 "하늘과 땅 위에 오직 나 홀로 높네, 모든 중생이 고통 속에 있으니 내 마땅히 이를 편케 하리라.”고 외치셨습니다.

　③사문유관상(동서남북 사대성문을 유람하면서 생로병사의 고통을
　　보시고)

카필라 성 싯다르타 태자의 궁중 생활은 최상의 부귀영화로 가득 찬 생활이었습니다. 태자는 처해 있는 편안하고 안락한 왕궁 생활에 만족하지 않고 백성들의, 삶의 실상을 알기 위해 성문 밖을 유람합니다. 거리는 깨끗이 정리되어 꽃과 향으로 단장되어 태자의 행차를 환영하는데 동쪽에서 노쇠해 힘없는 노인을 보고, 남쪽에서 병들어 신음하는 환자를 보고, 서문에서 슬피 오열하는 죽음의 행렬을 보게 됩니다.

태자의 마음은 늙고 병들고 죽은 고통에서 모든 중생이 벗어나야 한다는 연민심으로 가득한 때 북쪽에서 출가하여 도를 닦는 사문을 만나 희망이 가득 차 출가 수도할 마음을 갖습니다.

　④유성출가상(성을 넘어 출가 수도하러 가시는 모습)

싯다르타 태자 나이 29세에 인간의 근원적인 고통을 해결하기 위하여 왕궁의 부귀영화와 권력을 모두 버리고 구도의 길을 떠나십니다.

　⑤설산수도상(히말라야 산기슭 설산에서 고행하시는 모습)

6년 동안 이 세상에서 가장 어려운 고행을 감내하십니다. 어떠한 수행자도 이처럼 어려운 고행을 한 사람은 과거에도 현재에도 미래에도 없다고 부처님은 제자들에게 회고하셨습니다.

⑥ 수하항마상(보리수 아래서 모든 번뇌와 마군중을 항복받고 바른
  깨달음으로 성불하는 모습)
  왕궁을 떠나 6년 고행 후 35세에 모든 번뇌, 생사의 고통에서 해
탈하여 정각을 이루어 부처님이 되셨습니다.

⑦ 녹원전법상(최초로 녹야원에서 설법하시는 모습)
  붓다가야 보리수 아래서 성불하시어 800리 길을 맨발로 걸어 바
라나시 녹야원 사슴동산까지 가시어 6년 동안 함께 고행한 5비구
에게 설법하시고 45년 동안 하루도 쉬지 않으시고 설법하셔서 팔
만대장경이란 거대한 법을 남기셨습니다. 참으로 부처님의 가르치
심은 3천 년 그 전에도 3천 년 후인 오늘에도 우리들 마음에 영원
히 꼭 필요한 가르침으로 남아 있습니다.

⑧ 쌍림열반상(사라나무 사이에서 열반에 드시는 모습)
  오랜 구원겁 전에 이미 성불하시어 부처님이 되어 이 사바세계
중생들을 구제하시러 오셔서 태어나고, 출가하고, 고행하고, 성불
하고, 중생교화 하시는 모습을 보이시며 중생들에게 다 가르치시
고 다시 부처님 세계, 열반의 세계로 가셨습니다.

2)변지(偏知)
① 우리가 알고 있는 것도 두루 알고 계시고(지식)
② 우리가 모르는 것도 두루 알고 계시는 분(지혜-진리)

3)색무애(色無碍)
32상 80종호를 갖추심으로 육신의 장애가 없으시다.

4)자재(自在)
모든 일에 자재하시다.

① 사무소외(四無所畏)
설법하실 때 두려운 생각이 없는 지혜의 힘 네 가지
 • 일체 모든 법을 평등하게 깨달아 다른 사람의 힐난을 두려워하지 않는 힘
 • 온갖 번뇌를 다 끊어 바깥으로부터 오는 어려움을 두려워하지 않는 힘
 • 진리의 말씀을 바르게 하여 다른 사람의 비난을 두려워하지 않는 힘
 • 고통의 세계를 벗어나는 요긴한 길을 제시하여 남의 비난을 두려워하지 않는 힘

② 십팔불공법(十八不共法)
부처님께서 갖추신 공덕이 수승하여 이승 보살들과는 같지 않은 열여덟 가지 공덕

③ 십력(十力)
이 세상의 모든 것을 아는 지혜의 힘 열 가지

④ 육신통(六神通)
 • 천안통(天眼通) • 천이통(天耳通) • 타심통(他心通) • 숙명통(宿命通) • 신족통(神足通, 身如意通) • 누진통(漏盡通)

90

5) 구세대비주(救世大悲主)

① 무자타비(無自他悲) = 나와 남이 없는 자
• 부처님은 일체 중생과 한몸이다.
• 중생의 고통은 부처님의 고통이다.

② 무연자비(無緣慈悲)
항상 중생을 위하여 무조건의 사랑, 끊임없이 연민히 여기는 자
비일체 중생에 대하여 고통을 없애고 낙(樂)을 주려는 부처님의
자비

불교기초교리 1

1) 부처님은 어떤 분이실까?

부처님은 단순히 이 세상에 한번 왔다 가신 분이 아니다. 모든 중생을 깨치고자 서원을 세우고 수억 겁을 거듭나며 수행을 닦은 분이다.

부처님은 모든 이들의 이익과 안락을 위해, 고통 속에 허덕이는 중생을 구제하기 위해, 천상의 영화를 버리시고 이 땅으로 내려오셨다. 그 분이 나신 곳은 호화 찬란한 구중궁궐이 아니라 먼지 날리는 길 가의 동산 위였다. 그래서 길에서 나서 길에서 살다 길에서 가신 인류의 위대한 스승, 부처님의 탄생은 그 자체가 중생의 삶과 함께하시겠다는 뜻이다.

불자는 중생을 위해 일생동안 헌신하셨던 부처님의 길과 그 삶을 본받아야 한다. 불교를 믿는다는 것은 다시 말해 부처님을 닮아가는 것이다. 부처님의 삶을 본받아 쉼 없이 정진하는 것, 다른 이를 위해 봉사하는 것이 바로 부처님을 닮는 것이며 부처님의 가르침을 실천하는 것이다.

2) 부처님의 깨달음

① 연기(緣起: 불교의 세계관, 보리수 아래서 부처님이 깨달으신 진리)

일구월심 사유하던 성자에게
모든 존재가 밝혀진 그 날
그의 의혹은 씻은 듯이 사라졌다.
연기의 도리를 깨달았으므로.   −『자설경』

• 부처님이 6년 고행 후 보리수 아래서 깨달으신 진리

싯다르타 수행자는 진리를 깨달아 부처님이 되었다. 그렇다면 그 진리는 무엇인가? 그것은 바로 연기(緣起)이다.

• 연기(緣起)란?

모든 것은 원인이 있으며 원인이 생겨나고 원인이 사라지면 소멸한다는 것이다. 이것을 부처님께서는 이렇게 설명하신다.

이것이 있기 때문에 저것이 있고(此有故彼有)
이것이 태어남으로 저것이 태어난다(此生故彼生)
이것이 없기 때문에 저것이 없고(此無故彼無)
이것이 사라짐으로 저것이 사라진다(此滅故彼滅)
                                          −『중아함경』

연기는 인과법, 인연법, 연생연멸의 법칙이라고도 불린다. 이처럼 모든 존재는 원인에 의해 생겨나고 원인이 사라질 때 소멸하며, 세상 모든 것은 변하여 영원한 것이 없으니 부지런히 정진하여 이 연기의 이치를 깨쳐야 한다.

② **삼법인(三法印) – 존재의 실상**

우주 만유를 관통하는 법칙이 연기라면 존재의 실상을 나타내는 것이 바로 삼법인이다. 삼법인(三法印)이란 세 가지 진실한 가르침 이라는 뜻으로, 도장 인(印) 자를 쓴 것은 도장이 언제 어디서나 같 듯이 부처님의 가르침도 언제 어디서나 같음을 뜻하는 것이다.

• 제행무상(諸行無常) : 세상의 모든 것이 변한다는 뜻. 사물을 있는 그대로 바라볼 때 드러나는 존재의 속성은 바로 모든 것이 변 한다는 것이다.

• 제법무아(諸法無我) : 모든 변하는 것에 자아의 실체(實體)가 없다는 뜻. 인연에 따라 생긴 것은 인연이 다하면 흩어지기 때문에 고정 불변하는 실체란 없다.

• 일체개고(一切皆苦) : 모든 변하는 것은 괴로움이란 뜻. 무상하 기 때문에 고(苦)라는 것이다. 부처님께서는 인간이 이루지 못하 는 이런 욕망을 간파하시고 일체가 괴로움이라 설파하신 것이다. 때문에 부처님의 가르침에 따라 불자가 욕망의 불을 끄고 이 세상 을 있는 그대로 볼 수 있게 되면 모든 고통이 사라지고 마음의 평 안을 구할 수 있다.

• 열반적정(涅槃寂靜) : 열반은 진리의 구현이다. 무상과 무아의 진리를 완전히 구현하여 모든 번뇌와 고통의 불을 끈 상태가 바로 열반인 것이다. 열반은 모든 번뇌와 욕망, 대립과 고통이 사라진 고요한 평화의 상태이다. 따라서 불자들은 삼법인의 가르침을 자 신의 생활 속에 구현하여 최상의 평화와 자유인 열반을 향해 부지 런히 정진해야 한다.

③ 사성제와 팔정도 – 괴로움의 해방

현실의 고통에서 벗어나 진리를 구현하는 수행의 길을 가르쳐 주는 길. 사성제란 '네 가지 성스러운 진리' 라는 뜻으로 부처님이 녹야원에서 다섯 비구에게 행한 최초의 설법이다. 사성제는 부처님께서 듣는 사람이 이해하기 쉽도록 연기의 진리를 현실에 맞게 응용한 것이라 할 수 있다.

사제(四諦)

- 고(苦): 괴로움
- 집(集): 괴로움의 원인
- 멸(滅): 괴로움의 소멸
- 도(道): 괴로움을 소멸하는 방법

사성제(四聖諦)

- 고성제: 괴로움의 진리
- 집성제: 괴로움이 일어나는 원인에 대한 진리
- 멸성제: 괴로움의 소멸에 대한 진리
- 도성제: 괴로움의 소멸 방법(팔정도)

팔정도: 여덟 가지 바른 수행의 길이라는 뜻

- 정견(正見): 바른 견해로 편견없이 있는 그대로 보는 것이다. 이를 여실지견(如實知見)이라고도 부른다. 먼저 바로 보는 것이 바른 삶의 시작이다.
- 정사유(正思惟): 바른 사유이다. 바른 견해를 가짐으로 바른 사유를 할 수 있다. 현실을 있는 그대로 보고 이치에 맞게 생각한다는 것이다.

• 정어(正語): 바른 말이다. 말은 자신의 생각과 의견을 표현한 수단이다. 거짓말, 이간시키는 말이나 욕과 비방하는 말은 그 사람의 비뚤어진 생각과 시각을 나타내는 것이다. 항상 바른 생각과 말을 하여 구업(口業)을 짓지 말고 상대방을 존중하는 부드러운 말을 해야 한다.

• 정업(正業): 바른 행동이다. 일체의 행위를 바르게 해야 한다. 바른 생각과 말에서 나아가 이치에 맞는 행동을 해야 한다.

• 정명(正命): 바른 생활이다. 옳은 일에 종사하고 몸과 마음과 말의 신구의(身口意) 삼업을 청정히 하면서 바로 사는 것을 말한다. 좀더 구체적으로 말한다면 바른 직업관을 가지고 생업에 임해야 한다.

• 정정진(正精進): 정정진은 깨달음을 향한 부단한 노력을 말한다. 아울러 옳은 일에는 물러섬이 없이 밀고 나가는 정열과 용기를 뜻하기도 한다.

• 정념(正念): 몸과 말과 뜻이 바르면 생각이 바로 선다. 정념은 바른 생각을 말한다.

• 정정(正定): 바른 수행이다. 번뇌, 망상에서 바른 견해나 행동이 나올 수 없다. 마음과 몸을 평안하게 하고 바로 수행해야 한다.

④ 업과 인과 – 불자의 가치관

부처님이 말씀하신 인과의 법칙은 원인이 있으면 반드시 결과가 따른다는 것이다. 이 세상의 어떤 행위도 반드시 결과를 낳는다. 착한 일을 하면 좋은 결과가 따르고, 악한 일을 하면 나쁜 결과가 온다. 이를 선인선과(善因善果), 악인악과(惡因惡果)의 인과응보(因果應報)라 한다.

• 업: 결과를 낳는 근원적인 행동을 업(業)이라 한다. 업은 산스
크리트어 까르마(karma)에서 나온 말로 '의도를 가진 행동' 을 말
한다. 부처님은 절대자의 섭리나 정해진 운명을 부정하고, 모든 것
은 인간의 의지와 행동에 따라 성립한다고 설하셨다.

몸(身)과 말(口)과 뜻(意)으로 짓는 업의 과보는 엄정한 것이어서
한치의 오차도 없다. 이것은 인과율(因果律)이라고 한다. 악업을
많이 지을수록 자신의 삶은 구속되고 고통스러워진다. 그러나 선
업을 쌓을수록 인생은 자유로우며 깨달음으로 나아갈 때 장애가
없어진다. 즉 자신을 구속하는 것도, 자신을 자유스럽게 하는 것도
모두 자기 자신이다. 악행을 멀리하고 선행을 닦으며 또한 수행에
정진함으로써 마음에서 벗어나 깨달음을 얻어야 한다.

불교기초교리 2

1) 불교의 근본사상

불교란 제악막작(諸惡莫作)하고 중선봉행(衆善奉行)하라 자정기의(自淨其意)하면 시제불교(是諸佛敎)니라.

모든 악은 짓지 말고, 모든 착한 일을 받들어 행하라. 그리고 자기 마음을 청정히 하면, 이것이 모든 부처님의 가르침이니라.

- 『칠불통게(七佛通偈)』

인류의 최고 진리를 깨달으신 부처님의 가르치심으로 인생의 근본 문제를 해결하여 인간이 바르게 살아갈 길을 제시해 준 종교다.

2) 불교의 근본이념

위로는 깨달음을 구하고(上求菩提)

아래로는 중생을 제도함이다(下化衆生)

인생의 현실 세계에서 무지(無知)와 번뇌(煩惱)로부터 일어나는 온갖 죄악과 고통, 부조리와 모순을 극복하여 가장 안전하고 영원히 자유가 된 이상 세계인 해탈의 세계에 도달하여, 끊임없이 중생을 구제하는 힘이 불교이며, 이 세상 모든 중생을 끝까지 행복하게 함이 불교이다.

3) 불교의 수행목적

견성성불(見性成佛, 자기 성품을 보아 부처 되는 것)

4) 불교의 수행방법

신(信, 먼저 믿고) 해(解, 알고 이해하며)

행(行, 실천하고) 증(證, 깨달음을 얻고)

5) 불자의 세 가지 수행

① 절대적인 믿음

삼귀의(三歸依)

• 귀의불 양족존(歸依佛 兩足尊) : 복덕(福德)과 지혜(智慧) 두 가지를 다 갖추신 부처님께 귀의한다는 뜻.

• 귀의법 이욕존(歸依法 離欲尊) : 광명과 생명으로 돌아간다. 즉 모든 탐욕(貪慾)을 여읜 거룩한 법에 귀의함.

• 귀의승 중중존(歸依僧 衆中尊) : 청정한 마음으로, 무리 가운데 거룩한 승가(僧伽)에 귀의한다는 뜻. 우리는 지금 중생이므로 온갖 인연 속에서 방황하는 이 마음을 삼보에 의지하여 바른 인간 생활을 영위하고 영원히 편안한 열반의 세계로 가야 한다.

② 크나큰 서원

사홍서원(四弘誓願)

삼귀의가 미래의 성불을 향한 굳은 약속이라면, 사홍서원은 그 실천수행에서 성불의 길을 안내해 주는 이정표이다.

• 중생무변 서원도(衆生無邊 誓願度) : 중생을 다 건지오리다

• 번뇌무진 서원단(煩惱無盡 誓願斷) : 번뇌를 다 끊으오리다
• 법문무량 서원학(法門無量 誓願學) : 법문을 다 배우오리다
• 불도무상 서원성(佛道無上 誓願成) : 불도를 다 이루오리다

③ 끊임없는 실천
• 육바라밀: 대승보살의 수행방법 여섯 가지로 보시·지계·인욕·정진·선정·지혜
• 대승불교: 대승불교는 이론적 학문적이기보다는 신앙 실천을 중히 여기고 재가(在家), 출가(出家)를 막론하고 일상 생활 속에서의 수행방법을 발전시켜 왔다.
• 바라밀: '바라밀다' 라고도 하며, 번역하면 도피안(到彼岸), 생사의 이 언덕에서 열반의 저 언덕에 이르는 것

육바라밀
① 보시(布施) : 아낌없이 베푸는 것.
• 법시(法施) : 법을 베푸는 것.
• 무외시(無畏施) : 두려움과 불안을 없애고 편안함을 줌.
• 재시(財施) : 재물을 베푸는 것.

◉ 재물 없이도 베풀 수 있는 일곱 가지 보시
• 부드러운 눈으로 사람을 대하는 안시(眼施)
• 부드럽고 미소 띤 얼굴로 사람을 대하는 화시(和施)
• 좋은 말 고운 말로 사람을 대하는 언사시(言辭施)
• 예의 바르게 사람을 대하는 신시(身施)
• 선심(善心)을 가지고 사람을 대하는 심시(心施)

- 남에게 자리를 양보하는 상좌시(床座施)
- 사람을 재워 주는 방사시(房舍施)

"만일 가난한 사람이 재물을 보시하지 못하더라도 남이 보시할 때에 수희(隨喜: 따라 기뻐함)하는 마음을 내면, 수희하는 복덕이 보시하는 것과 다름이 없느니라."

◉ 예화
- 천하의 큰 힘이 복덕이니라: 3년의 보시로 끝내 용왕을 귀복시킨 아육 왕 이야기
- 장경호 거사님과 불교방송
- 신라 김대성 이야기: 품팔이를 해서 모은 돈으로 장만한 전 재산인 밭 한 뙈기를 흥륜사 점괘 대사께 시주하고 정승의 아들로 태어나, 전생의 어머니(경조 부인)를 위하여 그 유명한 경주 석굴암을 짓고 금생의 부모(김문량공)를 위하여 불국사를 지음
- 각황전을 지은 중국 황태자 이야기: 가난한 할머니가 늘 절에 와서 궂은 일을 도맡아 하고, 모든 사람에게 도움이 되려고 열심히 살다가 죽은 후에 중국 황태자로 태어나 구례 화엄사 각황전을 지은 이야기
- 부처님께 모래 공양을 올리고 대왕이 된 아쇼카 대왕 이야기
- 소풍 와서 부처님께 절을 하고 동전 세 닢을 올리고 급체하여 갑자기 죽었다가 살아난 재영이 이야기

② 지계(持戒): 법도에 맞게 사는 것
◉ 지계는 「수계설법 2. 삼귀의 · 오계」 편 p.192 참조
◉ 예화

• 자장 율사와 선덕 여왕 이야기
"내 비록 3일 동안 계(戒)를 지키며 살다 죽을지언정 계를 파하
고 100년 살기를 바라지 않노라."
• 난타 태자 이야기

③ 인욕(忍辱): 어려움을 참아 이겨내는 것
"원망으로써 원망을 갚으면 마침내 원망은 쉬어지지 않는다.
오직 참음으로써 원망은 쉬어지나니 이 법은 영원히 변하지
않는다."   -『법구경』

  "참는 미덕에는 지계도 고행도 미치지 못한다. 능히 참음을
행하는 자는 이름하여 큰사람이라 한다."   -『유교경』

⊙ 예화
 • 장수왕 이야기   • 백은 선사의 인욕   • 감인대(堪忍待)

④ 정진(精進): 끊임없이 노력하는 것
⊙ 예화 : 주리반타카 이야기

⑤ 선정(禪定): 마음의 안정을 찾는 것
⊙ 예화 : 명학 동자 이야기

⑥ 지혜(智慧): 참된 슬기를 얻는 것
⊙ 예화 : 오성 대감 이야기

부처님의 삶, 청소년의 삶

부처님!

인류 최고의 진리를 깨달으신 분, 석가모니 부처님.

일찍이 한 나라의 태자로 태어나 고통받는 중생의 아픔을 해결하기 위하여 권력과 부귀와 영화를 폐리(敝履)와 같이 버리고 출가하여(29세) 6년 동안 살을 에이고 뼈를 깎는 고행 끝에 정각(正覺)을 이루신 부처님은 5비구에게 그 깨달은 진리를 가르쳐 주시기 위해 녹야원(베나레스 사르나트)까지 800리 길을 맨 발로 걸어가셨으며, 그 곳 녹야원에서 처음 청소년 야사를 교화 귀의케 하시고, 그 후 45년 동안 하루도 쉬지 않고 중생을 구제하여 삶의 지혜를 얻게 하신 부처님의 삶.

1) 현실에 대한 회의(농경식 참관 후)

"나는 장차 왕이 된다. 얼마든지 호강할 수 있다. 그러나 백성들이 굶주리고 헐벗고 신음한다면 어찌 왕이 홀로 편안할 것인가? 그리고 또 나도 결국은 늙을 것이 아니냐? 죽을 것이 아니냐?"

청소년 여러분!

사람은 누구나 자기가 편안함에 처해 있으면 남의 고통 따위는 아랑곳하지 않습니다.

싯다르타 태자는 왕궁의 호화로운 생활에 처해 있으면서도 천대받는 농민들의 고통을 생각하고 큰 새에게 먹히는 작은 새와 벌레

의 생명까지도 가슴 아파하며 구해야겠다는 끊임없는 자비심으로
가득합니다.

2) 학문에 대한 회의
"나는 이루 말할 수 없는 호사스런 나날을 보내었다. 아버지의
왕궁에는 커다란 연못이 있었고, 거기에는 여러 빛깔의 아름다운
연꽃이 피어 있었다.
나는 항시 카시 지방에서 나는 향을 사용하였고, 내가 입던 옷도
역시 카시 산이었다. 내가 밖에 나갈 때는 항상 일산을 받치는 시
종이 따랐고, 내게는 겨울과 여름과 장마철에 따라 그때 그때 편리
하게 생활하도록 꾸며진 세 개의 궁전이 있었다.
나는 아름다운 여자들에게 둘러싸여서 장마철에도 지루하게 지
내지 않도록 배려되었다."
부처님의 태자 시절이 얼마나 호화로웠던가를 짐작하고도 남습
니다. 그러나 호사와 쾌락이 지나간 다음에 더욱 허전함을 맛보고,
회의는 더욱 깊어갈 때, 태자는 학문을 열심히 배워 깊은 지식을
쌓았지만, 학문이란 한낱 지식을 넓혀줄 뿐 인생의 근본적인 문제
는 해결해 주지 못하는 것을 알고 학문을 버리고 인생의 근본 문제
를 해결하기 위해 출가합니다.

3) 출가
청소년 여러분!
세상 모든 사람들은 권력과 부귀 영화를 갖고자 원하며, 때로는
많은 사람들이 욕심이 지나쳐 자기 자신을 파멸로 이르게 하고 남
에게도 크나큰 해를 끼치게 됩니다. 어떻게 싯다르타 태자는 왕의

권력과 부귀영화를 버릴 수 있었을까? 생각해 봅니다.

4) 고행

"이 세상에서 이제까지 나처럼 고행한 사람도 없고, 현재에도 없고, 미래에도 없을 것이다. 나는 하루에 한 끼, 사흘에 한 끼, 보름에 한 끼도 먹는 둥 마는 둥 하여 내 몸은 마른 칼라 풀과 같이 말랐다."

청소년 여러분, 자신의 안일과 편안함이 더욱 이기적으로 치닫고 나약하기 이를 데 없는 오늘날 많은 사람들에게 중생들을 위해 고행하신 부처님의 6년 고행을 통해 사욕과 충동과 욕망을 극복하여 굳센 의지와 강인한 인내력, 자신감을 회복하여야겠습니다.

5) 성도(성불)

"나는 진리를 깨달았다. 우주와 내가 하나이고, 우주는 그대로 광명이며, 생명이다. 내 마음에 온갖 집착과 번뇌는 사라졌도다. 나는 진리를 깨달았다. 붓다가 되었다."

청소년 여러분, 물질주의와 배금주의에 마음이 더욱 퇴색되어 탐내고 성내고 어리석어 불안하고 공포와 번뇌로 고통받고 있는 현대 인류에게 부처님의 성도는 모든 인류를 불안과 공포로부터 해방시키고 전도된 삶의 가치관을 올바로 잡아 인간이 자유롭고 인간답게 살 수 있는 길을 제시하였습니다.

여러분은 밖으로만 치닫는 번거로운 마음을 부처님의 명상을 실천하여 안으로 거두어 들이고, 바깥에서만 구하려는 마음을 내면에서 구하며, 인간답게 살 수 있는 가치관을 회복하고 행(幸)과 불행(不幸)이 마음 먹기에 따라 이루어짐을 생각하여 항상 자신을 돌

아보고 세상을 아름답고 긍정적으로 사고하고 판단할 수 있도록
정진합시다.

6) 교화

"비구들아! 자 들으라. 그대들은 두 가지 극단으로 치우치는 일
이 없도록 하여야 한다. 두 극단이란 무엇인가? 하나는 육체의 본
능이 요구하는 대로 쾌락을 탐하는 길이요, 하나는 자신의 육체를
지나치게 학대하는 고행의 길이다.

바른 수행을 하려면 마땅히 이 두 극단의 길을 버려야 한다. 그
리고 중도를 배워야 한다. 여래는 바로 이 중도의 이치를 깨달았
고, 이 중도에 의하여 열반에 이른 것이다.

비구들아, 그럼 중도란 무엇인가? 그것은 여덟 가지의 바른 길
이다. 즉 바른 견해(正見)·바른 생각(正思)·바른 말(正語)·바른
행위(正業)·바른 직업(正命)·바른 노력(正精進)·바른 기억(正
念)·바른 명상(正定)이다.

"비구들아, 이 세상은 괴로움으로 차 있다. 그 괴로움에는 반드
시 원인이 있다. 그 원인을 알고, 그 원인을 바르게 다스리면 괴로
움은 반드시 없어지고 만다. 그 괴로움의 원인을 다스리는 길이 바
로 이 여덟 가지의 바른 길이다."

다섯 비구의 마음은 환히 밝았고 진리의 눈을 뜨고 감격하여 처
음으로 부처님의 제자가 되었다.

청소년 여러분!

이렇게 시작한 부처님의 교화는 45년 동안 하루도 쉬지 않고 계
속되셨습니다. 오늘날 벌레의 목숨은 말할 것도 없고, 사람의 목숨
조차도 아주 가볍게 해쳐 경악과 공포를 금치 못하게 하는 오늘의

사람들과 남의 생각은 무조건 그르다 하고 남의 종교는 무조건 배타하는 사이비 종교인들이 팽배해 있습니다. 99명의 사람을 죽이고도 더 살인을 하려던 앙굴마라를 제도하여 귀의시킨 일과, 그 숱한 이교도들의 귀의를 다 받아들여 제자로 삼으셨던 부처님의 교화를 생각해 봅니다.

이제 나보다는 먼저 남을 배려하는 개인주의에서 단체주의로, 혼자 갖는 것보다는 나누어 가지고, 존경을 받으려는 것보다 하심하여 남을 공경하는 마음으로, 이웃과 사회의 문제를 방관하는 데서 주체적으로 해결하는 그러한 청소년이 오늘날 우리 사회가 바라는 청소년의 삶의 모습이라 생각합니다.

부처님은 이 세상에서 세속인으로는
처음으로 청소년 야사를 제도하셨습니다

맑고 밝은 청소년 여러분,
그 옛날 여러분의 친구 야사는 왜 부처님께 달려 왔습니까?
또 오늘 여러분은 왜 부처님께 달려 왔습니까?

1) 6년의 고행 끝에 도를 깨달아 인류의 대도사가 되신 부처님께서는 바라나시(베나레스) 녹야원에서 5비구를 제도하시고 얼마 동안 그 곳에 머무르셨습니다.

2) 어느 날 새벽 부처님은 조용히 강변을 산책하고 계셨습니다. 그때 저쪽 강기슭에서 미친 듯이 고함을 치는 한 청소년이 있었습니다. "아, 괴롭다. 괴로워!"

3) 부처님은 말없이 강 건너 있는 그 청소년을 바라보고 계셨습니다. 강을 건너 부처님 앞에 무릎을 꿇고 애원하였습니다. "이 괴로움에서 저를 구해 주십시오."

4) "여기에는 괴로운 것이 아무 것도 없다. 대체 무엇이 그렇게 괴롭느냐?"

5) 이 청소년은 바라나시의 큰 부호 야사 장자의 외아들 야사였습니다. 야사는 왕자 못지 않게 호화로운 생활을 하였는데 전날 밤 큰 잔치가 베풀어졌습니다. 흥겨운 잔치가 끝나고 사람들이 깊은 잠에 빠졌을 때였습니다.

6) 야사는 먼저 잠에서 깨어났다가 그토록 아름답던 가수와 무희, 악사들이 제멋대로 흐트러져 추하게 자고 있는 꼴이 꼭 시체더미를 보는 것 같아 싫증과 근심에 집을 뛰쳐나왔습니다.

7) 야사의 마음은 극도의 환락과 호화로움, 퇴폐의 생활에 염증이 나 버린 것입니다. 마음은 미칠 것같이 불안하고 괴로웠습니다.

8) 부처님께서는 말씀을 이으셨습니다. "잘 왔다. 나는 너에게 법을 설하리라. '나'라는 것은 없는 것이며 순간 순간 모든 것은 변하여 덧없는 것이니 마침내 괴로움의 존재이니라."

9) 부처님의 말씀을 듣는 동안에 야사의 마음은 차츰 안정이 되어가고 마음이 열리며 눈이 밝아져 그 길로 머리를 깎고 출가하여 부처님의 제자가 되었습니다.

10) 아침에 일어난 야사의 아버지는 없어진 아들을 찾기 위해 사방으로 사람을 보내어 찾게 하고 자기도 찾아 헤매다가 녹야원까지 오게 되었습니다. 녹야원에 이른 야사의 아버지는 수행자가 된 아들 야사를 보고 깜짝 놀랐습니다.

11) 그러나 부처님의 설법을 듣고 감화된 야사 장자는 부처님과 가르침과 스님께 귀의하여 최초로 우바새(남자 신도)가 되어 부처님과 5비구에게 공양을 올렸습니다.

12) 야사의 어머니 또한 삼보에 귀의하여 최초 우바이(여자 신도)가 되었습니다.

13) 야사와 같은 상류계급의 청소년이 부처님의 제자가 되었다는 소문은 곧 바라나시에 퍼졌습니다.

14) 야사처럼 재산도 많고 학식이 높고 잘난 청소년이 출가하여 부처님 제자가 되었다는 사실은 바라나시의 청소년들에게 커다란 충격을 주었습니다.

15) 야사 친구 50명도 야사가 출가하여 부처님의 제자가 되었다는 소식을 듣고 사슴동산(녹야원)으로 달려 왔습니다.

16) 거기서 부처님의 빛나는 상호(32상 80종호)와 거룩한 위덕에 감화되어 모두가 출가하여 부처님의 제자가 되었습니다.

17) 오늘 청소년 수련생 여러분도 야사처럼 뛰어난 생각을 가지고 수련에 참가하였습니다. 오늘 나는 무엇을 할 것인가. 수련 중 생각합시다.

부처님은 왜 인류의 대 스승이신가?

1) 부처님은 스스로 모범을 보이시다.
① 지혜와 복덕을 갖추시다.
② 모든 욕심, 부귀, 권력, 오욕락을 버리시다.

2) 부처님은 각계 각층 모든 중생을 제도하시다.
① 소외된 계층: • 똥군 니다이 제도

  • 이발사 우바리 제도

  • 창녀 연화색 제도

② 선택된 계층: 16국왕
③ 악인: • 99명을 살인한 앙굴마라 제도

  • 음식에 독약을 넣은 신일 제도

3) 어린이 라훌라 교화

4) 청소년 야사 교화

5) 가장 바보 쥬리반타카 교화

부처님은 왜 위대하신가?

부처님의 전도 부촉

"비구들이여, 전도를 떠나라. 많은 사람들의 이익과 행복을 위하여, 세상을 불쌍히 여기고, 인천의 이익과 행복과 안락을 위하여 그리고 두 사람이 한 길을 가지 말라. 처음도 좋고, 중간도 좋고, 끝도 좋으며 조리와 표현을 갖춘 법(法)을 설하라. 사람들 중에는 마음에 더러움이 적은 자도 있거니와 법을 듣지 못한다면 그들도 악(惡)에 떨어지고 말리라. 법을 들으면 깨달을 것이 아닌가. 비구들이여, 나도 또한 법을 설하기 위하여 우루벨라의 세나니가마(將軍村)로 가리라."

                                                        -『잡아함경』

  1) 부처님께서는 녹야원에서 5비구와 야사와 야사 친구 50명이 출가하여 진리에 눈을 뜨자 제자들에게 최초의 부탁 말씀이 이 유명한 전도(포교) 선언입니다.

  2) "많은 사람들의 이익과 행복과 안락을 위하여"

이처럼 부처님께서는 부처님과 불교를 위하여 포교를 하라는 것이 아니고 '중생들의 안락과 이익과 행복을 위하여' 라고 하셨습니다.

  3) "그리고 두 사람이 한 길을 가지 말라."

한 곳이라도 더 법을 전하고 한 곳이라도 더 법을 들을 수 있게 하신 자비의 마음이십니다.

4) "법을 듣지 못한다면 그들도 악(惡)에 떨어지고 말리라. 법을 들으면 깨달을 것이 아닌가?"

부처님께서 왜? 그토록 포교하기를 간곡히 부탁하셨겠습니까? 우리는 옛날보다 훨씬 더 잘 먹고 잘 입고 좋은 집에 살면서도 마음은 한없이 가난하고 악해졌습니다. 그래서 부처님의 가르침이 오늘날 꼭 필요한 것입니다.

5) "나도 또한 법을 설하기 위하여 우루벨라의 세나니가마로 가리라." 이렇게 시작하신 부처님의 교화는 45년간 하루도 쉬지 않고 맨발로 걸어서 찾아다니면서 수많은 불쌍한 중생을 제도하셨습니다.

6) 이와 같이 전도 즉 포교는 우리 부처님께서 제일 바라시는 일이고, 제일 기뻐하시는 일이며, 저일 가피를 내리시는 일입니다.

7) 우리도….

8) 부처님께 귀의한 사람들
① 마가다 국 빔비사라 왕: 이 세상에서 최초로 부처님께 절(죽림정사)을 지어 드린 인도 제일 강대국의 임금
② 사위국 바사익 왕비 말리 부인: 말리 동산 지키면서 점심 도시락을 부처님께 정성껏 공양 올린 공덕으로 왕비가 된 말리 처녀
③ 우전국 왕: 부처님을 뵙고 싶어 불상을 최초로 조성한 우전국의 임금

수행의 길

제1회 전국 불교 청소년 하계 수련대회(불기 2529년 8.1 ~ 8. 4) 양양 낙산사에서

산을 올라봐야 그 상쾌함을 알고 수박을 먹어봐야 그 달고 시원한 맛을 알듯이 알기만한 불교를 몸소 실천하여 그 상쾌함과 시원한 단 맛을 맛보기 위해 여기 모였습니다.

여러분들에게 부탁하고 싶은 것은 여러분들이 가져왔던 것(탐진치, 모든 번뇌)은 모두 버리고 새로운 것(생명과 환희가 넘치는 부처님의 가르치심)을 가득 담아가야 할 것입니다.

가득 찬 그릇에는 아무 물건도 담을 수 없듯이 번뇌가 가득 찬 마음에는 아무리 좋은 가르침도 받아 담을 수 없습니다. 먼저 조용히 마음을 비웁시다. (참선)

마음이 비워졌을 것입니다.

1) 부처님의 고민과 출가

이 세상에 여러 성인 중에서도 가장 복과 지혜가 구족하신 부처님 ①싯다르타 태자는 무엇을 고민하였는가?

• 싯다르타 태자는 그 당시 상당히 문제아였다.

이 자리에 여러분들처럼 ….

• 문제아가 아니었더라면 태자의 자리를 지켰을 것이다.

• 이 세상에는 두 가지의 문제아가 있다.

－싯다르타 태자처럼 진리를 추구하는 문제아

→ 이 문제아는 → 聖者, 佛이 되지만
  - 현대 문제아처럼 물질과 향락에 눈이 어두운 문제아
→ 자신과 사회를 파멸로 변하게 함.
② 보통 인간보다는 진리를 추구하는 문제아가 되라.
여기 모인 여러분들은 이 시대 여러분들 친구 중에서 가장 뛰어나고 훌륭한 생각을 가진 사람들이다.
자, 그러면 진리를 추구하는 세기의 문제아였던 싯다르타 태자는 무엇이 그토록 왕궁을 버릴 정도로 고민스러웠는지 들어봅시다.

2) 처음 느낀 고민(농경제)
① 농부의 보습에 찍혀 나오는 지렁이의 흉한 모습
② 보습에 찍혀 꿈틀거리는 지렁이를 물고 날아가는 새
③ 농부에게 혹사당하는 소의 고통
④ 햇빛에 그을고 고통으로 일그러진 농부의 얼굴
⑤ 너무나 차이가 나는 왕궁 생활과 농부의 생활
⑥ 약육강식의 비극: 강한 놈이 약한 것을 또 잡아먹고 약한 것은 강한 것에 잡아먹히는 것
⑦ 즉 자연계의 약육강식, 인간사회의 불공평에 대한 회의
이때부터 세상에 대한 회의와 고민 생김.

3) 두 번째 느낀 고민(사문유관)
동 → 老, 남 → 病, 서 → 死, 북 → 沙門
계급 제도에 대한 회의

4) 고민의 의의

① 농경제와 사문유관을 통하여 인간이 갖는 고통을 가슴 깊이 느끼고 자신의 문제와 둘이 아님을 절실히 느낌

② 절실한 아픔을 느낀 고민만이 현실적인 고민을 해결할 수 있는 힘이 되는 것

③ 싯다르타는 주변의 모든 것에 대해 끊임없이 사랑하였기 때문에 남의 고통이 곧 나의 고통

5) 싯다르타의 출가 동기
① 생물계의 약육강식
② 불평등한 인간현실
③ 계급제도로 인한 민중의 고통
④ 생로병사의 비극
⑤ 영토를 확장하고 재물, 노예를 빼앗으려는 전쟁
절망 속에서의 싯다르타에게 희망, 北門 → 沙門을 만남

• 출가 → 2월 8일 새벽 성(城)을 넘어 산(山)으로 출가.
"나는 일체 중생을 고통에서 구하기 위하여 출가하나니, 이 고통을 해결할 진리를 얻기 전에는 결코 돌아가지 않으리라."
• 출가의 의미
성이란 부귀와 권력 등을 의미, 자신의 부귀영화를 버리고 기존의 잘못된 가치관을 부정하셨다. 이는 개인적인 아집에 의한 이익을 버리고 모두가 행복할 수 있는 길을 선택한 것이다.
출가 후에 분소의 → 화려함과 권력을 부정
삭발 → 무명 제거, 즉 머리 속의 잘못된 가치관 부정
출가의 의미는 개인적인 죽음에 대한 공포가 아니고 모든 중생

의 고통을 자신의 것으로 느끼고 출가를 단행한 데 의의가 있다.

6) 부처님의 수행과 성도
① 스승을 찾음
왕궁을 나선 후 며칠 동안은 잘 될 것 같았는데 며칠이 지나서는 졸
리고, 배고프고, 추워 왕궁으로 돌아가고 싶었으나 출가의 목적을 되
새기며 유혹을 억눌렀다. 자신을 포함한 뭇 중생의 고통을 되새겼으
나 일주일이 지나도 성과가 없자 스승 찾을 결심을 하게 되었다.

• 스승: 바가바 선인 – 고행주의
       아라라 칼라마 – 무상무념(無想無念)주의
       웃다카 라마풋다 – 비상비비상(非想非非想)주의
스승들의 가르침도 싯다르타를 만족시킬 수 없었다.
생사를 뛰어넘어 중생을 건져내는 부처의 길이 아니고
기껏 천상에 태어나려고 죽음을 준비하는 고행주의와 현세를 도
피하여 심리적 희열을 추구하는 선정주의에서 탈피
6년 동안의 고행은 철저했다. 6년 고행의 회의 –
탐욕에 집착한 쾌락주의와 그것을 극복하려는 고행주의도
진리를 깨닫는 데는 장애가 됨을 깨닫고 고행을 중단하였다.
최선의 방법인 중도(中道) 선택(어느 곳에도 집착하지 않고 사물을
여실히 관찰하여 존재의 진실을 봄)
극단적인 쾌락도 인간을 타락시키지만, 극단적인 고행도 육체만
혹사시킬 뿐이다. 그러므로 인간계가 도닦기에 적당하다.

결론적으로 여러분들의 수행은 자리이타행이어야 합니다.

전도 전법과 정법 수호의 의지

1) 전도의 부촉

부처님께서는 붓다가야 보리수 아래서 성도하시고 법을 전하시기 위해 500리 길이나 먼 길을 맨발로 걸어 녹야원까지 가셨습니다. 녹야원에서 최초로 법을 설하시고, 5비구를 제자로 두시고 며칠 가지 않아서 야사와 야사 친구 50명이 출가하여 부처님의 제자는 56명이나 되었습니다. 이 56명 제자를 모아놓고 부처님께서는 전도를 떠나 보내십니다. (p.112 전도부촉 참조)

이와 같이 부처님께서는 제자들에게 전도할 것을 간곡히 일러주셨습니다. 부처님 자신도 성도하시고 45년 동안 하루도 쉬지 않고 그 넓은 땅을 맨발로 걸어다니면서 설법을 하셨습니다. 부처님의 많은 제자들도 자신의 수행과 중생을 제도하는 일에 정성을 다하였습니다.

2) 훌륭한 전법자들

그 중에서도 법을 제일 잘 설하시는 부루나 존자께서는 어느 날 부처님께 와서 여쭈었습니다.

"세존이시여, 제가 이미 세존의 가르침을 받았사오매 이제 서쪽 수로나 지방에 부처님의 가르치심을 전하러 가겠습니다."

부루나 존자께서 가신다는 서쪽 수로나 국은 무서운 외도의 나라로서 만일 외국에서 종교나 다른 사람이 들어오기만 하면 그대로 잡아죽이는 나라였습니다. 그런데 그런 곳으로 전도를 가겠다는 부루나 존자가 부처님께서도 걱정이 되셨습니다.

"내가 듣기로는 서쪽 수로나 국 사람들은 흉악하고 경망하며, 사납고 욕을 잘한다고 들었다. 그들이 너에게 욕하고 업신여기면 어떻게 하겠느냐?"

"예, 설사 업신여기고 욕을 하더라도 손이나 돌로 때리지 않는 것만도 다행으로 알겠습니다."

"만일 주먹이나 돌로 때린다면?"

"칼이나 몽둥이로 치지 않는 것을 다행으로 알겠습니다."

"칼이나 몽둥이로 친다면?"

"죽이지 않는 것을 다행으로 알겠습니다."

"만일 죽인다면 어떻게 하겠느냐?"

"도를 닦는 부처님의 제자로서 한 많은 육신을 싫어하여 스스로 생을 끊는 자들도 있는데 그 나라 사람들의 본심이 착하고 지혜가 있어서 제 보잘 것 없는 이 육신을 능히 죽여 극락세계에 가서 나게 하여 주니 참으로 다행한 일이라 생각하고 감사하겠습니다."

"착하다, 나의 제자여, 그대는 도를 잘 닦아 참고 견디는 마음을 잘 배웠구나. 너야말로 수로나 국에 가서 능히 법을 전할 만한 사람이다. 어서 가서 아직 안온을 얻지 못한 사람들을 위하여 안온을 얻게 하라."　　　　　　　　　　　　　　－『아함경』 13 「부루나경」

이렇게 부루나 존자께서는 부처님의 가르침을 펴기 위하여 목숨까지 바칠 각오가 되어 있었습니다. 수많은 부처님 제자들은 방방 곡곡에서 자기 수행과 전도를 하기에 여념이 없었습니다.

또 훌륭한 전법자가 있습니다. 구마라염과 구마라집 두 부자(父子)가 법을 전한 이야기입니다.

옛날 인도 카필라 국에 구마라염이라는 훌륭하신 스님이 계셨습니다. 이 스님은 항상 부처님께 "부처님, 부처님의 지혜와 자비의 가르침이 많은 사람들에게 전해져서 누구나 다 같이 지혜롭고 행복하게 살게 해 주소서."하고 발원하였습니다. 그때 인도에서는 불교가 전파되어 모든 왕과 백성이 누구나 할 것 없이 부처님을 믿고 행복하게 살았는데, 이웃 나라 중국은 서로 나라마다 빼앗고 빼앗기고 싸움만 하느라 모든 사람들은 고통 속에서 살았습니다. 부처님의 가르침이 무엇인지도 알지 못했습니다. 구마라염 스님은 이러한 전쟁의 고통 속에서 살고 있는 중국 사람들에게 '생명 있는 모든 것을 사랑하고 행복하게 살 수 있도록' 가르치신 부처님의 마음을 어떻게 해서든지 전하리라고 생각하고 부처님께 엎드려서 기도 드렸습니다.

"부처님 이 곳에 높이 서서 행복한 사람들의 공양만 받지 마시고 저와 같이 고통받는 중생들을 위하여 길을 떠나십시다."

이와 같이 부처님께 큰 소리로 말씀드리고 부처님을 우러러 뵈니 부처님께서는 빙그레 웃으시며 고개를 끄덕 하시는 것이었습니다. 구마라염 스님은 부처님을 등에 업고 길을 떠나 수없이 많은 날을 갖은 고생을 해 가면서 갔습니다. 어느 때는 너무 지쳐 쓰러졌다가 부처님이 다치셨나 걱정되어 벌떡 일어나 보면 부처님은 가만히 서 계셨습니다. 어느 때는 전혀 기운이 없어 부처님의 등에 업혀 갈 때도 있었습니다.

구자국에 이르렀을 때 왕은 부처님을 궁중에 모시고 예배하고 공경하면서 구마라염 스님께 법문을 들었습니다. 부처님은 참으로 훌륭하시고 구마라염 스님도 훌륭한 부처님의 제자임을 알게 되어 왕은 신하와 백성들에게 부처님을 믿게 하였습니다. 그런데 구마라염 스님은 오랫동안 너무너무 고생하시어 병이 나서 돌아가시게 되었습니다. 그 때 임금님은 이렇게 훌륭하신 분의 자손을 두어 뒤를 잇게 하여야 한다고 생각하고 왕의 동생, 공주와 연을 맺게 하여 아들을 낳게 하였습니다. 이 아들이 후에 그 유명한 삼장(경·율·론) 법사로 부처님 전법을 위하여 잠시도 쉬지 않고 훌륭한 업적을 남긴 구마라집 스님이십니다.

우리 다 같이 눈감고 그 험하고 먼 길을 부처님을 업고 중국으로 오신 구마라염 스님을 생각해 봅시다. 다음은 우리 나라 원효 대사의 법을 전하신 이야기를 들어보세요.

여러분들이 책에서 읽은 우리 나라 원효 대사께서도 많은 신라 사람들에게 부처님의 가르침을 펴기 위하여 여러 가지 어려운 일들을 하셨습니다. 그 때까지 신라 땅의 불교는 나라의 임금님이나 귀족들만이 불교를 알았지, 일반 서민 백성들은 불교를 몰랐습니다.

이러한 신라 백성들에게 부처님의 가르침을 전하기 위하여 어느 때는 다리 밑에서 쓰레기처럼 천대를 받고 사는 거지 아이들과 함께 생활하면서 그들에게 부처님의 참 뜻을 전하고, 마음을 착하게 하고 희망을 가지고 기쁘게 살도록 가르치며, 어느 때는 세상으로부터 버림받은 문둥병 환자들이 살고 있는 곳에서 함께 지내며 그들과 함께 자고, 같이 음식도 먹으면서 부처님의 가르침을 전하여 그들이 마음을 닦아 고통에서 벗어날 수 있도록 일깨워 주었습니다.

어느 때는 술 파는 여인들을 제도하시기 위하여 기생집을 드나들면서 함께 술 마시고 노래 부르면서 자연스럽게 부처님의 가르침을 전하여 그 여인들이 어두움에서 헤어나 바르게 살 수 있는 길을 가르쳐 주셨습니다. 어느 때는 직업이 뱀 잡는 사람들이라 세상 사람들로부터 소외당하고 있는 사동(蛇童)을 위시하여 땅꾼들의 잔인한 마음도 설법으로 감화시켜 선하게 살아가도록 교화를 하였습니다. 어느 때는 끼니를 잇기가 어렵도록 가난한 사람들의 마을에 이르렀습니다. 헐벗고 굶주린 이들은 서로 헐뜯고 싸우느라고 더욱 비참하였습니다. 이 사람들에게 가난 속에서도 서로 미워하는 마음, 시기하는 마음이 없어져 서로 돕고 서로 위하면 밝고 편안하게 살 수 있다는 진리를 가르쳤습니다.

사람들은 원효 대사의 설법에 마음이 감동되고, 마음이 맑아지기 시작하였습니다. 그들은 기쁨을 느끼고 감사하는 마음으로, 서로 사랑하는 마음으로 가득하였습니다. 많은 신라 사람들은 원효 대사를 살아있는 부처님이라고 존경하고 공경하였습니다. 이 밖에도 여러 나라에 훌륭하신 전법자들이 많았습니다.

자 그러면 우리 ○○사의 훌륭한 전법자를 찾아봅시다.

민경희 선생님은 국민학교 3학년 때부터 어린이법회에 나오기 시작하였습니다. 그 때 처음으로 어린이 불교학교가 시작되었지요. 법회 때마다 빠지지 않고 열심히 나오면서, 절에 나오지 않는 새 친구들을 데리고 나오곤 하였습니다. 설법도 열심히 듣고, 찬불가도 열심히 배웠습니다. 독경도 열심히 하여 상도 탔지요. 중·고등학교 때도 빠지지 않고 학생법회에 나와서 열심히 부처님의 가르침을 배우고 실천하였습니다. 대학생이 된 요즈음은 여러분들의 선생님으로 일요일이면 법회에 함께 나올 어린이들의 집을 방문하여 데리고 오지요.

그리고 어린이 법회를 잘 모르는 친구들에게 자세히 설명하여 어린이 법회에 나오도록 하느라 남들이 쉬는 일요일에는 더욱 바쁩니다. 오늘도 민경희 선생님은 착한 어린이들의 마음에 부처님의 가르침을 심어주기 위하여 마냥 분주하면서도 보람을 느끼며 즐겁게 전법을 합니다. 여러분들도 친구들을 법회에 데리고 오고, 어서 자라서 민경희 선생님처럼 불교를 전하기에 정성을 다 해야합니다. 여러분들이 주인이 되는 장래에는 우리 나라가 불국토가될 것입니다. 여러분들이 이처럼 부처님을 열심히 믿고 포교하기에 열심이니까 꼭 그렇게 될 것입니다.

3)전도 자세와 공덕

① 전도 자세

"비유하면 설산에 많은 약초가 있으니 의사는 저 산에 나아가 다 능히 분별해 알거니와 그 모든 사냥꾼이나 목동들은 저 산에서 항상 생활하되, 그 약을 알아보지 못함과 같아서 자리이타(自利利他)하는 보살은 지혜 경계에 들어서 부처님의 광대한 신통변화를 보거니와 모든 대제자(聲聞大衆)는 오직 자리(自利)만 구하고 남을 이익하게 하려 하지 않으며, 오직 자기의 편안함만 구하고 남을 안락하게 하려 하지 않을 때 비록 서다림(기원정사) 가운데 있어도 여래의 신통변화와 불가사의한 일을 알지 못하고 보지 못하느니라."

─『화엄경』「입법계품」

"부처님이 멸도하신 후 불법이 쇠퇴해지려 할 때에는 굳은 신심으로 부처님의 가르침을 지키도록 해야 하며 선지식을 가까이 하여 생사에서 벗어나고, 정각을 구하는 견고한 의지로 정진하여 마군의 무리를 깨뜨려야 한다. 그리고 부처님의 가르침 중에서 비록 한 구절의 사구게(四句偈)라도 좋으니 남을 위하여 설법해 줌으로써 수희(隨喜)해 의심 내지 않도록 하고 중생이 환희하고 찬탄해서 삼세제불의 더없이 뛰어난 가르침에 안주(安住)하도록 해야 한다."

-『보살장심경』

"부처님의 가르침을 알았으면 사람들을 위하여 설해 주어야 한다."

-『제법집요경』

"보살은 일체 중생 중에 구호를 못 받는 자나, 지견이 없는 자를 보았을 때 곧 가엾이 여기는 생각을 해서 보리심을 일으킨다. 만약 남을 위해 인도해 가르치려 아니한다면 이는 보리심을 일으키지 않는 것이 된다."

-『십지경』

"어둠 속에 보물이 있다 해도 등불 없이는 보지 못하는 것처럼, 부처님의 가르침을 설하는 사람이 없으면 슬기로워도 깨닫지 못한다."

- 예시된 경전 자료는 제1차 포교사 연수회 자료집 '포교사의 자세' 참조.

"만약 선남자 선여인이 내가 멸도한 후에 은밀히 한 사람을 위해서라도 『법화경』의 한 구절을 설한다면 이 사람은 곧 여래의 사자인 줄 알아라. 여래가 보낸 사람으로서 여래의 일을 행하리니 하물며 대중을 위하여 널리 설함이겠느냐." -『법화경』「법사품」

부처님의 가르침을 전하는 사람은 부처님께서 이 땅에 보내셨다고 하셨습니다. 여러분들은 부처님께서 이 땅에 보내신 훌륭하신 전법자들입니다.

② 전도 공덕

"착하고 착하도다. 선남자야, 네가 능히 석가모니 불법 가운데서 이 경을 받아 가지고 읽고, 쓰고, 생각하며, 설하였으므로 얻는 공덕이 한량없고 가이없어 불도 능히 태우지 못하며, 물도 능히 떠내려 보내지 못할 것이니 너의 공덕은 1천 부처님이 함께 설하실지라도 다 설하시지 못하리라." -『법화경』「약왕보살본사품」

"수보리야, 어떻게 생각하느냐? 만약 어떤 사람이 삼천대천세계에 칠보로 가득 차게 보시하면 이 사람의 얻을 바 복덕은 얼마나 많겠느냐?"

수보리 말씀드리되, "아주 많습니다." (생략) "만약 어떤 사람이 이 경 중에 사구게만이라도 받아 가져 다른 사람을 위하여 설하면 그 복덕이 더 수승하리라." -『금강경』「의법출생분」 제8

"약왕아, 바로 알라. 여래 멸도 후에 불법을 수지하여 다른 사람을 위하여 선설하는 이는 여래와 함께 생활하고 여래께서 손으로 어루만져 주시고, 옷으로 덮어 주시며 시방삼세에 현재 계시는 여러 부처님께서 옹호하여 주리라." -『법화경』「법사품」

현선수(賢善首)야, 가령 어떤 사람이 순전히 칠보로 온 세계에 가득하게 보시하더라도 이 경의 이름과 1구(句)의 뜻을 듣는 것만 같지 못하나니 (중략) 이 경을 수지하고 남을 위하여 설하는 이를 호념하여 물러가지 말게 하라.

저 때에 여러 금강신들이 부처님께 말씀 올리되,

"부처님이시여, 만일 후에 말세의 일체 중생이 이 경을 수지하고 설하는 이가 있으면 마땅히 수호하기를 눈동자같이 소중히 수호하고 물러가지 않게 하며, 그 사람에게 영원히 재앙이 없고, 질병이 없게 하며, 재물이 풍족하여 늘 모자람이 없게 하리다."

-『원각경』「현선수장」

청소년 여러분, 여러분들은 이 세상에서 가장 훌륭하신 부처님의 가르침을 배우고 남에게 전해 주는 것에 긍지와 보람을 느껴야 하겠습니다. 왜냐하면 경에서도 말씀하신 것과 같이 부처님의 가르침을 전함으로 말미암아 헤아릴 수 없는 공덕을 이루기 때문입니다. 부처님의 가르침을 전함으로 기쁨을 느끼게 되고, 보람을 느끼게 되고, 항상 부처님 품 안에서 부처님의 보살핌을 받고 살 수 있습니다. 따라서 다른 사람들에게도 말할 수 없는 이익과 기쁨을 주는 것입니다. 부처님의 아들딸들인 여러분은 부처님의 가르침을 믿고 따르며 알리는 사람입니다. 여러 청소년들이 그처럼 존경하는 부처님이 될 수 있는 길도 자기 스스로 열심히 불법을 믿고 실천하며, 남에게 불법을 전해 줄 때 부처님이 되는 것입니다.

4) 전법(傳法)에 대해서

① 전법이란 무슨 뜻일까요?

전법이란 진리를 전한다는 뜻이에요.

다른 말로는 포교라고도 해요. 포교란 부처님의 가르침을 널리 편다는 뜻이에요. 부처님을 믿지 않는 사람들에게 부처님을 믿게 하고 부처님의 가르침을 알게 하여 모두 주인의 삶을 살게 하는 것을 전법이라 해요. 모든 사람들이 절에 나와 법회에 참석하여 부처님을 믿고 따르는 생활을 할 수 있도록 계속적으로 관심을 갖고 도와주어야 해요. 한번 포교하고 그만두면 안 돼요.

② 왜 전법해야 할까요

• 부처님의 분부이십니다

『잡아함경』의 부처님의 말씀을 잘 읽어보세요.

"수행자들아! 자 전법의 길을 떠나라. 많은 사람들의 이익과 행복을 위하여! 세상을 불쌍히 여기고, 사람과 신들의 이익과 행복과 안락을 위하여, 처음도 좋고, 중간도 좋고, 끝도 좋은 조리와 표현을 갖춘 법을 설하라."

• 모두 주인되게 하기 위해서입니다

세상에는 종의 생활을 하는 사람들이 참 많아요. 돈의 노예, 물건의 노예, 욕심의 노예, 어리석음의 노예, 교만의 노예, 신의 노예 등.

이러한 사람들이 모두 부처님과 같이 주인의 삶을 살도록 하기 위해서 전법해야 해요.

『화엄경』의 부처님 말씀을 잘 읽어보세요.

"부처님께서는 진리를 존중하시는 까닭이며 부처님 말씀대로 실천하며 많은 부처님이 출생하는 까닭이니라."

• 진리를 영원히 하기 위해서입니다.
『반야경』에 나오는 부처님 말씀을 잘 읽어봅시다.

"바른 법이 이 세상에 길이 머물게 하면 이러한 인연으로 부처님의 눈이 끊이지 아니하고 바른 법이 멸하지 아니할 것이니 모든 대중은 저마다 이를 받아 지녀 선포 연설할 것이니라."

4) 세상을 이익되게 하기 위해서입니다
『화엄경』의 부처님 말씀을 잘 읽어보세요.

"중생으로 하여금 항상 안락하고 일체의 병과 괴로움이 영영 없게 한다. 악한 일을 하고자 하면 하나도 됨이 없고, 착한 일을 닦고자 하면 모두 다 속히 이루어져서 나쁜 길로 가는 문을 닫아 버리고 인간에나 하늘에나 깨달음에 이른 바른 길을 열어 보인다."

• 전법이 최상의 복을 짓는 일이기 때문입니다.
『금강경』의 부처님 말씀을 잘 읽어보세요.

"수보리야, 내가 지금 진실한 말로 너에게 이르노니 어떤 사람이 항하사의 모래 수보다 많은 보배로 부처님께 공양한다면 그 복이 많겠느냐?"
수보리가 대답했다.

“참으로 많습니다. 세존이시여!”
부처님께서 수보리에게 말씀하셨다.
“만일 어떤 사람이 이 경전 가운데 한 구절의 말이라도 남을 위해 설명해 주면 그 복덕은 앞의 복덕보다 훨씬 뛰어나니라.”

• 불자의 사명이기 때문입니다.
『법화경』의 부처님 말씀을 잘 읽어보세요.

“부처님 멸도하신 후 두렵고 악한 세상을 저희들이 설법하리니 염려하지 마옵소서. 어리석은 여러 중생 나쁜 말로 욕하고 칼막대기로 해롭게 하여도 저희들은 참으리다. 촌락이나 도시에서 법 구하는 이 있으면 저희들이 찾아가서 분부하신 법 설하올제 세존의 사자된 우리 두려움 하나 없이 설법 잘 하리니 편안히 계시옵소서.”

5) 전법은 실천으로 하는 것이에요
사람들 중에는 말만 잘하는 사람이 있어요. 말만 잘해서 모든 것이 다 이루어지지는 않아요. 말로써 아무리 맛있는 음식 이야기를 한다고 해서 배가 불러지는 건 아니에요. 전법은 실천으로 해야 해요. 주인답게 당당하게 행동하고, 남을 위하여 넓은 마음을 쓰고, 내 이웃을 이롭게 하고, 불쌍한 사람을 도와주며, 멸시받는 사람의 친구도 되어 주어야 해요.
그리고 아픈 사람을 위하여 부처님께 기도해 주어야 해요. 행동을 바르게 하면 사람들이 본을 받아 부처님께 돌아오게 되지요.

① 전법의 선언

"비구들이여, 자 전도의 길을 떠나라. 많은 사람들의 이익과 행복을 위하여 두 사람이 짝하지 말고 각기 따로따로 떠나라. 그리고 조리와 표현을 갖춘 법을 설하라. 또한 원만무결하고 청정한 범행(梵行)을 설하라. 사람들 중에 아직 선근(善根)이 있는 자가 있느니라. 그러나 법을 듣지 못하면 악에 떨어지고, 들으면 법을 깨달을 것이니라. 비구들이여, 나 또한 법을 설하기 위해 우루벨라로 가리라."

② 전법을 위한 결단의 맹세

원컨대 염려하지 마십시오.

부처님의 멸도 후 공포의 악세 중에서도

저희들은 마땅히 널리 설할 것이니,

모든 무지한 자, 나쁜 말, 온갖 욕설과 몽둥이로

때리는 사람이 있더라도

우리는 마땅히 참아낼 것입니다.

저희들을 경멸하는 사악한 사람들도

언젠가는 부처되리라고 생각하여

모든 비방 감수하겠습니다.

악세에는 공포스러운 것이 많고,

악귀가 들씌워 저희들을 욕하고 훼방한다 하여도

부처님을 공경하고 믿으며,

마땅히 이 모든 어려움을 참아내겠습니다.

이제 저희들은

신명을 어기지 않아,

오직 위없는 가르침을 아끼며

부처님께서 부촉하신 뜻을 호지(護持)하여
어떤 마을, 어떤 도시든지
법을 구하는 자 있으면,
우리 모두 그 곳에 찾아가
부처님께서 부촉하신 법을 설하겠습니다.
저희는 이제 여래의 사자이며,
무리 중에 처하여 두려운 것이 없으니
마땅히 법을 훌륭히 설하리니,
원컨대 부처님이시여, 안온하게 계십시오.
시방에서 오신 여러 부처님과 세존님 앞에 나아가
이와 같이 서원을 일으키니
부처님이시여,
저희 마음을 아옵소서.

『법화경』「권지품」 중에서

기도하는 청소년

1) 기도는 왜 하나요?

① 기도의 뜻

청소년 겨울 수련대회를 마칠 때면 그 전날 여러분은 촛불제를 합니다. 깜깜한 밤에 밝은 촛불을 하나씩 밝혀 들고 '석가모니불'을 정근하면서 법당과 설법당을 세 번 돌고 넓은 설법당 마당에 있는 '卍' 자 모래 위에 한 사람씩 촛불을 갖다 꽂으면서 각자 발원을 합니다.

영희의 발원 "부처님, 이 해에도 저의 어머니께서 건강하게 하여 주세요."

경혜의 발원 "부처님, 저는 친구들과 잘 싸우는 편이에요. 이제부터는 제가 친구들과 사이좋게 지내게 하여 주세요."

영미의 발원 "부처님, 제 짝 현숙이의 병이 어서 나아서 함께 공부하게 해 주세요."

승철이의 발원 "부처님, 저는 공부의 성적이 좋지 않습니다. 이제부터 공부를 열심히 하여 성적이 좋아지도록 노력하겠습니다. 부처님께서 도와주세요."

경태의 발원 "부처님, 저는 이번 불교학교에 처음 왔는데 부처님이 참 훌륭하시고 불쌍한 사람들을 많이 도와주시는 것을 알았습니다. 저도 부처님처럼 되고 싶습니다. 보살펴 주세요."

청소년 여러분, 기도란 이렇게 부처님께 우리들의 마음 속에 바라는 일들을 자세히 말씀드리고 부처님께서 이루어 주시도록 정성을 다하여 빌고, 이루어지도록 우리들이 노력하는 것입니다.
부처님의 가피를 우리 마음 속에 받아들이는 방법에 염불·주력·기도하는 방법이 있지만, 기도가 가장 직접적인 방법임을 알아야겠습니다.

② 기도는 왜 해야 하나요?
"중생의 죄업은 깊고 무거워서, 언제까지 가도 부처님을 만나 뵙지도 못한 채 거짓된 세계를 계속하여 헤매면서 일어나는 고통을 받고 있다. 부처님은 이런 중생들을 구하고자 이 세상에 나타나신다. 부처님은 시방의 중생들 앞에 나타나서 온갖 세계에 있는 중생의 고통을 없애 주신다." —『화엄경』

우리가 살고 있는 이 중생(사람·짐승·새·작은 벌레에 이르기까지)계에서는 능력의 한계가 있습니다. 무엇이든지 다 할 수 있는 힘을 가진 사람은 아무도 없습니다.
왜 그럴까요? 사람들은 먼 옛날부터 많은 잘못을 저질러 왔고 그 잘못이 쌓이고 쌓여서 두터운 업장이 되어 복과 덕이 없어졌기 때문입니다. 그래서 모든 일들이 마음대로 되지 않고, 여러 가지 어려움과 괴로운 일들이 일어납니다.
이번에 대학 시험을 치른 승희 누나는 공부를 잘하는 누나입니다. 거기에다 그림을 아주 잘 그려서 미술 대학에 가기로 하고 학교 공부가 끝나면 화실에 가서 열심히 그림 공부를 하였습니다. 그림 그리기에는 정말 자신이 있었습니다. 걱정이 되던 학력고사도 잘 치러 좋은 점수를 받아 원하던 좋은 학교에 원서를 넣고 실기 시험인 그림 그리는 시간이었습니다. 그런데 이게 어찌된 일일까요? 그렇게도 자신 있던 그림을 그리고 색칠을 하는데 눈 앞이 가물가물하여 색을 분간할 수가 없었어요. 잘못 칠한 색을 고치다 보니 시간이 다 되어 그림을 완성하지 못한 채 시험장을 나오고 말았습니다.

시험에 합격하지 못하고, 대학교에도 들어가지 못하게 된 승희 누나는 너무 억울하고 서러워서 자꾸 울었습니다. 매일 새벽밥을 지어 뒷바라지해 주시던 어머니께서도 한없이 우셨어요.

평소에 어머니가 다니시는 절의 스님께서 승희 누나에게 "승희는 업(전생에 지은 죄업)이 두터우니 절에 자주 와서 부처님께 예배를 드려 업장을 소멸하여야 한다."고 하셨지만 승희 누나는 듣지 않았습니다.

청소년 여러분, 여러분들 중에서도 승희 누나와 같은 사람이 있지요? 보통 때는 공부를 잘 하다가도 시험 때만 되면 공연히 머리가 아프고 배가 아파 시험을 잘 못 보는 친구도 있고, 시간 중에 선생님 말씀을 잘 듣고 공부를 잘하려 하는데도 졸리고, 선생님께서 가르쳐 주시는 것이 머리에 쏙쏙 들어가지 않아 공부는 잘하고 싶은데 성적이 나쁜 친구들, 이러한 사람들은 다 업장이 두터워 그렇습니다.

이와 같이 여러분들도 무슨 일이든지 마음대로 되지 않을 때에는 부모님께 심통을 부리거나 형제와 친구에게 짜증을 부리거나 원망하지 말고, 나의 잘못임을 반성하고 열심히 부처님께 기도드릴 줄 알아야겠습니다. 부처님께 기도를 드려 업장을 소멸하고 복과 덕과 지혜가 갖추어지도록 쉬지 말고 기도 드리려고 노력해야겠습니다.

그러면 부처님께 잘 기도 드려 좋은 성적으로 좋은 대학교에 입학한 영민 형 이야기를 들어볼까요?

영민 형은 중·고등학생 법회에 잘 나오는 학생회원 형입니다. 영민 형은 건강하고 공부도 열심히 하고 머리도 좋았지만, 한 가지 고민이 있었습니다. 실력의 평가가 나타나는 시험 때만 되면 공연히 가슴이 뛰고 머리가 멍해서 늘 시험을 잘 못 보았어요. 그러던 어느 날 어머니의 인도로 절에 나가기 시작하였어요. 절에 나가게 되자 마음이 편안함을 느꼈습니다.

아직 불교에 대해서 많이 알지는 못했지만, 법당에 들어가 부처님께 절할 때면 언제나 걱정이었던 일에 대해 "부처님, 제가 시험지만 받으면 떨려서 시험을 제대로 치르지 못하는데 그러한 제 마음을 편안히 하여 주소서." 하고 열심히 기원 드렸어요. 대학 학력고사 치르기 며칠 전에는 스님께서 "시험을 볼 때 답이 생각나지 않거든 당황하지 말고 잠시 눈을 감고 법당에 계신 부처님을 생각하거라. 마음을 잠깐이라도 비우면 모르던 답이 생각날 것이다." 하고 일러 주셨습니다.

영민 형이 예비고사를 보는데 국어 문제 둘, 영어 문제 셋이 전혀 생각이 나지 않자 가슴이 두근거리기 시작하는데, 며칠 전에 하신 스님 말씀이 생각났습니다. 잠시 눈을 감고 법당에 계신 자비로우신 부처님을 생각하였더니 신기하게도 전혀 생각나지 않았던 답이 떠올라서 답안지를 썼어요. 그 다섯 문제도 다 맞았고, 대학교에도 무난히 입학을 하였습니다. 영민 형은 대학생이 되었어도 더욱 열심히 불교를 믿고 배웠습니다.

청소년 여러분, 우리가 진심으로 기도를 드리면 우리의 업장이 없어지고, 복덕과 지혜가 갖추어져서 모든 하고 싶은 일들이 순조롭게 이루어지고, 부처님을 믿는 마음이 더욱 두터워져서 항상 마음이 편안하고 명랑하게 생활할 수 있습니다.

2) 기도의 대상과 마음가짐

① 누구에게 기도 드려야 하나요

우리가 기도를 해야 하는 이유를 알았으니, 이제 누구에게 기도하여야 하는지 경전의 말씀을 들어봅시다.

"부처님 여래는 두 가지의 몸이 있어서 항하의 모래와 같은 한량없는 공덕을 갖추셨느니라. 그 두 몸이란 무엇인가? 법신(法身)과 화신(化身)을 말함이니라." —『법신경』

"나 샤카무니 불의 수명은 지극히 기니라. 육신은 비록 멸도하지만 법신은 항상 존재하기 때문이니라." —『법신경』

"부처님의 법신은 중생의 뜻을 따라서 여러 가지 모습으로 나타나되 그 한 부처님의 몸이 곳에 따라서 한량없는 부처님으로 화현하느니라." —『증일아함경』

"여래의 법신은 곧 법계신(法界身)이며, 금강신(金剛身)이며, 파괴할 수 없는 견고한 몸으로서 온 누리에 가장 승묘한 몸이니라." —『보살장정법경』

"여래의 법신은 생기는 것도 아니요, 없어지는 것도 아니며, 가
는 것도 아니요, 오는 것도 아니니라."   -『불경계경』

"만약 어떤 사람이 말하기를 '여래가 오기도 하고 가기도 하며,
앉기도 하고 눕기도 한다'고 하면 이 사람은 내 말을 이해하지 못
한 것이다. 왜냐하면 여래는 어디서 오는 일도 없고, 또 가는 곳도
없이 여여하게 그 자리에 계시기에 여래라고 하느니라." -『금강경』

"내가 말하는 열반이란 죽음을 의미하는 것이 아니다. 여래는 죽
지 않느니라. 왜냐하면 중생도 오히려 나고 늙고 죽는 것이 아닌
데, 하물며 여래의 불가사의한 법신이랴."   -『문수문경』

"어리석은 사람은 부처님을 죽었다고 한다. 그러나 여래의 몸은
법신이니라. 항상 한 몸이니라. 실로 죽음이 없느니라. 모든 부처
님이 다 이러하여서 중생의 교화를 위하여 세상에 나오시고, 나오
시지 않을 따름이니라."   -『대승조상 공덕경』

이제 우리는 부처님의 법신을 배웠습니다. 부처님의 법신은 온
우주의 크나큰 진리이십니다. 한량없는 복덕과 지혜와 자비를 다
갖추신 진리이십니다. 만덕의 무한한 능력과 불가사의한 신통력을
다 갖추신 진리이십니다. 진리 속에는 온 우주의 모든 것을 다 포
용하고 있습니다.

넓고 크나큰 진리이며, 법신이신 부처님께 우리는 기도를 드리
는 것입니다. 그리고 부처님이 몸을 바꾸어 태어난 보살님들께도
기도를 드리는 것입니다.

청소년 여러분, 이처럼 부처님께서는 모든 것을 다 갖추신 무한한 절대의 힘을 가지신 분이기 때문에 여러분들처럼 깨끗한 마음으로 지극히 정성스럽게 기도 드리면 무엇이든지 다 이루어 주실 수 있습니다. 다만 여러분들이 얼마나 정성스럽게 하느냐에 달렸습니다.

② 어떠한 마음으로 기도를 해야 하나요?

기도를 드릴 때는 첫째, 참회 감사하는 마음, 둘째, 확신(꼭 믿는)하는 마음, 셋째, 간절하고 지극한 마음으로 해야 합니다.

첫째, 항상 기도를 드릴 때는 먼저 감사를 드려야 합니다.

"부처님, 감사합니다. 오늘 이렇게 건강하게 부처님께 예배를 드릴 수 있도록 해 주셔서 감사하옵니다. 오늘 이 시간이 있기까지 일어난 모든 일들도 감사를 드립니다."

우리들은 항상 감사하는 마음은 잊어버리고 늘 바라는 마음이 앞섭니다. 친지에게 도움을 청할 때 이미 도움 받은 것에 대해 감사한 마음을 전하지 않는다면, 그 친지는 은혜를 알지 못하는 인간이라고 더 도와줄 마음이 없을 것입니다. 아낌없이 베풀어주시는 부모님께도 무엇을 구할 때 이제까지 주신 모든 것에 감사를 먼저 드리는 것이 순서입니다.

부처님께 이제까지의 모든 일들에 감사하는 마음을 가져보세요. 얼마나 진실되어지고, 마음이 즐거워집니까? 바로 그 깨끗하고 진실한 마음이 부처님께 통하여 기도가 이루어집니다.

둘째, 꼭 믿는 마음을 가져야 함은 제일 중요한 마음입니다. 기도에는 확신이 없으면 아무런 이익이 없습니다. 아무리 어려운 기도라도 확신만 가지고 열심히 하면 부처님께서는 꼭 나의 기도를 들으시고, 이루어 주신다는 굳은 믿음이 있어야 합니다.

옛날에 어느 절에 갓 입산한 동자승이 있었습니다. 이 동자승의 마음은 거울처럼 깨끗하여 그대로 순진무구하였습니다. 스님이 되려면 거쳐야 하는 공양주 소임을 맡아 열심히 하고 있던 어느 날 홀연히 어디서 오셨는지 노스님 한 분이 나타나 공양 짓는 동자승에게 "얘야, 천수경을 지성으로 외우면서 모래를 솥에 넣고 공양을 지어보아라. 밥이 될 것이다." 하시고 홀연히 사라지셨어요.

그 때부터 동자승은 노스님의 말씀을 그대로 꼭 믿고 모래를 솥에 넣고 불을 때면서 열심히 천수경을 외우면서 밥을 했습니다. 그런데 신기하게도 모래는 노스님의 말씀대로 하얀 쌀밥으로 변해 있었어요. 동자승은 계속 그렇게 공양을 지었습니다. 그러던 어느 날 한 장난꾸러기 스님이 천수경을 외는 동자승에게 장난으로 "동자승, 네가 외우는 천수경 다 틀리다." 하였어요.

이 때부터 동자승은 자기가 외우는 염불이 틀려서 어쩌나 하는 의심이 생겼습니다. 그 때부터 아무리 모래를 넣고 불을 때도 밥은 되지 않았습니다.

옛날에 가난하게 사는 한 산골 마을이 있었습니다. 이 산골 마을에 싸릿대 울타리를 쳐놓은 한 촌가에 나이 70이 넘으신 거동이 불편한 할머니가 살고 있었습니다. 어느 날 이 마을에 시주를 받으러 나오셨던 스님이 이 할머니께 '나무 아미타불'을 지성으로 부르면 극락세계로 가신다고 가르쳐 주고 가버렸습니다. 할머니는 워낙 기억력이 없는 터라 스님께서 가르쳐준 염불을 잊어버렸어요. 그래서 며느리에게 물었더니 평소에 시어머니께 효성스럽지 못한 며느리가 시어머니 밉다고 '나무 아미타불'을 '뒷집 김첨지'라고 거짓으로 가르쳐 주었습니다. 이 할머니는 며느리의 말을 곧

이 듣고 일심으로 '나무 아미타불' 대신에 '뒷집 김첨지' 하고 염
불하였습니다. 이러한 시어머니가 우습고 미련해 보여 착하지 못
한 며느리는 비웃고 다녔습니다. 그 할머니는 여러 날을 쉴새 없이
'뒷집 김첨지'를 일심으로 부르다가 육신 그대로 극락으로 갔다는
이야기입니다.

청소년 여러분, 믿음이란 이렇게 큰 힘이 생겨나고 우리가 감히
상상할 수 없는 불가사의한 일이 일어납니다. 청소년 여러분들의
깨끗한 마음은 그대로 부처님께 통합니다. 그 깨끗한 마음으로 부
처님을 꼭 믿고 기도 드려 보세요. 부처님께서는 착한 여러분들에
게 무엇이든지 다 주실 것입니다.

셋째, 기도를 드리는데 간절하고 지극한 마음도 믿음만큼이나
중요한 마음입니다.

어느 날 철이는 이런 질문을 해 왔습니다. 그렇게 모든 것을 다
하실 수 있는 부처님이라면 우리가 기도하지 않아도 도와주시면
될텐데 왜 부처님께 기도를 잘하는 사람만 도와주실까요?

그 답으로 예를 들면, 하늘에 있는 태양의 빛이 빛나고 빛나서
온 세계를 고루 비추지만, 깊은 굴 속이나 4면을 검은 장막으로 둘
러친 방안에는 그 빛이 비출 수 없습니다. 그와 같이 부처님의 지
혜의 빛도 중생들이 받아들이려고 하지 않으면 비출 수 없습니다.
어리석고, 성내고, 탐내고, 번뇌로 가득 찬 중생들의 검은 마음에
는 비출 수가 없습니다.

부처님의 자비심은 자석과 같고 전기와 같아서 우리들이 간절한
마음으로 부처님께 기도할 때 우리들의 정성을 끌어당깁니다. 그
간절하고 지극한 정성이 부처님께 전해지면 감전되듯이 부처님의
지혜와 자비와 신통력이 우리의 심령 속에 감응되어서 가피를 입

는 것입니다.

청소년 여러분, 훌륭한 의사 선생님이 꼭 병을 낫게 해 주시려고 좋은 약을 지어 주셨지만, 아픈 사람이 먹지 않으려 하면 훌륭한 의사 선생님도 병을 낫게 해 줄 수가 없습니다. 반대로 환자가 병을 낫기 위해 열심히 약을 먹고, 의사 선생님 지시대로 정성스럽게 치료를 받는다면 병은 곧 낫는 것과 같습니다. 우리 모두 부처님께 두 손 모아 간절하고 지극한 기도를 드려 봐요.

3) 기도의 방법과 믿음

① 기도하는 방법

우리의 기도 방법은 다음과 같은 다섯 가지가 있습니다.

- 불·보살님들께 지성으로 귀의
- 불·보살님들께 지성으로 공양
- 불·보살님들께 지성으로 예경
- 지극한 마음으로 참회
- 지극한 정성으로 염송

첫 번째, 지성으로 귀의하는 방법은 앞에서 이야기한 간절하고 지성으로 기도 드리는 마음 자세대로 하면 되겠습니다.

두 번째, 지성으로 공양 올리는 것은 차와 향과 꽃과 등과 초와 의복과 음식과 침구와 보석과 논밭과 보시금으로써 무엇이든지 다 올려도 됩니다. 다만 깨끗한 마음으로 올리는 정성스러운 공양이어야 합니다. (불국사와 석굴암을 지은 김대성 이야기)

석가모니 부처님께서 수행하실 때 수많은 부처님께 수없이 올린 공양의 이야기도 우리는 많이 들었습니다. 기도할 때 공양을 올리면 올릴수록 더욱 신심은 두터워지고 정성도 더 한층 더해질 것입니다.

셋째, 불·보살님께 예경함은 3배·108배·1000배·3000배 등 수없이 절을 하는 것입니다. 예배를 드리면 산란하던 마음이 가라앉아 정신통일이 되고, 거만하던 마음이 겸손해지며, 허약하던 체질이 건강하여지고 업장이 소멸되어 오직 일심으로 기도하는 마음이 됩니다.

넷째, 지극한 마음으로 참회해야 함은, 기도를 드릴 때 무언가 바라기 전에 먼저 참회부터 해야 합니다. 우리 마음에 겹겹이 가려진 탐내고, 성내고, 어리석은 번뇌의 구름을 참회해서 깨끗이 걷어 버리면 바라는 것이 다 이루어집니다. 본래 깨끗한 우리 마음에는 복덕과 지혜의 창고가 갖추어져 있으므로 보배 창고가 그대로 나타납니다. 우리는 이제까지의 모든 지은 잘못을 마음 속에 진심으로 뉘우치고(理懺) 기도하여(事懺) 참회합니다.

다섯째, 지극한 마음으로 염송함은 부처님의 명호(이름)나 보살님들의 명호를 부르면서 정진하는 것입니다. 요즘에 각 절에서 하는 기도의 근본 방편이기도 합니다. 기도의 염원에 따라서 불·보살님들의 명호를 부름이 조금씩 틀립니다.

극락세계에 가서 나기를 발원하는 사람은 아미타부처님을 염송하고, 큰 지혜를 얻고자 발원하는 사람은 문수보살님을 염송하고, 모든 고난에서 벗어나서 온갖 소원을 성취하려는 사람은 관세음보살을 염송하고, 죄업을 소멸하고 3악도(지옥, 아귀, 축생)에서 벗어나고 돌아가신 조상님들을 위하고자 하는 사람들은 지장보살을 염송하고, 묘한 의술을 통하거나 건강하기를 비는 사람들은 약사여래 염송을 하는 것입니다.

이와 같이 부처님과 보살님들의 원력이 조금씩 다르지만 궁극적인 목표는 모든 중생들의 고통을 건져 주시는 것입니다. 기도 일자는 보통 3일, 7일, 2·7일, 3·7일, 7·7일, 100일, 1000일 기도 등이 있습니다.

장소는 일상생활 어디에서나 지극한 정성으로 기도하면 되지만, 주위가 산만하여 잘 안 되기 때문에 절에 와서 기도 드리고 공양도 올려야 합니다.

② 기도는 꼭 이루어 지나요?

기도는 하면 누구나 다 이루어집니다. 얼마만큼 확고한 믿음과 정성으로 기도를 했느냐가 문제입니다. 부처님께 기도를 드려 가피를 입은 영험 이야기는 수없이 많습니다. 그 중에서 근래에 일어난 이야기 두 가지만 하겠습니다.

불기 2526년 여름불교학교를 마치고 이날 불교학교 선생님들과 낙산사 참배를 하러 갔습니다. 시원한 동해 바다가 한 눈에 내려다 보이는 의상대에서 수원 포교당 원주스님을 만났습니다. 한 1년 만에 만난 스님은 전보다 무척 건강해 보였습니다.

지금 홍련암에서 100일 기도 중이라고 하시면서 건강이 무척 나빠 병원에 가서 진찰을 받았더니 폐결핵 3기로 대수술을 받으라는 진단이 나왔다고 합니다. 1,000만원이나 드는 거액의 수술비도 마련할 수 없고 하여 부처님께 기도하다가 몸을 바꾸어야지 하는 각오로 밀양 표충사에서 겨울 한 철을 일념으로 100일 동안 정말 목숨을 걸다시피한 간절한 마음으로 기도하였답니다. 100일 기도 80여 일이 지난 어느 날 새벽에 추운 법당에서 2시간이나 기도하다가 그만 각혈을 하고 졸도를 하였습니다. 의식이 가물가물하는

데 하얀 가운을 입은 의사 두 분과 간호원 셋이 들어와서 자기의 벌레 먹은 허파를 가슴에서 떼어내어 썩은 곳은 오려내고 꿰매고 붙이고 하더니 제 모습을 갖춘 허파를 다시 가슴에 붙여 주고는 나가버리더라는 거예요. 생시도 아니고 꿈도 아닌 비몽사몽간에 허파의 대 수술이 눈 앞에서 이루어졌습니다. 정신을 차리고 보니 3시간 반이나 법당에 쓰러져 있는 사이였습니다.

그 이후로 폐결핵 3기의 병은 깨끗이 나았고, 이렇게 건강해졌다며 부처님께 감사를 드리는 마음으로 곳곳의 기도처를 찾아 1000일 기도를 하는 중이라고 하였어요.

'산장의 여인'이라는 자서전을 쓴 가수 권혜경 불자님은 심장판막증, 관절염, 악성빈혈 등으로 오래 치료를 받았으나 마침내 병원에서 더 치료를 받아도 소용이 없다고 하였어요. 죽음의 선고를 받은 것이지요. 집에서의 요양도 전혀 효과가 없어서 3번이나 자살하려 했으나 그것도 마음대로 되지 않아 전에 군부대 위문 때 본적이 있는 전방의 만월사라는 절을 무턱대고 찾아갔습니다.

그곳에서 거의 쓰러질 것 같은 몸을 겨우 지탱하면서 기도를 하기 시작하였어요.

"부처님, 당신이 정말 부처님이라면, 이 불쌍한 인생 하나 살려 주세요."

기도를 계속할수록 부처님의 얼굴은 단정해 보였고, 어느 날 아침에 추위와 싸우면서 기도를 하다가 쓰러져 있는데 갑자기 대포 소리와 같은 커다란 목탁 소리가 울리며 온 몸에 땀이 흐르기 시작하여 그 길로 나왔습니다. 이 권혜경 불자님은 이렇게 두 번이나 부처님께 기도 드려 죽을 목숨이 살아났습니다.

지난 번 금촌 관음정사 불자들을 돕는 자선가요제에서도, 부처님의 가피로 죽으려는 목숨이 두 번이나 살아났다고 부처님께 은혜를 갚는 일로 불우한 이웃을 위해 살겠다는 발원을 했습니다. 『법화경』「관세음보살 보문품」에 부처님은 말씀해 놓으셨습니다.

"만일 한량없는 백천만 억 중생이 갖가지 괴로움을 당할 적에 관세음보살의 이름을 일심으로 부르면 관세음보살은 즉시에 그 말을 관하고 모두 해탈케 하느니라. 관세음보살의 이름을 지니는 이는 혹 불 속에 들어가더라도 불타지 않을 것이니 이것은 보살의 크나큰 위력 때문이며, 혹 큰 물에 떠내려가더라도 그 이름을 일심으로 부르면 혹 얕은 곳에 이를 것이며 …."

아마 혹 어떤 친구들은 이제까지 기도를 드렸는데도 이루어지지 않더라고 하며 부처님이 거짓말하는 것은 아닐까 하고 의심하는 친구도 있을지 모르겠지요. 혹 기도가 이루어지지 않았을 때는 부처님을 의심하거나 탓하는 생각을 내어서는 아니 되는 것입니다. 내 믿음이 모자라고 내 서원이 모자라고 내가 정성껏 기도를 드리지 못했다고 스스로 반성하고 새 마음으로 기도해야 합니다. 한번 해서 이루어지지 않으면 더욱 신심을 내어 기도해야 합니다. 그러면 기도는 꼭 이루어집니다. 부처님의 법은 진실하고 헛되지 않아 부처님은 약속을 지키십니다.

신묘장구대다라니의 위력

『불설천수천안 관세음보살 광대원만 무애대비심대다라니경』가운데 이런 말씀이 있습니다.

관세음보살께서 부처님께 사뢰었다.

"제가 이제 아득한 과거 무량항하사겁 전의 일을 생각하옵니다. 그 때 천광왕정주여래라는 부처님께서 세상에 출현하시어 저와 모든 중생을 가엾이 여기시고 저에게 대비신주(신묘장구대다라니)를 말씀해 주셨습니다. 부처님께서는 금빛 손으로 저의 이마를 어루만지시며 '너는 이 주문을 지녀서 미래의 악세 중생을 크게 이익되게 하라.' 하셨습니다.

저는 그 때 초지(初地) 보살로서 이 주문을 듣고 곧 8지(八地)에 뛰어올랐습니다. 저는 이렇게 맹세하였습니다. '만일 내가 미래에 능히 일체 중생을 이익되게 할 수 있다면 내 몸에서 8만 4천의 금강 같은 머리와 8만 4천의 거룩한 눈과 8만 4천의 결인(結印)한 팔이 생기소서.' 하고 발원하니 곧 내 몸에 8만 4천의 머리와 눈과 팔이 모두 구족하여졌습니다. 그 때 시방의 대지가 여섯 가지로 진동하고 시방의 모든 부처님이 다 광명을 놓으시어 나의 몸을 비추어 주셨습니다.

(중간 생략)

한 마음으로 제 이름 '관세음보살'을 부르고 제 본 스승이신 아미타불을 일념으로 생각한 후 이 대비신주를 지성껏 하룻밤에 다섯 번을 외운다면 백천만 억 겁 동안 지은 무거운 죄를 소멸하고 목숨을 마칠 때에 시방의 모든 부처님이 오셔서 손을 이끌어 소원대로 극락세계에 왕생하게 해 주시나이다.

(중간 생략)

또 열 다섯 가지 이익이 있으니 나는 곳마다 착한 임금을 만나고, 항상 좋은 나라에 태어나고, 좋은 시절을 만나며, 좋은 벗을 만나며, 온전한 몸을 받으며, 도 닦는 마음이 돈독하며, 도덕이나 계율을 어기지 않으며, 집안 식구와 권속들이 항상 화목하고 은애가 있으며, 재물과 의식이 항상 풍족하며, 다른 사람들이 항상 공경하고, 재물을 남에게 뺏기지 않으며, 하고자 하는 바를 모두 이루며, 불보살이나 모든 선신이 항상 옹호하며, 부처님 계신 곳에 태어나서 불법을 듣게 되며, 마침내 불법의 진리를 깨달아 성불하게 되는 것입니다. 또 이 주문을 읽은 이의 말은 좋은 말이나 나쁜 말이나 뜻이 옳거나 그르거나 하는 말이면 무슨 말이든지 다 거룩하고 깨끗한 법문으로 들리게 되나니 그 말을 듣는 모든 중생들이 그 사람을 부처님처럼 공경하나이다.

마땅히 이 사람은 곧 부처님의 몸과 다름없어서 모든 부처님이 사랑하시고 아끼시는 까닭이옵니다. 이 주문의 위신력은 불가사의하여 이 주문으로 가피 입은 이는 무엇이든지 생각만 내면 그대로 이루어집니다.”

이와 같이 관세음보살님은 부처님께 대비신주의 크나큰 힘과 공덕을 사뢰었습니다.

1) 신묘장구대다라니의 위신력 1

옛날 어떤 사람이 길을 가다가 꼼짝없이 살인 누명을 쓰게 되었습니다. 자신이 살인을 한 것이 아니라고 아무리 항변을 해도 고을의 사또는 곧이 듣지 않았습니다. 드디어 사형 언도를 받고 사형 집행일이 며칠 남지 않은 어느 날이었습니다. 자신의 신세가 기막히고 한심하여 우연히 창 밖을 내다보면서 한숨짓고 있다가 스님 한 분이 지나가는 것을 보게 되었습니다. 살인 누명을 쓴 사람은 스님께 자신의 사연을 하소연하였습니다.

스님은 이 사람에게 『천수경』 한 권을 던져 주면서, "전생의 업보로 인하여 받는 고통이니 누구에게도 원망할 일이 아니다. 다라니를 지극 정성으로 3천 번을 외우면 업이 녹아지고 누명을 벗게 되리라."라고 말하고는 가던 길을 가버렸습니다.

살인 누명을 쓴 사람은 그 때부터 열심히 천수다라니를 외우기 시작했습니다. 처음에는 읽기가 힘들었으나 자꾸 읽으니 눈에 익숙하게 되어 빠르게 읽게 되었고 나중에는 책을 보지 않고 외우게 되었습니다.

이렇게 하루종일 읽고 밤새도록 읽고 며칠을 읽었으나 형장으로 끌려가는 순간까지도 3천 번을 채우기는 어려웠습니다. 그러나 이미 내용을 다 외우고 있었기에 형장까지 가는 길에서도 계속 외우는 것을 쉬지 않았습니다. 드디어 망나니가 돌아다니면서 칼춤을 추고 막 내리치려는 순간 겨우 3천 번을 다 채우게 되었습니다. 그 때 망나니가 춤을 멈추고 힘껏 내리치던 칼이 목에 닿자마자 바로 힘없이 툭 부러지고 말았습니다. 망나니는 이상하다고 생각하면서 다시 칼을 바꾸어 내리쳤으나 여전히 목은 아무렇지도 않고 칼만 부러지는 기이한 현상이 일어났습니다.

이렇게 3번이나 목을 내리쳤으나 그 때마다 칼이 부러지게 되자 사형집행관은 죄인을 불러서 자세히 물어보게 되었습니다. 그가 자초지정을 낱낱이 고하니 사형집행관은 "과연 부처님은 죄가 있고 없는 것을 확실하게 알고 계시는구나." 하며 사형을 면하게 하고 집으로 돌려보내 주었다고 합니다.

죽음 바로 직전까지도 믿음을 잃지 않고 천수다라니를 계속 외운다는 것은 어려운 일입니다. 그러나 어쩔 수 없는 상황에서는 그나마 부처님을 향한 신심 이외에 달리 할 일은 없을 것입니다. 신심은 가히 불로도 태울 수 없고, 칼로도 자를 수 없는 법입니다. 이 나그네는 스스로의 믿음으로 어려운 문제를 풀게 되었던 것입니다.

2) 대비주 신묘장구대다라니의 위력 2
- 800년 된 은행나무 목신(木神)도 꼼짝 못하는 -

지금으로부터 80여 년 전 지리산 쌍계사에서 있었던 일입니다. 절에는 밤새 대웅전 부처님 전에 인등불을 밝힙니다. 그런데 인등기름을 한번 부어 놓으면 사흘은 가는 게 한 밤도 못 가고 없어지기를 보름 동안 계속되었습니다. 그래서 노전스님과 15세 된 효성 사미스님은 어느 날 밤 법당문을 굳게 잠그고 탁자 밑에 숨어서 인등기름을 훔쳐 가는 범인을 잡기로 하였습니다.

자정이 넘은 한밤중에 법당문이 덜커덕덜커덕 하더니 문이 열리면서 법당 안으로 시커멓고 큰 괴물이 하나 들어 왔습니다. 두 스님은 숨을 죽이고 어떻게 하나 지켜 보고 있는데 그 괴물은 부처님

께 공손히 절 3배를 올리고 탁자 위 인등불 앞에 가서 "부처님 죄
송합니다. 제가 발등이 너무 아파서 이 인등기름을 바르면 고통을
면합니다. 용서해 주십시오." 하고 나서 인등기름을 자기 발등에
바르고 있을 때 두 스님이 탁자 문을 활짝 열고 나오면서 "누구냐?
귀신이냐? 사람이냐?" 하고 소리를 지르니 그 괴물은 깜짝 놀라면
서 "아닙니다. 귀신도 사람도 아닙니다."

"귀신도 사람도 아니면 그러면 도대체 너의 정체는 무엇이냐?"

"예, 저는 800년 된 은행나무의 목신입니다."

"네가 800년 된 은행나무 목신이면 목신이었지 왜 불경스럽게
부처님 전에 있는 인등기름을 훔쳐 바르느냐?"

"예, 저는 절 아랫마을 이 부자 댁 뒤뜰에 서 있는 800년 된 은행
나무 목신인데 비에 흙이 씻겨 내려가서 잔뿌리가 밖으로 나왔는
데 이 부자 댁 머슴들이 겨울 장작을 해와서 제 발등(뿌리)에 놓고
도끼질을 하기 때문에 아파서 견딜 수가 없었습니다. 그런데 이 인
등기름만 바르면 아픈 고통은 면합니다."

"그렇다면 너는 800년이나 된 목신인데 충분히 그 집사람들에
게 복수할 수도 있을 텐데 왜 고통을 겪고 있느냐?"

"예. 저는 하루 아침에 그 집 사람들을 다 죽일 수도 있습니다.
그러나 그 집의 운이 다하지 않았는지 이 부자 영감님이 아침마다
깨끗이 세수하고『천수경』을 한 번씩 읽습니다. 그 기도 가피의 기
운이 온 집안에 가득하기 때문에 저도 어떻게 할 수가 없습니다.
그러나 80세가 된 이 부자 영감이 살면 얼마나 더 살겠습니까? 이
부자 영감이 돌아가면 복수할 것입니다."

"그러면 내가 날이 밝으면 이 부자 댁에 가서 이 이야기를 할 테
니까 너는 복수할 생각을 하지 말아라."

150

"예. 스님께서 그렇게만 해 주시면 저는 스님 말씀대로 하겠습니다." 하고 은행나무 목신은 바람과 함께 사라졌습니다.

이튿날 날이 밝자 스님이 이 부자 댁에 가서 목신에 대해서 이야기를 했더니 이 부자는 참회를 하고 은행나무 뿌리를 흙으로 덮어 주고 보호망을 쳐서 사람이 범접하지 못하게 하였습니다. 그 이야기를 효성 사미는 훗날 도반들에게 이야기해 주었습니다.

– 불교 신행연구원 발간 「법공양」에 실린 『천수경』 영험

『천수경』의 위력은 이렇게 대단한 것입니다.

신묘장구대다라니는 그 의미를 알려는 것보다는 조용한 마음으로 그 음을 좇아서 진동을 내면 예상하지 못했던 신비로운 일들이 일어납니다. 그러므로 우선 이 신묘장구대다라니를 외울 때는 공경하는 마음으로 다만 외울 뿐이어야 합니다. 오랫동안 수련하여 잡념이 없는 무심삼매경을 얻게 되면 신묘장구대다라니의 오의(奧義)를 터득할 뿐만 아니라 지혜의 눈이 열리고 깨달음의 순간을 맞게 될 것입니다.

독화살을 맞은 사람의 의문

　어제 어떤 부모님께서 고등학교 1학년이 된 딸을 데리고 스님한
테 상담을 하러 오셨습니다. 사연은 예쁘게 생긴 딸이 갑자기 공부
는 왜 해야 되며 왜 살아야 하는지를 알지 못하니, 공부도 하기 싫
고 살기도 싫어서 학교에 가지 않고 거리를 방황하고 다닌다는 것
입니다. 먼저 그 소녀에게 스님은 부처님의 이런 비유를 들려 주었
습니다.

　부처님께서 사위국의 기원정사에 계실 때였습니다. 부처님의 제
자 말룽카 존자는 홀로 고요한 숲에 앉아 이렇게 생각하였습니다.
　'세계는 영원한가, 무상한가? 무한한 것인가, 유한한 것인가?
목숨이 곧 몸인가, 목숨과 몸은 다른 것인가? 여래(如來: 부처님)는
마침이 있는가, 없는가? 아니면 마침이 있지도 않고 없지도 않은
가? 부처님께서는 이러한 말씀을 전혀 하시지 않는다.
　나는 그러한 부처님의 태도가 못마땅하고 이제는 더 참을 수가
없다. 부처님께서 나를 위해 세계는 영원하다고 말씀하신다면 수
행을 계속하겠지만, 영원하지 않다고 하신다면 부처님을 비방한
뒤에 떠나야겠다.'
　말룽카는 해가 질 무렵에 자리에서 일어나 부처님께로 나아가
서 아까 혼자 속으로 생각한 일들을 말씀드리고 이렇게 덧붙였
습니다.

"부처님께서는 저의 이러한 생각에 대해서 한결같이 진실한 것인지 허망한 것인지를 기탄없이 바로 말씀해 주십시오."

부처님께서는 자비로운 음성으로 물으셨습니다.

"말룽카야, 내가 이전에 너를 위해 세상은 영원하다고 말했기 때문에 너는 나를 따라 수행하고 있었느냐?"

"아닙니다."

"그 밖의 의문에 대해서도 내가 이전에 너를 위해 이것은 진실하고 다른 것은 다 허망하다고 말했기 때문에 나를 따라 도를 배웠느냐?"

"아닙니다."

"말룽카야. 너는 참 어리석구나. 그런 문제에 대해서는 내가 일찍이 너에게 말한 일이 없고, 너도 또한 내게 말한 일이 없는데 너는 어째서 부질없는 생각으로 나를 비방하고 떠나려고 하느냐?"

말룽카는 부처님의 꾸지람을 듣고 머리를 떨어뜨린 채 말이 없었으나 속으로는 의문이 가시지 않았습니다. 부처님께서는 비구들을 향하여 말씀하셨습니다.

"어떤 어리석은 사람이 만약 부처님이 나를 위해서 세계는 영원하다고 말하지 않는다면 나는 그를 따라 도를 배우지 않겠다고 생각한다면, 그는 그 문제를 풀지도 못한 채 도중에서 목숨을 마치고 말 것이다. 이를테면 어떤 사람이 독 묻은 화살을 맞아 견디기 어려운 고통을 받는다고 하자.

그의 친족들이 독화살을 뽑고 의사를 부르려고 하자 그는 '아직 이 화살을 뽑아서는 안 되오. 나는 먼저 화살을 쏜 사람이 누구인지 알아야겠소. 성은 무엇이고, 이름은 무엇이며, 어떤 신분인지를 알아야겠소. 그리고 그 활이 뽕나무로 되었는지 물푸레나무로 되었는지, 화살은 보통 나무로 되었는지 대나무로 되었는지 알아야 겠소. 또 화살 깃이 매털로 되었는지 독수리털로 되었는지 아니면 닭털로 되었는지를 먼저 알아야겠소.' 라고 말한다면 그는 그것을 알기도 전에 온 몸에 독이 번져 죽고 말 것이다.

세계가 영원하다거나 무상하다는 이 소견 때문에 나를 따라 수 행한다면 그것은 옳지 않다. 세계가 영원하다거나 무상하다고 말 하는 사람에게도 생로병사와 근심 걱정은 있다. 나는 세상이 무한 하다거나 유한하다고 단정적으로 말하지 않는다. 왜냐하면 그것은 이치와 법에 맞지 않으며 수행의 길이 아니므로, 지혜와 깨달음으 로 나아가는 길이 아니고 열반의 길도 아니기 때문이다.

그러면 내가 한결같이 말하는 것은 무엇인가? 그것은 곧 괴로움 과 괴로움의 원인과 괴로움의 소멸과 괴로움을 소멸하는 길이다. 왜 내가 이것을 한결같이 말하는가? 이것이 이치에 맞고 법에 맞 으며 수행인 동시에 지혜와 깨달음의 길이며 열반의 길이기 때문 이다. 너희들은 마땅히 이렇게 알고 배워야 한다."

부처님께서 이렇게 말씀하시니 말룽카를 비롯하여 여러 비구들 은 기뻐하면서 받들어 행했습니다.

공부는 왜 하나요?

여러분들도 가끔 '이 힘든 공부를 하지 않으면 안 되나? 세상은 왜 살아야 하나?' 라는 생각을 할 때가 있겠지요? 또 청소년 수련 때 들어보면 공부를 억지로 하고 누구를 위해 하는 것처럼 생각하 는 사람들도 있습니다.

공부를 왜 해야 하느냐고 묻기 전에 공부를 열심히 하다 보면 많 은 좋은 일들이 있지요. 만약에 스님이나 여러분들이 국어 공부를 하지 않았다면 이렇게 좋은 부처님의 가르침을 전해주어도 알아듣지 못할 것이며 서로 의사가 통하지 않았을 것입니다. 다행히 우리가 국어 공부를 하였기 때문에 이렇게 거룩한 가르침을 전하고 듣고 이해할 수 있습니다.

제주도가 우리 나라지만 육지의 사람들은 그 곳 말씨를 알아듣기 힘듭니다. 그러나 우리 국민이 똑같이 우리 나라 국어책을 가지고 공부하였기 때문에 제주도에서도 서로 말이 통합니다.

이처럼 우리가 글을 모른다면 답답해서 살 수 없다는 느낌이 들 것입니다. 또 가령 산수나 수학 공부를 하지 않았다면 10,000원을 주고 1,000원 짜리 물건을 사고도 셈을 할 줄 몰라 거슬러 받지 못해서 손해를 보게 되고, 또 500원을 내면 적게 냈다고 욕을 먹게 될 것입니다. 이렇게 공부는 살아가는 데 밥처럼 꼭 필요한 것이기 때문에 하는 것입니다.

효 사상과 청소년의 윤리
- 부모은중경과 육방예경 -

1) 부모님의 은혜 열 가지

부모님의 은혜는 참으로 하늘보다 높고 바다보다 깊습니다. 부모님의 은혜 열 가지를 들어 효도하기를 권하는 『부모은중경』은 부처님께서 부모님의 은혜가 얼마나 큰가를 말씀하시고 그 가없는 은혜에 보답하는 길을 가르치시고 또 한편 부모님께 불효하면 죄가 얼마나 무서운 것인가를 가르쳐 주신 경입니다. 부처님도 처음에는 부모님을 떠나 수도하셨지만 부처님이 되신 뒤에 고향에 돌아가 부모님을 위하여 법을 설하시고 제자들에게도 크나큰 부모님의 은혜를 알게 하고 효도의 길을 가르치셨습니다. 부모님께 효도하는 길은 인간이 가장 바르게 사는 길입니다. 그러면 부처님께서 말씀하신 부모님의 은혜 열 가지를 들어보겠습니다.

① 잉태하여 지키고 보호해 주신 은혜
② 낳으실 때 고통받으신 은혜
③ 낳으시고 근심을 잊으신 은혜
④ 쓴 것은 삼키시고 단 것은 먹여 주신 은혜
⑤ 아기는 마른 자리로 누이시고 자신은 젖은 자리로 누우시던 은혜
⑥ 젖을 먹여서 길러주신 은혜

⑦ 더러움을 씻어주신 은혜

⑧ 자식이 멀리 출타하면 걱정하시는 은혜

⑨ 자식을 위해 고생하시는 은혜

⑩ 끝까지 사랑해 주시는 은혜

2) 불효

다음은 부처님께서 말씀하신 불효가 큰 죄가 됨을 들어봅니다. 중생은 비록 인품은 이어받았으나 마음과 행동이 어리석어 부모님의 큰 은덕을 저버리고 어질고 착한 마음이 없어서 효순하지 않고 의리가 없으며 어머니가 자식을 낳아 기르는 그 일생 동안의 고생과 노고가 이루 말할 수 없는 것을 알지 못합니다.

자식이 병들면 부모도 병이 생기고 자식의 병이 나으면 부모의 병도 따라서 낫습니다. 이렇게 키운 자식이 장성하여 도리어 부모의 가르침과 영을 좇지 않으며 형제 친척간의 말도 어기며 교만하여 나쁜 벗을 사귀어 나쁜 짓만 하다가 잘못 되면 부모는 근심과 슬픔으로 가득 차서 혹은 울다가 눈이 멀기도 하고 혹은 슬픔으로 기가 막히어 병석에 눕게 되기도 합니다.

부모님이 나이가 많아지고 기력이 쇠진할 때 돌보아 드리지 않고 오히려 귀찮아 하면서 불효한 사람은 아비무간 지옥(항상 불이 활활 타오르고 끓는 구리와 무쇠 녹인 물을 죄인에게 들어붓는 지옥)에 떨어집니다. 아비무간 지옥의 고통은 말로 다할 수가 없습니다.

3) 은혜에 보답하는 길

부모님의 은혜는 가이없어서 갚을 길이 없습니다. 가령 굶주리는 시절을 당하여서 자신의 온 몸뚱이를 저미어 내어서 바치기를 백천 번을 하더라도 오히려 부모님의 은혜는 갚을 수가 없습니다. 이와 같은 부모님의 은혜를 갚고자 할진대 부모님을 위하여 이 은중경을 쓰고 읽고 죄를 참회하고 삼보께 공양하고 계를 받아 지키며 보시하여 복을 닦아야 합니다.

4) 부모·스승·친구에게 어떻게 대할 것인가?

①『육방예경(선생경)』에 이르기를,

어느 때 부처님께서 라자그리하의 영축산에 계셨다. 아침이 되어 가사를 입고 발우를 들고 걸식을 하러 성 안으로 들어가셨다. 성 안에 사는 한 장자의 아들 싱갈라가 못에서 목욕을 하고 나와 언덕에서 동·서·남·북·상·하의 여섯 방위를 향하여 예배하고 있었다.

부처님께서 그것을 보시고 말씀하셨다.

"너는 무엇 때문에 육방(六方)을 향하여 예배하느냐?"

싱갈라는 대답하였다.

"제 아버지께서 임종하실 때 너는 항상 동·서·남·북·상·하의 여섯 군데를 향하여 예배하라고 유언하셨습니다. 저는 아버지의 유언을 지키기 위하여 이렇게 예배하는 것입니다."

부처님께서 말씀하셨다.

"그러한 예배는 실속이 없는 것이다. 그러나 우리 성현의 법에서 행하는 육방의 예배는 그런 것이 아니다."

싱갈라는 여쭈었다.

"그 성현의 법에서 예배하는 법을 가르쳐 주십시오."

부처님께서 말씀하셨다.

"이제 너를 위하여 말하겠으니 잘 듣고 명심하여라.

육방에 예배하는 사람은 먼저 네 가지 번뇌의 업인과 네 가지 악행과 또 여섯 가지 재산을 없애는 일을 하지 않아야 한다. 이런 나쁜 일을 하지 않고 육방에 예배하면 이 세상에서도 잘 살고 후 세상에서도 좋은 과보를 받으리라.

네 가지 번뇌의 업인이란 탐욕과 성냄과 두려워함과 어리석음이다. 또 네 가지 악행이란 살생과 도둑질과 사음 행위와 거짓말하는 것이다.

또 재산을 없애는 여섯 가지 일이란 술 취하고, 도박하고, 방탕하고, 향락에 빠지고, 나쁜 벗과 어울리고, 게으름에 빠지는 일이다.

이런 악행을 떠난 위에 육방에 예배하면 이 세상에서나 저 세상에서 항상 안락하리라."

부처님께서 다시 말씀을 이으셨다.

"육방이란 어떤 것인가? 동쪽은 부모요, 남쪽은 스승이며, 서쪽은 아내와 남편이요, 북쪽은 친족이요, 아래쪽은 종이요, 위쪽은 덕이 높은 사문이나 바라문이다."

② 부모와 자식의 도

자식이 부모를 섬기는 법 5가지

- 부모를 잘 받들어서 아쉬움이 없게 한다.
- 무슨 일이든지 하기 전에 먼저 부모님께 알려드린다.
- 부모가 하는 일에 거스르지 말고, 부모의 당부를 어기지 않는다.
- 부모의 은혜를 생각한다.
- 부모의 바른 가업을 계승하여 가문을 빛낸다.

부모가 자식을 키우는 5가지

　• 자식을 사랑으로 타일러서 나쁜 일을 멀리하게 하고 착한 일을 가르친다.

　• 자식의 인격완성을 위하여 교육을 시킨다.

　• 성현의 법과 계를 지니게 한다.

　• 장성하면 결혼을 시켜서 한 가정을 이루게 한다.

　• 가업을 잇게 한다.

③ 스승과 제자의 도

제자가 스승을 섬기는 5가지 법

　• 스승에게 필요한 물건을 대어 드린다.

　• 예배 공양하며 존경하여 받든다.

　• 가르침을 명심하고 순종하여 어기지 않는다.

　• 배운 법을 잘 지녀서 잊지 않는다.

　• 스승의 은혜를 항상 생각하고 학행을 칭찬한다.

스승이 제자를 가르치는 5가지 법

　• 법에 의하여 지도하되 모든 올바른 이치와 선행을 가르친다.

　• 물음에 따라서 그 뜻을 잘 이해시킨다.

　• 좋은 벗을 소개해 준다.

　• 자기가 지닌 모든 지식과 능력을 아낌없이 전수하여야 한다.

　• 제자의 지혜가 스승보다 낫게 한다.

④ 친구와의 도

친구는 5가지 일로 서로 돕는다

- 싸우거든 서로 끌어 말린다.
- 나쁜 친구를 따라가지 못하게 한다.
- 나쁜 행동을 하면 못하게 한다.
- 학업에 등한한 벗은 권하여 열심히 공부하도록 한다.
- 부처님의 가르침을 믿고 따르게 한다.

부처님께서 이렇게 말씀하시니 장자의 아들 상갈라는 이렇게 사뢰었다.

"부처님, 그러한 부처님의 말씀은 저로서는 상상도 못하였던 것이옵니다. 부처님께서는 넘어진 자를 일으켜 주시고, 닫힌 마음을 열어 주시며, 미혹한 사람을 깨우쳐 주셨습니다. 그리고 어두운 밤에 등불을 들으시고 눈이 있는 자로 하여금 볼 수 있게 하셨습니다. 부처님께서는 무수한 방편으로 어둠 속을 헤매는 중생들에게 밝고 깨끗한 이치를 드러내어 그들의 나아갈 길을 바로잡아 주셨습니다. 저는 오늘부터 부처님께 귀의하겠사오니 대자대비로써 거두어 주옵소서."

5) 육신통(六神通)

부처님께서는 여섯 가지 불가사의한 힘이 있으셨다.
우리로서는 상상할 수도 없는 크나큰 능력과 힘이시다.

① 천안통(天眼通)
모든 생명의 현상을 자유롭게 관찰하는 지혜와 능력, 마음만 내면 무엇이든지 다 볼 수 있다.

• 예화: 소년의 소원

한 가난한 소년이 타향에 갔다가 달고 큰 향기로운 과일을 하나 얻었다. 소년은 맛있는 귀한 과일을 부모님께 드리려고 소중하게 간직하고 고향으로 돌아오는데 마침 여러 제자들을 데리고 어떤 장자의 집으로 공양을 받으러 가시던 부처님을 만났다.

그 소년은 아직까지 부처님을 뵈온 적도 없었고, 부처님의 발자국도 본 일이 없었는데 그날 우연히 부처님을 만나 뵈니 그 모습은 무어라 말할 수 없이 아름답고 거룩하셨다. 지나가신 부처님의 발자국을 내려다보았다. 보면 볼수록 보고 싶은 훌륭한 것이었다.

'발자국까지도 이렇게 훌륭하니 부처님은 이 세상에서 다시없이 훌륭하신 분일 것이다. 부처님께서 돌아오시면 이 향기로운 과일을 드려야지.' 하고 세존께서 돌아오시기를 기다렸다. 소년은 부처님의 발자국에 앉아서, 한편으로는 기뻐하고 한편으로는 슬퍼서 눈물을 흘렸다. 지나가던 사람들이 이 소년을 보고 "얘, 너는 과일을 가지고 왜 울고 앉았니?"

"예 저는 거룩하신 부처님의 발자국을 지키고 앉아 그분이 돌아오시기를 기다리고 있어요. 그분께 이 과일을 드리고 싶은데 아직 소원을 이루지 못해서 제 불행을 한탄하며 울고 있는 거예요."

그러는 중에 오가는 사람이 구름처럼 모여들어 소년의 주위를 둘러싸고, "부처님께서 꼭 이 길로 돌아오실지 어떨지 모르는데 덮어놓고 그렇게 기다리고 있으면 어쩌자는 거냐?" 하고 소년을 비웃으면서 구경하고 있었다.

이 무렵 부처님께서는 장자의 집에서 공양을 마치시고 천안통으로 길 가의 소년을 보시고 아난에게 "아난아, 이 장자의 공양에는 공양한 대가로 바라는 바가 있지만, 내 발자국을 지키고 앉아 맛이

단 과일을 공양하고자 나를 기다리고 있는 소년에게는 오직 공양하고 싶다는 일념 외에 다른 아무 생각도 없이 순수하기만한 것이다. 이제 그만 일어서라."

이리하여 세존은 그 소년이 기다리고 있는 곳으로 향하셨다. 제자들과 장자·거사며 많은 사람들이 부처님의 뒤를 따랐다. 소년이 멀리에서 오시는 부처님의 모습을 보니 부처님 몸에서 내쏘는 광명이 해와 달이 무색할 지경이었다. 소년은 부처님께 나아가 정성을 다해 예배하고 나서 과일을 을렸다.

그러니까 부처님의 광명은 더욱 빛나시고 삼천 대천 세계가 크게 진동하면서 동시에 시방세계의 모든 부처님께서 일시에 이에 응해 거울 속에 비쳐 보이듯이 환하게 보였다. 부처님께서 소년의 과일을 받아 그 부처님들께 돌려드리니 시방의 불·보살님들이, 각기 가사 밑에서 금빛 손을 내어 쳐드시니까 한없는 빛이 내뿜고 그 한 줄기 광명의 끝이 저절로 연꽃이 되고 사자좌가 되어 그 위에 앉으시어, 모두 다 훌륭한 발우를 손에 들어 그 맛있는 과일을 받으셨다.

단 한 개의 과일이 시방의 여러 부처님께 각각 한 개씩 돌아간 것이다. 이리하여 광명은 시방세계에 가득하고 찬탄하는 소리가 삼계에 넘쳐났다. 가난한 소년은 진심으로 과일 한 개를 공양한 공덕으로 미래세 부처님이 될 수 있다는 수기를 받았다.   『잡비유경』

② 천이통

모든 생명의 현상을 자유롭게 들을 수 있는 지혜의 능력. 마음만 내면 무엇이든지 다다를 수 있는 신통.

• 예화: 바카리의 마지막 소원
"부처님은 돌아가셨는가?
부처님은 한갓 인간일 뿐이신가?
부처님은 지금 어디 계신가?"

라자그리하 성(왕사성) 도공의 집에서 앓고 있는 병든 비구 바카리가 마지막 소원으로 부처님을 뵈옵고 예배를 올리고 싶어 했다. 부처님은 천이통으로 들으시고 곧 달려오셔서 말씀하셨다.

"바카리여, 이 육신을 보고 절해서 무엇하겠느냐? 법을 보는 자는 나를 보고, 나를 보는 자는 법을 보리라. 그러므로 나를 보려거든 법을 보아라."
『바카리경』

③ 타심통
남의 마음을 환히 아는 지혜가 자유자재하여 걸림이 없는 것.

• 예화: 타심통으로 3가섭을 제도하시다.
니란자나 강 상류에 불을 섬기는 가섭 3형제(우루빈나가섭, 가야가섭, 나제가섭)가 살고 있었다.

부처님께서는 제일 큰 형 우루빈나가섭 처소의 화룡(독룡)이 있는 석실에서 하룻밤 머무셨다. 그 석굴에서 밤새 좌선하고 계셨는데 화룡이 나타나 독과 불을 뿜으니 부처님은 화광삼매(火光三昧)에 들어 석굴을 불타게 하였다. 부처님의 화광삼매에 타 죽게 된 독룡은 뜨거워 견딜 수 없어 부처님께 살려줄 것을 애원하였다. 부처님께서는 화룡을 연민히 여기시어 설법으로 참회하고 귀의하게 하신 후 실뱀이 되어 부처님 발우 속에 들어가라고 하셨다. 화룡이 진심으로 뉘우치고 부처님께 귀의하여 삼귀의계를 받고 부처님 신통력으로 실뱀이 되어 발우 속에 들어가니 그 곳은 불기운이 없고 시원하였다.

이러한 부처님의 신통력을 보고 가섭은 놀랐으나 자만심으로 귀의하지 않았다. 그날 배화교(가섭의 교) 신도들이 많이 오는 날인데 저 사문(부처님)이 있으면 '내 신도가 모두 거룩한 저 사문에게로 가버리면 어떻게 하나?' 하고 가섭은 마음 속으로 걱정을 하였다.

부처님은 타심통으로 가섭의 이런 마음을 아시고 잠시 피하셨다가 신도들이 다 간 뒤에 나타나시니 가섭은 어딜 다녀오셨냐고 반색하며 맞았다. 부처님께서는 내가 있으면 신도들이 따라 가버릴까 걱정하지 않았느냐며 가섭의 마음을 환히 꿰뚫어 보았다. 가섭은 부처님의 신통력에 놀랐지만 항복하지 않았다.

부처님께서 물 위로 걸어 가시자 가섭 3형제가 완전히 귀의하여 부처님 제자가 되었다.

④ 숙명통(宿命通)

모든 생명의 지나온 과거와 미래를 환히 관찰해 아는 지혜의 능력, 우리들이 전생에 무엇이었고 내생에 무엇이 될 것인지 환히 아는 신통.

• 예화: 히말라야 얼음 속에 갇혀 벌거벗은 사람.

"전생에 도둑으로 남의 물건 다 빼앗고 마지막 남은 옷 한 벌마저 빼앗아 그 사람을 얼어죽게 한 과보로 이 세상에 저렇게 벌거벗은 몸으로 얼음에 붙어서 살이 얼어터지는 고통을 겪고 있느니라" 하고 숙명통으로 관하시고 이야기 하시다.

⑤ 신족통(神足通)

신여의통(身如意通)이라고도 하며 때와 기회에 응하여 크고 작은 몸을 나타내어 자기 생각대로 날고 싶으면 날고 땅으로 꺼지고 싶으면 꺼지고 가고 오는 데 걸림이 없는 신통.

• 예화: 도리천의 마야 부인을 제도하시다.

신족통으로 부처님께서는 육신을 그대로 날려 도리천에 올라 3개월 동안 어머니 마야 부인과 도리천 사람들에게 설법을 하셨다.

천안제일 아니룻다가 부처님을 찾아보니 도리천에 계셨고 3개월 후 신통제일 목건련 존자가 도리천에 날아 올라가 사바세계 인도로 모시고 왔다. 이 3개월 동안 부처님을 뵙지 못한 우전국 왕이 부처님을 뵙고 싶어 조각가에게 불상을 조성하게 하였다.

⑥ 누진통(漏盡通)

모든 고통의 원인과 결과와 해결의 길을 발견함으로써 일체 중생을 제도하는 지혜와 자비의 능력. 진리를 깨달으신 부처님만이 통할 수 있는 신통. 생사윤회를 부수고 크나큰 자유를 성취, 대해탈.

• 예화: 이 세상에 중생을 제도하러 오신 석가모니 부처님

부처님의 위신력, 대비

베살리 거리에 물을 뿌리다

"선남자 선여인아, 보살은 본원력(本願力)으로 깨끗하고 아름다운 나라에 가지 않고 부정(不淨)한 나라에 가느니라. 무슨 까닭인가? 선남자 선여인아, 보살은 대비(大悲)를 성취하기 위하여 이 악하고 부정한 나라로 나아가느니라."

병든 베살리

석가모니께서 성도하신 지 5년째 되던 해, 밧지 족(族) 릿차비인(人)들의 서울 베살리(Vesali · 毘舍利)는 극도의 가뭄으로 큰 흉년이 든 데다가 전염병이 유행하여 수많은 시민들이 죽어갔다. 거리에 버려진 시체를 처리할 수조차 없을 정도로 사태가 심각해지자 사람들은 이런 재난은 신들의 짓이라고 생각하였다.

나라에서는 회의를 열어 대책을 의논하였다. 혹은 바라문교의 방법에 따라 신들에게 제사를 지내자고 주장하였고, 혹은 신흥 종교의 예언자들을 불러오자고 내세웠다. 그러나 그 어느 것도 시민들을 만족시킬 수가 없으므로 마침내 부처님께 이 사정을 호소하기로 작정하였다.

부처님께서는 마가다 국(國) 라자그리하 성(成)의 죽림정사에서 이 소식을 들으시고 곧 제자들을 이끌고 갠지스 강을 건너 릿차비 사람들을 찾아 떠나셨다. 부처님께서 밧지 족의 영토에 발을 들여

놓자마자 뇌성이 울리고 큰 비가 내려 바싹 말랐던 땅은 포근히 적셔지고 사람들은 혹심한 가뭄에서 벗어날 수 있었다.

부처님께서는 맨발로 걸어서 베살리로 들어오셔서, 곧 사람들 앞에 나아가 경을 설하고 함께 외우게 하였다.

"여기 모인 신들은 지상의 신들이건, 하늘의 신들이건, 신과 인간이 다 같이 섬기는 완성된 눈뜬 이(佛) 앞에 예배하라. 그리고 행복하라. 완성된 진리(法) 앞에 예배하라. 그리고 행복하라. 완성된 상가(僧) 앞에 예배하라. 그리고 행복하라."

그러면서 부처님은 제자들과 함께 바리때(바루)에 물을 담아서 밤새도록 거리에 뿌렸다. 이렇게 이레 동안을 계속하자 모든 재난은 씻은 듯 사라지고 베살리 사람들은 청정한 행복을 누릴 수 있었다.

신비한 대비의 능력

석가모니께서 베살리 백성들을 위하여 설하신 이 경(經)은 '보배의 경(寶經)'이라는 이름으로 가장 오래된 초기 경전(숫타니파아타)에 실려 있습니다. 기록에 의하면, 베살리의 밧지 족(族) 사람들은 두고두고 부처님의 은혜에 감사하고 있었고, 이로 인하여 베살리는 부처님 전도 운동의 중요한 근거지의 하나가 되었던 것입니다.

부처님께서 경을 외우고 바리때의 물을 뿌려서 질병과 죽음을 물리쳤다는 일에 대해서 "그것은 신비주의다. 이치에 어긋나는 기적이 아니냐?" 하고 머리를 흔들지도 모릅니다.

부처님께서는 명백히 신비적인 이적(異蹟)이나 신통(神通)을 바른 길이 아니라고 해서 제자들에게 금지하였고 불교가 기도 만능주의가 아닌 것도 분명한 일입니다. 그러나 그렇다고 해서 석가모

니 부처님에게 신비한 능력이 없었다고 주장하고, 부처님을 하나
의 상식적인 인간의 테두리 안에 묶어두려는 것 또한 바른 길이 아
니고 역사적 사실과 일치하지 아니합니다. 부처님의 생애 가운데
나타나는 수많은 신통과 현재 북인도 유적에서 발견되는 허다한
역사적 자취는 현대인이 받아들이지 않으려는 부처님의 또 다른
모습의 증거로서 새롭게 이해되어야 할 것입니다.

"선남자 선여인아, 보살은 본원력(本願力)으로 깨끗하고 아름다
운 나라에 태어나지 않고 부정(不淨)한 나라에 가느니라."
　부처님에게 힘이 있다면, 바로 그 본원의 힘일 것입니다. 병들고
고통받는 '마지막 한 생명까지' 제도하려는 크나큰 사랑의 본원이
야말로 하늘을 울리고 땅을 적시는 무한한 힘의 원천인 것입니다.
우리는 이 신비한 무한의 능력을 본원이라 하고, 또는 대비원력(大
悲願力)이라고 합니다. 베살리 거리에 뿌리신 물은 바로 이 대비원
력의 물이고 이 크나큰 대비의 물이 질병과 죽음을 씻어 능히 청정
한 행복을 가져오는 것입니다.
　부처님은 아파하는 생명들을 찾아 스스로 나아가십니다. 대비를
성취하기 위하여 이 악하고 부정한 나라로 오시고 또 무한히 고통
받으십니다. 추하고 험한 수렁 속에서 고단한 생명들의 안식을 위
하여 여래는 스스로 자신의 몸을 태우는 것입니다.
　부처님은 앉아서 기다리지 아니하십니다. 미친 살인자 앞에 달
려가 목숨을 내던지시고 병들어 죽어가는 형제들을 위하여 이레
동안 밤낮으로 물을 뿌리십니다. 대비를 위하여 이토록 스스로 고
통을 받으시니 (大悲受苦), 이것이 브처님의 참 사랑이 아닙니까?

불교의 자랑스러운 발우공양의 의의

요즈음 심각한 사회 문제로 대두되고 있는 음식 낭비와 환경·식수 오염으로 인간의 생존권이 위협받고 있는 이 때에 불교의 자랑스런 이 발우공양 정신을 널리 알리고 우리 불자들부터 실천합시다. 쌀 한 톨, 밥 한 알도 함부로 버리지 않고 아끼고 절약하여 나와 남에게 이익되고 복되는 생활을 영위하고, 발우 씻는 깨끗한 물이 수질·환경 오염을 미연에 방지함으로써 중생을 이익케 하는 발우공양을 합니다.

우리 불자들은 이 세상에서 정신적으로도 가장 풍요롭게 살아야 하고 물질적으로도 가장 풍요롭게 살아야 합니다.

1) 발우(鉢盂)의 뜻

발(鉢)은 인도말(범어)로 발다라(鉢多羅)의 약칭. 우(盂)는 중국말(한자)로 밥그릇이라는 뜻으로 번역하면 응량기(應量器)라 한다. 즉 각자 자기가 먹을 수 있는 양에 따라 공양하는 그릇이라는 뜻이다. 부처님과 수행하시는 스님들의 식사법으로 단순한 식사법이 아니라 수행의 한 과정으로 행하기 때문에 법공양이라고 한다.

2) 발우의 유래

부처님께서 6년 동안 고행하시어 보리수 아래에서 성불하신 직후에 최초의 공양자 타푸사, 바라타 두 상인에게 첫 공양을 받으시는데 '과거 모든 부처님께서 다 발우를 거쳐 공양을 받았거니' 하고 생각하시는 즈음에 사천왕이 나타나서 각각 발우 한 개를 가지고 하늘 꽃을 담아 부처님께 올리거늘 부처님께서 받아 4개를 하나로 포개셨다. 이와 같이 발우공양의 유래는 수억 겁 전부터 이어 온 부처님의 공양법이다.

3) 발우공양 염불내용

① 부처님의 생애를 회상하면서 그 위대한 사상의 가르침과 공덕을 찬탄하고 공경하고 예배하는 마음
② 이 공양이 오기까지 모든 이들의 노고와 은혜에 감사하는 마음
③ 자신의 하루 수행을 돌아보며 반성하는 마음
④ 내가 이 공양을 받음은 탐·진·치 삼독을 끊고 불도를 이루어 모든 중생의 은혜에 보답하고자 하는 마음
⑤ 모든 배고픈 중생들과 함께 평등히 나누어 먹겠다는 자비의 마음이다.

4) 발우공양의 정신

발우공양은 법공양이기 때문에 마치 부처님을 모시고 함께 공양하는 마음가짐으로 소중하고 경건하게 임하면서 가사를 수해야 한다. 특히 많은 수행 대중이 모여 살 때에는 필수적이다.

발우공양에 깃든 정신은 다음과 같다.
① 평등공양: 모든 대중이 차별 없이 똑같이 나누어 먹는 공양
② 청결공양: 철저히 위생적인 공양
③ 절약공양: 조금도 낭비가 없는 공양

④ 공동공양: 대중(공동체)의 화합과 단결을 높이는 공양

⑤ 복덕공양: 한없는 공덕을 성취하는 공양

스님들은 밥그릇인 발우에 음식을 담아 드시고 깨끗이 씻어서 그 물까지 마신대요. 농부들의 땀과 부모님의 정성으로 만들어진 음식에 감사하며 깨끗이 다 먹어야 예쁘고 건강해집니다.

공양게송

• 부처님의 은혜를 찬탄하는 게송

(죽비 3성)

부처님께서 카필라에서 탄생하시고 마갈타에서 불도를 이루시고 바라나에서 설법하시고 쿠시나가라에서 열반에 드셨네.

(죽비 3성 – 발우 펴고)

• 열 분 부처님을 생각함

(죽비 1성)

청정법신 비로자나불, 원만보신 노사나불, 천백억 화신 석가모니불, 당래하생미륵존불, 시방삼세 일체제불, 시방삼세 일체존법, 대지문수사리보살, 대행보현보살, 대비관세음보살, 제존보살마하살, 마하반야바라밀. (죽비 1성 – 진지)

• 발우를 받쳐 들고 외우는 게송

(죽비 1성)

공양을 받고 원하옵나니 모든 중생이 선(禪)의 기쁨으로 밥을 삼고, 법(法)의 기쁨이 충만하여지이다. (발우 내리고 – 죽비 1성)

• 다섯 가지를 살펴 생각하는 게송

이 공양이 오기까지 모든 이들의 노고를 생각하고, 내 덕행을 헤아려 바른 생각으로 이 몸 지탱하여 불도를 이루기 위해서 이 공양

을 받나이다.

• 공양을 마치면서 생각하는 게송

(죽비 1성)

공양을 마치니 힘이 솟고, 위엄은 시방삼세에 떨치는 영웅, 인연 공덕 돌리어 마음에 두지 않고, 일체 중생이 신통을 얻어지이다.

(죽비 3성 - 차례대로 발우장에 발우 갖다 놓고, 차수하고 제자리에 서서 - 죽비 3성 - 마침)

청소년 수련법회 중 발우공양

사찰 예절

1) 집을 나설 때

절에 갈 때는 마음과 몸을 깨끗이 하고 즐거운 마음으로 부처님께 올릴 공양물을 준비하여 가도록 한다.

2) 절에 도착하여

① 절 문에 들어갈 때는 양쪽 갓문으로 다닌다. 왼쪽 가로 들어갈 때는 왼쪽 발을 먼저 내고, 오른쪽 가로 들어갈 때는 오른쪽 발을 먼저 내딛는다.

② 절 문에 들어서서는 먼저 법당을 향해 반 배를 올린다.

③ 법당을 향해 반 배 올린 후 바로 법당으로 가서 부처님께 예불을 올려야 한다. 법당에 들어갈 때는 절 문에 들어갈 때처럼 양쪽 가로 들어가고 발을 내디디는 것도 같이 한다. 부처님 앞으로 가까이 가서 반 배 올리고, 촛불 켜고, 향 올리고 반 배 한 뒤 물러서서 반 배 1번 큰 절 3번 하고 반 배 한다. 촛불과 향을 올릴 때는 오른손을 왼손이 약간 받치면서 두 손으로 공손히 올리고, 향은 촛불에서 불을 붙여 향로에 꽂는다.

3) 향과 초를 부처님 전에 밝히는 의미

향과 초는 자기 몸을 태움으로써 아름다운 향기와 밝은 빛을 발

산하여 밝음을 주는데, 여러 가지 향이 타도 하나로 융합되는 향 연기 속에서 개인의 이기심을 넘어서 모든 사람의 화합을 배우고 자신의 몸을 태워 밝은 빛을 내는 희생의 의미를 배워 마음의 향과 마음의 촛불을 밝힌다.

4)부처님께 공양 올리는 법
① 공양의 의미: 삼보, 부모, 스승께 물질을 공급하여 올리는 것.
② 공양하는 마음: 깨끗해야 하며 급고독 장자 이야기 해줌.
③ 공양의 종류: 향, 꽃, 등촉, 음식, 의복, 의구, 의약 등.

5) 절하는 법도
절은 부처님을 지극히 존경하는 뜻이며, 절을 함으로써 아만과 교만심이 없는 하심(자기 마음을 낮추는 것)과 겸허한 마음이 생기 고, 온 몸을 땅에 던져 하는 오체투지의 절은 최고의 공경심을 표 한다.

① 합장하는 법
• 두 손바닥을 합해 가슴에 붙이고
• 손가락이 벌어지지 않게 하고
• 팔목은 직선이 되게 하며
• 손끝은 코끝을 향하게 하고
• 고개와 몸은 반듯하고 공손하기 세운다.

② 절하는 법
• 부처님을 향하여 먼저 합장한 자세로 반 배 한 후

• 큰절 할 때는 합장한 자세로 두 무릎을 조용히 굽히면서

• 왼손은 가슴에 붙인 듯 했다가

• 오른손을 이마가 닿을 지점에 왼손과 나란히 짚으면서 이마가
바닥에 닿도록 엎드린다.

• 그리고 나서 손을 뒤집어 약간 들어올려서 부처님의 두 발을
받드는 모습으로 하고

• 오른발 위에 왼발을 올려 포개지도록 하며

• 등허리는 평행선이 되도록 하고

• 일어날 때는 사뿐히 일어난다.

고두 반 배

절을 다하고 마지막 절한 후 고두 반 배는 엎드려서 팔꿈치를 들
지 말고 머리와 어깨만 들었다가 다시 절하고 일어선다.

6) 스님께 인사드리는 법

① 도량이나 거리에서 뵐 때는 반 배만 한다.

② 실내에서는 큰절을 3번 올린다.

7) 도량에 다니는 법

① 항상 조용히 다닌다.

② 내의 차림으로 다녀서는 안 된다.

③ 새벽 예불 전에는 일체 말을 해서는 안 된다.

④ 신발은 항상 제자리에 벗어두고 남의 신발을 신어서는 안 된다.

⑤ 세속적인 화제로 조용한 도량을 소란하게 해서는 안 된다.

⑥ 스님을 뵙거나 법우들을 만나면 합장하고 공손히 인사한다.

⑦ 도량은 어느 곳이나 깨끗이 청소해야 한다.

⑧ 사찰의 모든 물건은 우리 모두의 공용물이기 때문에 내 것처럼 서로 아끼고 항상 제자리에 둔다.

⑨ 공양을 할 때는 평등하게 나누어 먹고 남기거나 버리는 일이 없도록 한다.

⑩ 자기 물건은 스스로 잘 챙기어 분실치 않도록 한다.

예불 기도 중

불교예식에 대하여

1) 예불문(오분향례)

아침저녁 부처님께 인사드리는 것으로 부처님과 부처님의 가르침과 그 가르침을 중생에게 전해주는 스님(승가)께 예배 드림.

2) 반야심경

큰 지혜로 진리의 세계, 열반의 세계, 부처님의 세계에 이르는 팔만 대장경 골수법문.

3) 기도

우리 중생계는 그 능력의 한계가 있으며 죄업은 무겁고 박복하여 모든 일이 뜻대로 되지 않는다. 기도하여 업장이 소멸되면 복덕이 성취된다.

"부처님을 향해 원을 세우면 그 소원대로 이루어짐은 맑은 연못에 물이 투명하게 비치는 것과 같다."

"모든 시작은 기도로서 시작하고 기도로서 수행하며 기도로서 성불하여라. 또한 한순간도 기도의 일념을 쉬지 말지어다."

① 『천수경』: 일 천의 손과 눈으로 중생을 구제하시는 관자재(관세음)보살님의 광대하고 원만하여 걸림없는 대비심의 다라니경으로 공덕과 가피가 한량없는 경전.

② 정근(관세음보살) : 중생의 소원 널리 들어 두루 살피시고 원력이 크고 깊으신 대자비로 고난을 구제하시는 관세음보살님께 귀의하여 그 명호를 지성껏 부르는 공덕으로 모든 업장이 소멸되고 원하는 바가 성취되어 마침내 성불함.

③ 축원

4) 108참회

참회란 우리가 이제까지 알게 모르게 수없이 지어온 모든 죄업을 뉘우치고 부처님께 진심으로 참회하고(理懺) 몸으로 절을 하여(事懺) 참회하면 죄업은 소멸되고 감사한 마음이 충만해지고 밝고 명랑한 삶이 이루어진다.

5) 참선

산만하고 번거로운 마음을 고요히 하면 무한한 지혜가 생기며 성불하는 지름길이 된다.

6) 사시마지

마지는 부처님께 올리는 밥으로 부처님께서는 하루 한 끼 사시(오전 10~12시)에만 공양을 드셔서 사시에 마지 올림.

탑 · 법당 · 법구

1) 탑(塔)

탑이라는 말은 산스크리트어의 stūpa의 음역 탑파(塔婆)를 줄인 말이다. 탑은 부처님의 사리를 묻고 그 위에 돌이나 흙으로 쌓은 일종의 무덤으로 초기 불교의 불제자들은 이 곳에 모여서 부처님의 가르침과 부처님의 훌륭하신 생애를 흠모하고 또 예배하였다. 탑은 불상과 불화보다 먼저 된 것으로 초기 불교도들은 이 탑을 중심으로 수행해 왔다.

탑에는 반드시 부처님의 사리가 들어가야 한다. 그러나 시간이 흐르고 지역이 달라지면서 사리 대신에 불경을 넣기도 하였으니, 모든 탑은 단순한 건축물이 아니라 반드시 그 속에는 불사리나 불경 등을 넣어 불자의 귀의처를 삼았다. 탑을 만드는 재료는 시대와 지역에 따라서 돌·나무·흙 등이 사용되었으며, 그 양식도 각기 달라서 시대와 지역적 특색을 나타내고 있다. 그러므로 불자들은 불상과 함께 탑에도 예배를 하는 것이다.

2) 법당

① 대웅전(大雄殿): 대웅보전(大雄寶殿)이라고도 하며, 대개 사원의 중앙에 있는 중심 건물이다. 중앙에는 석가모니불을 모시고 왼쪽에 문수보살, 오른쪽에 보현보살을 모신다. 대웅은 석가모니부처님의 다른 호칭이며, 큰장부(大丈夫)라는 뜻과 같다.

② 비로전(毘盧殿): 대광명전(大光明殿)·대적광전(大寂光殿)이라
고도 하며, 법신불(法身佛)인 비르자나불을 모신 법당이다. 사찰의
성격에 따라서 이 법당이 중앙에 위치하면서 가장 큰 법당이 되기
도 한다.

③ 극락전(極樂殿): 미타전(彌陀殿)·무량수전(無量壽殿)이라고
도 하며, 서방정토의 주불이신 아미타불을 모시고 왼쪽에는 관세
음보살, 오른쪽에는 대세지보살을 모신 법당이 되기도 한다.

④ 미륵전(彌勒殿): 용화전(龍華殿)이라고도 하며, 미륵불을 모
신 법당이다. 미륵불은 미래에 오실 부처님이시며, 미륵부처님이
오시는 세계를 용화세계라고 부른다.

⑤ 약사전(藥師殿): 약사여래(藥師如來)를 모신 법당으로 좌우에
는 일광(日光)·월광(月光) 두 보살을 모시고 있다. 약사여래는 중
생의 재난과 질병을 없애고 고난에서 구제하는 부처님이시다.

⑥ 관음전(觀音殿): 원통전·원통보전(圓通寶殿)이라고도 하며,
대자대비의 상징인 관세음보살을 모신 법당이다.

⑦ 지장전(地藏殿): 명부전(冥府殿), 또는 시왕전(十王殿)이라고
도 한다. 대원력의 상징인 지장보살을 중앙에 모시고 명부의 시왕
(十王)을 좌우에 모시기도 한다.

⑧ 팔상전(八相殿): 부처님의 생애를 여덟 부분으로 나누어 여덟

폭의 그림을 그려 모신 법당으로 중앙에는 석가모니불을 모시고
있다.

　3)법구(法具)

　①종(鐘): 범종(梵鐘)이라고도 한다. 각종 의식에 사용되며 또는
대중을 모으거나 긴급한 상황(예를 들면 화재시)을 알리는 신호용
으로도 사용된다. 의식에서 종은 지옥에서 고통받는 중생을 구제
하기 위해서 친다. 이 종과 법고와 목어와 운판을 사물(四物)이라
고 부른다.

　②법고(法鼓, 북): 조석 예불을 위시한 의식에서 사용되며 주로
축생(畜生)을 제도하기 위해서 친다.

　③목어(木魚): 물고기의 모양으로 나무를 깎아서 속을 판 것으
로 의식 때에 사용하며, 물 속에서 살고 있는 어류(魚類)를 제도하
기 위해서 친다.

　④운판(雲版): 구름쪽 모양으로 만든 청동판(青銅版)으로 의식
에 사용되며 날아다니는 조류(鳥類)를 제도하기 위해서 친다.

　⑤목탁(木鐸): 원래는 목어와 같은 것이었으나 둥글게 만들어
목어와는 구별하여 쓴다. 목탁은 조석 예불을 비롯한 각종 의식에
사용되며 대중을 모으는 신호용으로도 사용된다. 목탁이라는 말은
귀감, 사표 등의 뜻으로 널리 사용되어진다.

⑥ 요령(搖鈴): 놋쇠로 만든 것으로 이를 흔들면 가운데 방울이 표면의 놋쇠를 쳐서 소리가 나는 법구이다. 주로 헌공시 또는 영가 천도시 사용된다.

⑦ 죽비: 통대나무를 두 쪽으로 갈라지게 만들어 손바닥에 치면 소리가 나는 법구로 주로 선원에서 참선의 시작과 끝을 알리며, 법회의식에서 입정시에 사용되고 스님들이 공양할 때도 쓰인다.

⑧ 다기(茶器): 부처님께 맑은 물을 올릴 때 쓰는 그릇이다.

⑨ 염주(念珠): 수주(數珠)라고도 하며, 보통 보리수나무 열매인 보리자로 만드나, 이 외에도 여러 가지 구슬 등으로 만들기도 한다. 이 염주는 염불·기도·참회 등 각종 수행의식에 사용된다. 일반적으로 108개로 만들지만 경우에 따라서는 1천주·3천주도 있으며, 손목에 들어갈 정도의 작은 것은 단주라고 부른다. 108이란 번뇌를 퇴치하기 위한 숫자이며, 단주는 그 약수(約數)로 되어 있다.

⑩ 발우(鉢盂): 스님들이 공양할 때 쓰는 나무를 깎아서 만든 그릇으로 보통 네 개로 되어 있다. 물론 부처님 당시에도 발우가 있었지만 오늘날과 같이 네 개로 된 것은 아니다.

마음을 고요히 하는 참선

- 좌선(坐禪)에 대하여 -

1) 좌선이란 앉아서 참선(參禪)하는 것

선(禪)은 범어 다나(dhyana)를 음역하여 선나(禪那) · 선(禪)이라 하고, 번역하여 정려(靜慮) · 정(定)이라 함. 마음이 고요한 세계로 가는 것이다.

① 좌선하는 마음의 준비

대저 반야를 수행하는 보살은 먼저 반드시 대비심을 일으키고, 간절하게 큰 서원을 세우고 열심히 선정의 삼매를 닦아 맹세코 중생을 제도할 것을 서약하며 자기의 일신만을 위하여 홀로 해탈을 구해서는 안 된다.

② 좌선법

• 몸가짐: 방석 위에 바르게 앉아 허리를 쭉 펴고 오른쪽 다리 위에 왼쪽 다리를 얹는다. 왼쪽 다리 위에 오른손을 놓고, 오른손 위에 왼손 포개 얹고, 엄지 손가락을 가볍게 서로 맞대어 타원형이 되게 한 다음 단전에 댄다. 눈은 지그시 반쯤 뜨고 자기 코끝이 보일까 말까 내려 뜬다. 입은 꼭 다물고 이도 지그시 문 다음 혀끝을 입천장에 붙이고 코로 숨을 쉰다.

• 호흡조절: 숨을 들이마셔서 단전에까지 이르도록 깊이 하여

한참 참았다가 길게 내뿜는다. 단전호흡은 기(氣)를 몸에 집중시키는 데 큰 도움을 주고 마음의 안정과 건강에 큰 힘이 된다.

• 마음가짐

수식관(數息觀): 참선을 하다 보면 번뇌가 쉴새없이 일어나기 때문에 초보자는 정신집중하기가 어렵다. 그래서 호흡을 관찰하며 공부하는 법이 수식관이다. 이 수행은 들이쉬고 내쉬면서 숨에 의식을 집중하고, 천천히 깊게 들이쉬고 내쉬는 숨을 세면서 마음을 관하고 분별심을 없앤다. 이렇게 수식관을 잘하면 긴장과 불안이 사라지고 정신은 맑고 몸은 편안해 진다.

부정관(不淨觀): 부정관이란 말 그대로 우리 몸의 깨끗하지 못한 모습을 보면서 마음을 탐욕과 애욕으로부터 벗어나 사람들에게 인생의 무상함을 깨우쳐 탐욕과 애욕 집착에서 벗어나게 하는 수행법.

※ 예: 묘지에서 백골의 부정한 모습을 보고 그 시체와 나의 몸을 비교 관찰. 아란 존자를 사모한 마등가녀에게 부정관을 수행하게 함.

지관(止觀)과 삼매(三昧): 지(止)는 마음이 적정하여 온갖 번뇌를 그침을 말하고 관(觀)은 산스크리트어로 비파사나(Vipassana)의 의역으로 마음이 지의 상태에 이르면 자기 마음을 보게 되고 그 동안 자신의 마음이 흔들리고 이러한 구속으로부터 벗어나 지혜의 세계로 나아간다.

삼매(三昧)는 산스크리트어로 사마디(samadhi)의 음사어로 지관의 상태에서 자신의 마음을 보는 지혜가 깊어져서 외부의 어떠한 소리나 변화에도 흔들리지 않고 가장 마음 집중이 잘 된 상태로 최상의 지혜인 무분별지(無分別智)를 얻게 되는 것이다.

간화선(看話禪): 인도 불교가 중국 불교로 이어지면서 수행방법에서도 하나의 변화가 있었는데 이른바 화두(話頭)나 공안(公案)이다. 이는 문제를 깊이 참구하여 큰 의심을 일으키게 하고 스스로 그 의심을 해결하여 깨닫게 하는 수행법이다. 인도불교의 선정법은 4성제, 8정도, 12연기 등의 교리의 의미를 탐구하는 데 반해, 중국의 선종에서는 언어보다는 그 이면에 숨겨져 있는 근본 내용이 정확한 의미를 곧바로 찾아서 확인한다.

마음을 고요히 한 곳에 모아 화두(話頭)를 든다.
화두: · 이 뭣고?(이 몸을 끌고 다니는 이 물건이 무엇인가?)
　　　· 만법귀일, 일귀하처(萬法歸一, 一歸何處: 만법은 하나로 돌아가는데 하나는 어디로 돌아가는가?)
　　　· 조주 스님 구자 무불성화(狗者 無佛性話)

• 화두 드는 마음자세
참구: 고양이 쥐잡듯이 잠시도 놓치면 안 되고(정신집중)
정진: 바닷물 퍼내듯이 끈질기게(끊임없는 노력)
요지부동: 모기가 소등허리 뚫듯이 다른 생각 끊는 것같이(잡생각 없음)
정신통일: 머리 위에 불타는 것. 구하는 것같이 오직 뜨거운 생각 하나뿐인 듯이(화두 한 생각만)

③ 좌선(坐禪)의 공덕(功德)

몸은 가볍고 편안하고 정신은 상쾌, 의식은 통일되어 분명해진다. 자기의 본심을 깨닫고 밝히게 되면 구경에 성불(成佛)하게 된다.

청소년 수련 법회중 좌선

청소년을 위한 심성수련

1. 별칭 짓기

목표: 집단에 내재되어 있는 기존의 이미지를 새롭게 재구성하며
별칭이 주는 장점을 동일시 하도록 한다.

· 인원: 약간명 · 소요시간: 20분 · 준비물: 크레파스, 이름표

진행방법

1) 불리고 싶은 새로운 이름(기존의 별칭도 가능)을 지어 원하는
   색깔로 써서 왼쪽 가슴에 단다.
2) 별칭을 특성별로 나누어 소집단끼리 반갑게 악수하도록 한다.
3) 전체 앞에서 노래로 자기 소개를 한다.
4) 실시 후 느낌을 정리 발표하게 한다.

2. 아름다운 나

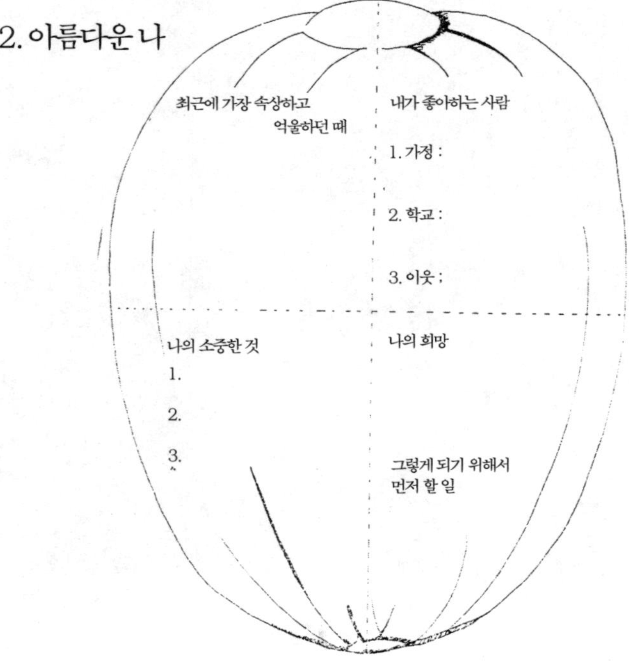

3. 나는 이런 사람이 되련다

1	커다란 꿈과 희망을 가지고 열심히 일하는 사람
2	마음이 넓고 숨김이 없는 사람
3	능력이 있고 쓸모있는 사람
4	쾌활하고 명랑한 사람
5	깨끗하고 단정한 사람
6	자신이 믿는 바를 밀고 나가는 용기를 가진 사람
7	남의 잘못을 용서할 수 있는 사람
8	남을 도와 주려고 애쓰는 사람
9	정직하고 성실한 사람
10	상상력이 풍부하고 창작력이 있는 사람
11	자주적인 사람
12	지혜로운 사람
13	사리를 분별할 수 있는 사람
14	남을 사랑할 수 있는 사람
15	순종적인 사람
16	예의 바른 사람
17	책임감이 강한 사람
18	자신을 스스로 다스릴 수 있는 사람

청소년 참회 수련대회

〈자아발견〉 나는 누구인가?

착한 일을 하는 나는 누구인가?

악한 일을 하는 나는 누구인가?

심성수련 자료

코스	장소	지도방법
마음문 열기	내가 제일 좋아하는 일, 나에게 가장 소중한 것, 나의 취미, 나의 장래희망 등을 생각하고 발표해 봄으로써 자신의 성격은 어떠한가를 확인하며 상대방과 상호 이해가 깊어진다.	조별활동 (1조 10명)
나는 누구인가?	최근에 나의 슬펐던 일, 괴로웠던 일, 화났던 일 등 나의 힘들었던 마음과 기뻤던 일, 즐거웠던 일, 좋았던 순간, 고마웠던 일 등 나의 행복한 마음을 서로 주고 받음으로써 자신의 새로운 측면을 발견해 본다.	조별활동 (1조 10명)
장점 나누기 및 마음의 선물	내가 나 자신에 대해 좋다고 느끼는 것, 소중히 여기고 있는 것, 장점, 나의 재능을 찾아 자신있게 표현하고 조원들의 긍정적 느낌을 받음으로써 자신의 존재가치와 긍지를 기르고 참다운 나의 모습을 발견한다.	조별활동 (1조 10명)
장애물 훈련	학교생활이나 일상생활에서 경험하지 못했던 장애물들을 통해 모험심과 의지력, 용기를 갖도록 하고 여러 번의 실패보다는 한 번의 성공을 통해 성취감을 만끽한다.	대 Group
전통문화 한마당	체험을 통해 전통문화의 이해를 돕고, 우리춤의 소중함과 몸과 마음의 자유로움을 체득한다.	대 Group
명상	신체의 유연성과 마음의 자유로움을 증진하고 자신의 본래 인간성을 회복한다.	대 Group

청소년의 윤리와 도덕(3귀의, 5계)

부처님께서는 열반에 드시기 직전에 제자들에게 다음과 같이 말씀하셨습니다.

"내가 열반에 든 후에는 반드시 계율을 잘 지녀 지키도록 해라. 계율을 잘 지키면 마치 어두운 곳에서 불빛을 만난 것 같고, 가난한 이가 보배를 얻음과 같으며, 병든 이가 병이 나음과 같고, 갇혔던 이가 자유를 찾음과 같으리니 계율은 너희들의 큰 스승인 줄 알 것이니라. 내가 이 세상에 더 머문다 해도 이것과 다름이 없느니라."

『열반경』

계율(戒律)이란 한 마디로 말하면 악을 경계하고 선을 가르치는 불교의 윤리 도덕이며 모든 인간 생활의 규범이라고 할 수 있습니다. 우리 인간은 누구나 자유롭고 편안하게 살기를 원합니다. 부처님께서 제정하신 계율을 내 자신이 지킴으로써 나와 남이 함께 자유롭고 편안하게 살 수 있으며, 계를 받아 지니려 함은 청소년 여러분이 세상을 살아가는 데 있어서 혹 악한 길로 가게 될 때는 착한 길로 가게 도와주고, 착하고 바른 길로 갈 때는 더욱 착한 길로 가도록 인도해 주기 때문입니다.

1) 3귀의(三歸依)
① 거룩한 부처님께 귀의합니다.

• 부처님께서는 지혜와 복덕과 자비를 다 갖추서서 거룩하시며, 저는 그 거룩하신 부처님께 돌아가 의지하오며 받드옵니다.

• 저도 부처님처럼 지혜를 갖추기 위하여 부처님의 가르침을 열심히 배우고 남에게 전하겠습니다. 복덕을 갖추기 위하여 부처님께 열심히 보시를 올리고, 가난한 이웃을 도우며, 항상 모든 이를 존경하고 공경하며 겸손하고 자비로운 마음으로 살겠습니다.

② 거룩한 가르침에 귀의합니다.
• 부처님의 가르침은 모든 탐내고 성내고 어리석은 번뇌와 욕심을 버리게 하므로 거룩하십니다.
• 저도 제 마음 속의 모든 욕심을 버리고, 남을 위해 좋은 일을 하겠습니다.

③ 거룩한 스님들께 귀의합니다.
• 스님들은 스스로 끊임없는 수헝과 법을 전하려는 한 마음으로 화합하며 수행하시기에 거룩하십니다.
• 저도 물러나지 않는 신심과 화합하는 마음으로 수련하여 부처님의 가르침을 주위의 모든 사람들에게 전하겠습니다.

2) 5계(五戒)
① 불살생(不殺生) : 살아 있는 모든 생명을 죽이거나 천대하지 말며, 자비심으로 중생을 건지고 보호하라(생명을 존중하라)
공덕 : 건강 장수 성취
예화 :
• 까마귀와 독사의 인과 이야기(우연적인 살생)

부처님께서 여러 제자들을 데리고 히말라야 산기슭 큰 망고 나무 아래를 지나가시는데 마침 그 망고 나뭇가지에 앉아 있던 까마귀 한 마리가 사람 소리에 놀라 후다닥 날아가는 바람에 큰 망고 과일 하나가 떨어졌다.

공교롭게도 그 망고 나무 아래에는 독사 한 마리가 도사리고 있다가 떨어지는 망고에 머리를 맞아 그 자리에서 죽었다. 이 광경을 목격한 부처님의 제자들은 부처님께 "저 까마귀와 독사는 전생에 무슨 인연으로 까마귀 날자 망고 떨어져 독사가 죽었습니까?"라고 여쭈었다.

부처님께서는 숙명통으로 그 두 짐승들의 전생을 살피시고 다음과 같이 말씀하셨다.

"저들은 전생에 꿩과 멧돼지였는데 어느 날 꿩이 알을 품어 내일이면 알을 톡 깨고 여러 새끼들이 태어나게 생겼는데 꿩어미가 잠시 먹이를 찾아 날아 간 사이에 멧돼지 한 마리가 조심성 없이 산을 휘적거리고 가다가 숲에 있는 꿩 새끼를 다 밟아 죽여 버렸다. 먹이를 물고 돌아온 꿩어미가 새끼들이 죽은 것을 보고 너무 가슴이 아파 창자가 토막이 나 죽어 버렸는데 이 꿩이 다음 생에 까마귀가 되었고 멧돼지가 독사가 되어 반대로 갚았다. 멧돼지가 꿩 죽일 생각이 전혀 없었듯이 까마귀 역시 독사를 죽일 생각이 전혀 없이 죽이게 되었다. 우연으로 이루어진 일도 이렇게 조금도 어김없이 서로 갚는데 고의적으로 괴롭히고 죽이면 그 원수 갚음은 한치도 어긋남이 없이 서로 갚을 것이다.

• 세 명의 상인과 노파의 원결(고의적인 살생)
부처님께서 라자그리하 죽림정사에 이르니 빔비사라 왕께서 부처님을 친히 맞아 공양하고 여쭈었다.

"부처님 한 바라문 범지가 걸식하러 나갔다가 갓 새끼를 낳은 암소에게 부딪쳐서 죽자 소 임자가 겁이 나서 소를 팔았습니다. 소를 산 사람이 소를 끌고 물을 먹이다가 소의 발에 채여 죽자 그의 아들이 소를 잡아 고기는 팔고 머리만 가지고 집으로 돌아가다가 어느 나무 밑에 소머리를 걸어놓고 쉬는데 소머리가 갑자기 떨어져 그도 머리가 깨져 죽었습니다. 그리하여 한 마리의 소 때문에 세 사람이 죽었으니 진실로 알 수 없는 일입니다."

"왕이시여, 죄의 갚음에는 근본이 있습니다. 옛날 세 사람의 상인이 장사를 하러 가다가 어떤 고독한 여관집에서 하숙을 하게 되었습니다. 그 세 상인은 한 달이나 그 노파가 해주는 밥을 먹고 장사를 잘하여 돈을 많이 벌어 집으로 돌아가는데, 주인 노파가 권속이 아무도 없는 것을 알고 업신여겨 주인 몰래 도망을 치다가 노파에게 들켰습니다. 하숙값을 내라고 하니 이미 내었는데 무엇을 또 달라고 하느냐 한 사람은 밀치고 한 사람은 때리고 한 사람은 언덕에서 굴렸습니다.

그러자 이 노인은 '죽어 다시 태어나더라도 내 이 원수는 갚고 말겠다.' 하고 죽었습니다. 그 뒤 노인은 소로 태어났고 상인들은 각각 사람으로 태어나 한 사람은 부딪쳐 죽고 한 사람은 찔려 죽고 한 사람은 맞아 죽게 된 것입니다. 이와 같이 인과응보는 한치의 어긋남이 없습니다. 지금은 힘이 남보다 세어 남을 괴롭히고 죽이지만 다음생에는 이렇게 꼭 서로 바뀌어 원수를 갚게 됩니다."

빔비사라 왕은 부처님의 설법을 듣고 모든 백성들에게 착하게 살 것을 공포하였다.

• 개미를 살려주고 수명이 연장된 동자승(방생)

또 『잡보장경』에 말하였다. 옛날 어떤 (아라한) 도인은 한 동자승을 키웠는데 이 동자승이 7일 뒤에는 반드시 단명하여 목숨을 마칠 것을 알았다. 그리하여 그에게 여가를 주어 집에 돌려보내면서 7일이 지나서 돌아 오라 했다.

이 동자승은 스님께 하직하고 집에 돌아가다가 도중에서 개미들이 물을 따라 떠내려가면서 곧 죽게 된 것을 보았다. 그는 자비심을 내어 '가사'를 벗어 거기에 흙을 담아 물을 막고는, 그 개미들을 마른 곳에 갖다 두어 모두 살려 주었다. 그리고 7일 지나서 스승에게로 돌아갔다. 스승은 괴상히 여겨 선정에 들어 천안(天眼)으로 관찰했다. 그제서야 그것은 다른 복이 아니요, 개미를 구해 준 인연 때문에 7일 만에 죽지 않고 수명이 연장되어 오래 살게 되었다.

삼세인과경에 보면 이 세상에서 많이 아프고 목숨이 단명하여 일찍 죽는 사람들은 전생에 살생을 많이 하여서 그 업보를 받는 것이며 반대로 방생을 많이 하면 건강하고 오래 산다고 하였습니다.

② 불투도(不偸盜) : 도둑질을 하지 말라. 모든 사람을 도와 복 받고 즐겁게 하라. (보시를 행하라)

공덕 : 복덕 성취

예화 :

• 알몸으로 절벽에 얼어붙은 사나이(도둑)

부처님께서 제자들과 히말라야 기슭을 지나가시는데 알몸인 한 남자가 눈 덮인 절벽에 얼어붙어 살이 터져서 피가 나고 살려 달라고 울부짖고 있었다. 제자들은 부처님께 "저 알몸의 남자는 무슨 이유로 저렇게 추운 겨울날 얼음 속에서 저 고통을 겪고 있습니까?

부처님께서는 그의 전생을 보시고 "저 사람은 전생에 도둑이었는데 어느 추운 겨울날 지나가는 사람들의 물건을 모두 빼앗고 끝내 입은 옷까지 빼앗아 사람을 얼어 죽게 한 과보로 지금 저런 고통을 겪고 있느니라."

• 부처님께 공양올리고 큰 부자와 태자와 대왕이 된 소년들(보시)
지금도 인도에 가면 그 유명한 기원정사 터가 장엄하게 남아 있는데 부처님께서는 이곳에서 오래 머무시면서 많은 설법을 하시고 수많은 중생을 교화하셨습니다.

이 장엄한 기원정사를 부처님께 지어드린 수닷타(급고독) 장자와 기타 태자와 아쇼카 대왕의 전생에 대해 부처님께 여쭙자 다음과 같이 말씀해 주셨습니다.

"가섭부처님 시대에 세 아이가 길거리에서 흙장난을 하고 있었다. 한 아이는 흙으로 탑을 세워 예배드리고 한 아이는 모래로 밥을 짓고 한 아이는 옆에서 심부름을 하고 있었다.

마침 그때 가섭 부처님이 지나가시다가 보고 물었다.

'너희들은 무슨 일을 하는가?'

한 아이가 대답했다.

'부처님의 사리탑을 만들고 있습니다.'

'너는 장차 전륜성왕이 되어 사바세계에 8만4천 탑을 세우리라.' (아쇼카대왕)

남은 두 아이 중 한 아이가 모래밥을 떠서 공양하였다. '그것이 무엇이냐?'

'좁쌀밥입니다.'

'너는 오는 세상에 8만4천 법장을 만들어 좁쌀알 같은 중생의

번뇌를 쉬게 하리라.' (급고독 장자)

  마지막 한 아이가 있다가 '스님, 스님께서는 저 나무 밑에 앉아 더위를 피하고 공양하십시오' 하며 자리로 인도했다. 그러자 가섭 부처님은 '너는 한 나라의 왕자가 되어 만중생에게 사랑의 숲을 제공하리라.' 하였다.(기타 태자)

  이와 같은 말씀을 마치고 나서 부처님께서 다시 말씀하셨다.

  "오늘의 기타 태자와 급고독 장자는 그때에 좁쌀밥을 스님들께 제공하고 나무 그늘의 쉼터를 베풀어주었으므로 이런 과보를 받게 된 것이다. 내가 열반에 든 뒤 1백년 후에 아쇼카라는 임금이 태어나서 천하를 통일하고 염부제에 8만4천 탑을 세울 것이니 그가 곧 탑을 세운 아이로서 과보를 받게 될 것이다."

  이처럼 순수한 어린 마음에서 올리는 보시의 공덕은 크고 큽니다. 삼세인과경에 보면 이 세상에서 가난하고 자기 물건 잘 도적맞고 잃어버리게 되는 사람은 전생에 남의 물건을 탐내고 훔치고 남의 물건 주워서 주인에게 돌려주지 않은 과보이고 반대로 남에게 베풀고 도우면 넉넉하게 잘 산다고 하셨습니다.

  불자는 정신적으로도 물질적으로도 이 세상에서 제일 풍요롭게 살아야 합니다. 부처님의 가르침을 배워 실천하면 마음이 늘 부자로 편하게 살 수 있고 재물보시도 열심히 하여 경제적으로도 부자로 살아야 합니다.

③ 불사음(不邪淫) : 스스로 삿된 음행을 하지 말라.

청정한 마음과 깨끗한 몸으로 생활하라.

공덕 : 청정행 성취

결혼한 어른들은 자기 남편과 부인 외에 다른 남자나 여자에게 눈을 돌리지 않아야 하며, 여러분 청소년들은 결혼할 때까지는 꼭 순결을 지켜서 결혼하여 내 사랑하는 남편과 아내에게 순결을 줄 수 있어야 합니다.

아무리 성개방 운운해도 결혼 전에 성문제가 문란한 사람들은 결혼해서도 부부생활이 행복하지 못하고 자기 일생이 불행해지는 경우가 많습니다.

순결을 파하는 계기를 만들지 말아야 합니다.

• 예화 : TV에서 방영된 추적60분 인용, 중3짜리 여학생이 자기는 돈 10원도 구경 못하고 네 번이나 팔려 가면서 그 몸 파는 생활이 너무 너무 고통스러워서 목숨을 걸고 탈출한 이야기.

중학교 3학년 여학생 셋이서 밤 10시가 넘어 한강변에 놀러 나갔다. 이리저리 놀다 보니 밤 12시가 되어 가는데 한 친절한 아저씨가 먹을 것도 사주고 함께 놀기도 하다 보니 밤 두 시가 되어 그 친절한 아저씨가 여관방까지 잡아 주었다. 이튿날 아르바이트하는 곳을 다방으로 소개하였다.

두 번째 세 번째 다방은 차만 나르는 곳이 아니라 몸까지 팔아야 하는 곳이어서 너무나 지겨워 도망을 치다가 붙잡혀서 죽지 않을 만큼 매를 맞고 네 번째 제주도까지 팔려 가서 그 생활이 너무나 고통스러워서 '이렇게 사느니 도망치다 붙들려 죽는 것이 낫다' 는 생각으로 목숨을 걸고 파출소로 와서 탈출에 성공하여 살아난 이야기다. 이 사건을 볼 때 물론 이 소녀들을 팔아먹은 그 친절한 척한 사람이 가장 나쁘지만 여학생들이 밤 10시가 넘어 한강변에 가서 밤이 늦도록 서성거리는 것 또한 원인을 제공했다 할 수 있을 것입니다. 일단 이런 계기를 만들지 말아야 합니다.

④ 불망어(不妄語) : 거짓말, 꾸밈말, 이간질, 악한 말을 하지 말라.
항상 진실한 말과 화합시키는 말과 고운 말, 덕담을 하라.

공덕 : 신뢰성취

우란분경에 "목건련 존자의 어머니 청제부인은 자기가 한 악담
대로 아귀가 되어 무간지옥에 들어가 한없는 고통을 받았습니다.

말은 그 사람의 교양과 인격과 신뢰에 큰 영향을 주고 또한 "말
한마디에 천냥빛도 갚는다."는 속담도 있듯이 몸과 입과 뜻으로
하는 행위 중에서도 중요한 위치를 차지합니다. 우리도 불보살님
들을 본받아 항상 진실하고 부드럽고 고운 말을 하고 이 친구와 저
친구가 서로 싸워서 반목할 때 화합시키는 말을 하며 항상 덕담을
하여 남을 칭찬하고 찬탄하고 잘 되기를 축원하는 말을 합시다.

⑤ 불음주(不飮酒) : 술, 담배, 아편, 본드, 마리화나 섭취하지 말라.
저질문화(비디오, 만화, 소설, 영화, 음란전화 등)를 즐기지 말고 포르
노문화를 거부하고 바른 정신, 맑은 정신을 지켜라.

공덕 : 지혜 성취

예화 :

• 술 취한 돌이아빠 한꺼번에 5계를 다 파하다.(p.237 - 촌극각본
참조) 술을 잘못 마시면 앞의 5계를 다 파하기 때문에 술을 먹지 말
아야 합니다.

수계식

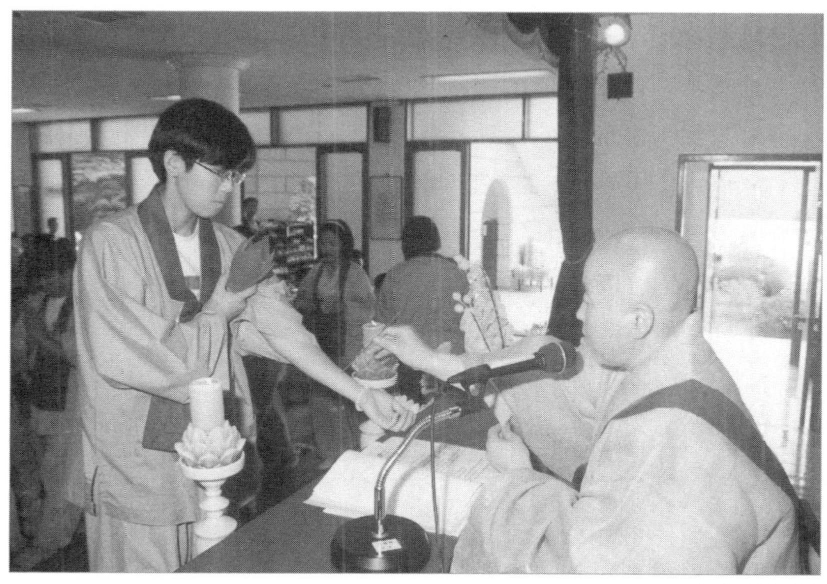

수계식 중 연비

수계에 대하여

재가 불자들의 수계식이 절실히 필요한 오늘날, 청소년들의 수계식을 하다 보니 수계문이 한문으로 되어 있어 그 엄숙하고 경건하게 장시간 꿇어 앉아 계를 받으면서도 무슨 뜻인지도 모르고 힘들게 계를 받는 청소년들에게 어떻게 하면 이 계를 받는 순간 영원히 불자로서의 다짐을 가지게 해 줄 수 있을까? 고심하다가 수계문을 번역해 보니, 가슴에 와 닿는 믿음과 아름다움을 느끼게 되었습니다.

1) 청소년 수계의식(식순)
- 개식
- 거향찬(擧香讚)
- 반야심경 봉독(般若心經 奉讀)
- 청성(請聖)
- 청사(請師)등단(登壇)
- 개도(開導)
- 참회(懺悔)
- 귀의(歸依)
- 선계상(宣戒相)
- 발원문(發願文)
- 회향(廻向)

- 폐식(閉式)(식순을 써 붙인다.)

수계의식은 식순을 사회가 말하면 산만해져서 엄숙하지 못하니 그 냥 의식을 계속 진행하면 된다. 수계식장은 장엄하게 준비하고 가 장 경건하게 임하도록 지도.

청소년·성인 수계문
① 거향찬(향과 꽃을 올리고 찬탄함)
(인례사가 목탁을 1번 내리고, 정중한 음성으로 게송을 낭독함)
자성인 각이 신령하고 밝아 고요하고,
비치고, 참되고 항상하여라
삼보에 귀의하여 이 몸 바치고
5계를 받아 기틀을 돋우네
삼보는 자비하신 배
한 조각 마음 향으로 법왕께 정례합니다.

② 반야심경 봉독(대중이 함께)

③ 청성(삼보를 청함)
(계사께서 선창하면 수계자들은 꽃이나 향을 받들고 함께 따라 한다.)
향과 꽃으로 맞으오며, 향과 꽃으로 청합니다. 계 받는 저희들이 한마음으로 청하옵나니 사바교주 석가모니불, 서방교주 아미타불, 당래 교주 미륵존불, 온 법계에 두루하신 모든 부처님께 원하옵나 니, 본 서원을 어기지 마시옵고 자비 광명 두루 비춰 계 받음을 증 명하옵소서.(목탁 치면서 대중이 큰절 한다.)

향과 꽃으로 맞으오며, 향과 꽃으로 청하옵니다. 계 받는 저희들이 한마음으로 청하옵나니 대승·소승 비니율장, 오편삼취, 해탈계법, 십이분경, 권실교법 욕심 여읜 청정법문에 지극한 마음으로 일심정례하옵니다.

향과 꽃을 맞으오며, 향과 꽃으로 청하옵니다. 계 받는 저희들이 한마음으로 청하옵나니 관음·세지·문수·보현 청정해중 모든 보살, 율장회상 우바리 존자, 인도·중국 역대조사, 남산종의 모든 율사, 한국 율조 자장·진표 양대 율사께 원하옵나니 본 서원을 어기지 마시옵고 자비 광명 두루 비춰 계 받음을 증명하옵소서.

향과 꽃으로 맞으오며 향과 꽃으로 청하옵니다. 계 받는 저희들이 한마음으로 청하옵나니 광명 회상 모든 천신 범왕 제석 사천왕과 천신 용왕 팔부신중 가람수호 토지신과 호계하는 천신 천왕 금강역사 유명계와 현세간의 신령스런 선신들은 원하옵나니 본 서원을 어기지 마시고 계단을 호위하고 계 받는 저희들 지키소서(반배)

(계사 법상에 올라 좌정하면 수계자들 계사께 3배 드리고 장궤 합장한다.)

④ 청사 (계사를 청함)

(인례사가 읽는다.)

착한 선남자, 선여인들이여, 위에 이미 부처님과 부처님의 가르침과 스님들을 받들어 청하였으니 여기에는 3보의 광명이 빛나고 빛나서 이 계단을 비추고 있습니다.

지금 여러 선남자, 선여인들은 참되고 바른 부처님의 아들 딸들이 되기 위하여 깨끗하고 묘한 계를 받으려는 것입니다. 이것은 자기의 뜻대로 하는 것이고, 남의 뜻에 의한 것이 아닙니다. 그러므로 먼저 계사를 청해야 합니다. 한마디씩 따라 하십시오,(인례사가

선창하고 수계자들 따라함)

계를 받는 저희들은 지금 대덕 스님을 청하와 우바새, 우바이계의 계사 스님으로 모시옵니다.

저희들은 이제 대덕스님을 의지하여 3귀의와 5계를 받사옵고 올바른 부처님의 제자들이 되겠사오니 원하옵건대 대덕 스님께서는 청정한 계를 주옵소서.

자비로 어여삐 여기소서.

자비로 어여삐 여기소서.

대자비로 어여삐 여기소서.(예배)

⑤ 개도(깨우쳐 인도함)

(계사께서) 착한 선남자, 선여인들이여, 여러분이 이와 같이 법사를 청하니 내가 이제 여러 선남자, 선여인들을 위하여 계사가 되어 주리라.

대저 계라고 하는 것은 착한 일을 하고 악한 일을 하지 않는 기본이 되며, 부처님이 되는 근본입니다.

첫째, 산 생명을 죽이지 말라고 한 것은, 자비로운 마음으로 모든 중생을 아끼고 사랑하라는 것입니다.

둘째, 남의 물건을 훔치지 말라고 한 것은, 보시하는 마음으로 항상 남을 도움으로써, 한량없는 복락을 지으라는 것입니다.

셋째, 삿된 음행을 하지 말라 함은, 예의와 순결을 지킴으로써 자기 극복의 힘을 키우고, 자제력으로 인격을 도야하며, 방탕과 게으름을 멀리 하고 행복을 얻으며, 타인에게 관대하고 자기를 청정하게 하는 해탈법을 닦으라는 것입니다.

넷째, 거짓말을 하지 말라 한 것은, 남에게 피해를 주는 쓸데 없는 말과 이간시키는 말과 악담 등을 경계하는 것입니다.

진실한 말은 믿음을 주게 하고, 믿는 마음은 불자의 근본 정신이 되는 것입니다.

다섯째, 술을 마셔 취하도록 하지 말라 함은, 혼미한 정신으로 실수하는 것을 미연에 방지하고, 지혜의 선용(善用)으로 마음의 휴식을 얻어 맑은 정신으로 인격 완성을 하라는 것입니다.

이러한 부처님의 5계법은 남에게 배우는 교훈이 아니고 우리들 스스로 지켜야 하는 가르침입니다. 즉 불자의 바른 행실입니다. 다음은 지난 오랜 세월 동안 지은 모든 잘못을 삼보님께 모두 참회하여야 합니다.

⑥ 참회(계사께서 선창, 수계자들 따라 함.)

계를 받는 저희들이 지난 오랜 세월에서 오늘에 이르도록 탐내고, 성내고, 어리석고, 게으른 마음으로 많은 잘못을 저질렀음을 몸과 말과 생각을 가다듬어 지극한 마음으로 참회하겠나이다.

지극한 마음으로 참회하나이다.

지극한 마음으로 참회하였나이다.

참회진언 옴 살바못쟈 모지 사다야 사바하.

(대중이 함께 이 참회진언을 외우면서 계사께서 수계한 수계자들에게 차례대로 한 사람씩 나오도록 하여 법상에서 연비를 해 준다. 이 때에 만의가사를 수해 줌)

⑦ 귀의(수계한 수계자들 합장한 손 내리고 꿇어앉는다.)

(계사께서) 착한 선남자·선여인들이여, 참회를 하고 연비를 마쳤으니, 연비한 순간에 지극히 참회한 마음으로 이제까지 지은 모든

잘못이 소멸되고, 몸과 마음이 깨끗하고 착해졌습니다.

이제 바로 삼보님께 넓고, 크고, 자비로운 마음으로 삼귀의 3번 갈마를 하여야 합니다. 모두 따라 하십시오.

(계사께서 선창 수계자들 따라 함)

계를 받는 저희들이

거룩한 부처님께 귀의하겠습니다.(반배)

계를 받는 저희들이

거룩한 가르침에 귀의하겠습니다.(반배)

계를 받는 저희들이

거룩한 스님네께 귀의하겠습니다. (반배)

계를 받은 저희들이 이미 부처님께 귀의하였사오니 차라리 몸과 목숨을 버릴지언정 끝내 다른 종교는 믿지 않겠나이다.

(꿇어 앉은 자세로 이마를 땅에 붙이고 목탁에 맞춰서 절함)

저희들이 의지한 부처님께서는 세상에서 제일 높고, 귀하신 분입니다.(반배)

자비로 어여삐 여기소서.

계를 받은 저희들이 이미 부처님의 가르치심에 귀의하였사오니 차라리 몸과 목숨을 버릴지어정 마침내 다른 종교의 가르침에 의지하지 않겠나이다.(위와 같이 절함)

저희들이 의지한 부처님의 가르치심은 세상에서 제일 훌륭한 가르침으로 존경하옵니다.

계를 받은 저희들이 이미 거룩한 스님네께 귀의하였사오니 차라리 몸과 목숨을 버릴지언정 다른 종교의 사람들은 의지하지 않겠나이다.

(위와 같이 절함)

저희들이 귀의한 청정한 복전이신 스님네는 저희들의 존경하는 바입니다.

자비로 어여삐 여기소서.

자비로 어여삐 여기소서.

대자비로 어여삐 여기소서.

⑧ 선계상(계를 조목조목 설하여 줌)

(계사께서)

착한 선남자·선여인들이여, 계를 받았으니 벌써 계체를 구족하였습니다.

다시 5계의 모양을 설할 것이니 잘 가질 것을 다짐하여야 합니다. 다음 물음을 따라 '잘 지키겠습니다' 라고 대답하십시오.

• 계사 : 첫째, 산 목숨을 죽이지 말지니 자비심으로 중생을 사랑하라. 이것이 여러 우바새·우바이들의 계이니 몸과 목숨이 다하도록 잘 지키겠습니까?

• 수계자들 : 잘 지키겠습니다.(반배)

• 계사 : 둘째, 주지 않는 남의 물건을 훔치지 말지니 보시를 행하여 복덕을 지으라. 이것이 여러 우바새·우바이들의 계이니 몸과 목숨이 다하도록 잘 지키겠습니까?

• 수계자들: 잘 지키겠습니다.(반배)

• 계사 : 셋째, 삿된 음행을 하지 말지니 몸과 마음의 청정행을 닦으라. 이것이 우바새 우바이의 계이니 잘 지키겠습니까?

• 수계자들: 잘 지키겠습니다.(반배)

• 계사 : 넷째, 거짓말을 하지 말지니, 진실을 말하고 신뢰를 지키라. 이것이 우바새 우바이의 계이니 잘 지키겠습니까?

- 수계자들: 잘 지키겠습니다.(반배)
- 계사 : 다섯째, 술을 마셔 취하지 말지니, 언제나 밝고 맑은 지혜를 보호해 가지라. 이것이 우바새 우바이의 계이니 몸과 목숨이 다하도록 잘 지키겠습니까?
- 수계자들: 잘 지키겠습니다.(반배)

(합장 내리고 꿇어 앉음)

⑨ 발원(원을 발함)

착한 선남자·선여인들이여, 삼귀의 오계를 잘 받아 마쳤으니 믿고, 행하고, 원하는 것이 서로 이루어지도록 원을 세워야 합니다. 또 따라 하십시오.(계사께서 선창, 수계자들 따라 함.)

저희들은 지극한 마음으로 원을 세우나이다. 이 삼귀의와 오계를 받은 공덕으로 나쁜 곳에 태어나지 아니하고 부처님이 되어 모든 중생을 구제하고, 모든 중생이 함께 행복하게 하여 주옵소서.

⑩ 회향

선남자·선여인들이여, 발원을 마쳤으니, 수계를 이미 마침이라, 삼보의 훌륭하고 가없는 복덕은 갈로 다 할 수 없기에 수계한 공덕도 한량없이 큽니다.

여러 선남자·선여인들이 지금 받아 가지고 이미 자기의 것으로 얻었을새 반드시 잘 지켜야 합니다.

이 수계한 공덕으로 모든 중생이 함께 부처님의 가피를 입으리니, 온 세상이 평화롭고, 부처님의 가르치심이 온 누리에 가득하여, 모든 중생이 함께 이익을 얻고, 불도를 이루게 될지어다.

삼계에 큰 스승이시고 중생의 자부이신 저희 본 스승이신 석가모니 부처님께 귀의합니다.

석가모니불(10번)

하늘 위와 하늘 아래에 부처님과 같은 분이 없으시고, 시방 세계에 또한 비교할 분이 없으시네,

세간에서 그러한 분 계신 것을 일찍이 보지 못하였고, 만유 일체에 부처님과 같은 분 없으시네.

(회향게 대중이 함께 따라 함.)

수계공덕 수승행과

가없는 복 회향하여

원하노니 모든 중생

속히 모두 불세계로

남김 없이 가지이다.

시방삼세 부처님과

모든 보살 마하살의

위대하신 원력입어

모두 성불하사이다.

※ 일타 스님께서 펴내신 수계의식 정범(受戒儀式 正範)을 의존하고, 번역은 고산 스님께서 교수(敎授)하여 주셨음

사경(寫經)

1) 사경의 의의

사경은 부처님의 경전을 옮겨 쓰거나 베껴 쓰는 일을 말한다.

사경은 경전을 1자 쓰고 절 3배 하는데, 정신집중이 아주 잘 되고 나중에는 자연히 사경삼매에 들게 되어 환희심을 더해 가는 의식으로 경전마다 보면 "이 경전을 설하거나 읽거나 외우거나 쓰거나 하면 이 공덕은 한량이 없어 지혜와 복덕이 구족하고 끝내 성불하느니라." 하셨다.

또한 사경은 개인의 수행을 위하여 필요할 뿐만 아니라 국난이 있거나 질병이 있을 때 정성껏 사경하여 국난을 막았다. 해인사 팔만대장경을 사경, 판각하여 몽고난을 막은 것이 그 좋은 예이다.

한량없는 공덕이 스며 있고, 신심이 증장하고, 수행에 힘이 되는 사경의식을 자꾸 고취시킬 필요가 있다.

2) 사경의 방법

먼저 몸과 마음을 조용히 편안하게 한다. 신묘장구대다라니 사경은 붉은 플러스펜이, 탑모양 반야심경 사경은 검정 플러스펜이 적당하다.

사경지는 경문을 먼저 인쇄해 놓고 그 위에 덮어 쓰면서 절을 한다. 인쇄가 되지 않는 빈 종이에 옮겨 쓰면 자꾸만 틀려서 어렵다. 자기가 사경한 사경지는 정대하여 완성되면 각자 자기 방 책상 앞에 붙여 두도록 한다.

3) 사경의식 순서(수련 중 사경의식 순서)

타종→육법공양(헌향, 헌등, 헌화, 헌다, 헌과, 헌미)→개경게→사경발원문→참회문→십념→사경관념문→입정→사경→자비축원문→사경문 봉독→사경 정대 정근→사경회향문→불전 3배

① 타종: 종 5번 치면 대중이 종소리를 들으며 조용히 정돈한다.

② 6법공양: 먼저 부처님께 육법공양을 올리겠습니다.

• 헌향: 부처님께 만 중생의 해탈을 기원하는 향기로운 5분 향을 올리겠습니다.

• 헌등: 부처님께 만 중생의 지혜로움을 기원하는 밝은 등을 올리겠습니다.

• 헌다: 부처님께 목마른 중생에게 감로수가 되는 감로차를 올리겠습니다.

• 헌과: 부처님께 만중생의 보리(깨달음)를 기원하는 과일을 올리겠습니다.

• 헌미: 만 중생의 선열 양식인 공양미를 올리겠습니다.

• 헌화: 화장 세계를 장엄하는 만행의 아름다운 꽃을 올리겠습니다.

③ 개경게: 가장 높고 미묘하고 깊고 깊은 부처님 법 백천만 겁 지나도록 만나 뵙기 어려워라. 나는 이제 다행히도 보고 듣고 옮겨 쓰니, 원하옵건대 부처님의 진실한 뜻 알아지이다.

④ 사경발원문: 시방세계의 모든 부처님과 보살님께 발원하옵니다. 오늘 저희 불자들이 지극한 마음으로 사경법회를 봉행하오니, 이 경전을 쓰는 공덕으로 선망부모는 왕생극락하고 다겁생래로 지

은 모든 업장이 소멸되어 나쁜 곳에 태어나지 아니하고 부처님 되어 모든 중생을 구제하고 모든 중생이 함께 행복하여지이다. 그리고 지금 사경하는 이 경전이 세세 생생에 없어지지 않아 모든 이웃들이 경전을 보면 환희심을 내고 불법을 깊이 깨달아 모두 성불하기를 지극한 마음으로 발원합니다.

⑤ 참회문: 아득한 과거부터 제가 지은 모든 악업 크고 작은 모든 것이 탐진치로 생기었고 몸과 입과 뜻을 따라 무명으로 지었기에 저는 지금 모든 죄장 참회하고 비나이다.

⑥ 십념: 청정법신 비로자나불

원만보신 노사나불

천백억화신 석가모니불

당래하생 미륵존불

시방삼세 일체제불

시방삼세 일체존법

대지문수 사리보살

대행 보현보살

대비 관세음보살

대원본존 지장보살 제존보살마하살 마하반야바라밀

⑦ 사경관념문: 물은 대자비로 흐른 지혜의 물이요, 먹은 깊은 선정의 굳은 먹입니다.

선정의 먹으로 지혜의 물을 갈아서 실상법신의 문자를 옮겨 씁니다. 이 문자는 삼세제불의 깊고 깊은 가르침이며, 모든 부처님의 진실한 참모습입니다. 이 말씀은 선정과 지혜의 법문이니 나와 남을 위하는 공덕이 두루 갖춰져 있습니다. 이런 까닭에 제가 지금 경전의 사경을 봉행합니다.

⑧ 입정: 사경에 들어가기 전에 심신을 고요히 하는 참선

⑨ 사경: 반야심경은 1자 쓰고 절 1번. 신묘장구대다라니는 3자 쓰고 1배 하면 적당하다. 힘들어하면 경우에 따라 절을 좀 줄이는 것도 바람직한다(사경이 끝나면 불전에 서서 자비축원문을 읽는다.)

⑩ 자비축원문: 강물이 흘러 바다에 이르듯 기운 달이 차서 둥근 달이 되듯 이 사경 공덕으로 모든 중생이 원한과 고통, 불안에서 벗어나 기쁨과 행복을 누리기를 축원합니다.

⑪ 사경문 봉독: 각자 사경한 경문을 함께 읽는다.

⑫ 사경 정대, 정근: 사경지를 두 손으로 받쳐 머리에 이고 석가모니불 염송하면서 부처님(법당)을 세 번 돌고 불전에 삼배 드린다.

⑬ 사경회향문: 사경공덕 수승하여 복과 지혜 자라나니 가없는 복 회향하여 원하오니 모든 중생이 속히 모두 불세계로 남김없이 가지이다. 시방삼세 부처님과 모든 보살마하살의 위대하신 원력 입어 모두 성불하사이다.

⑭ 불전 3배

사경하는 모습

사경 정대

215

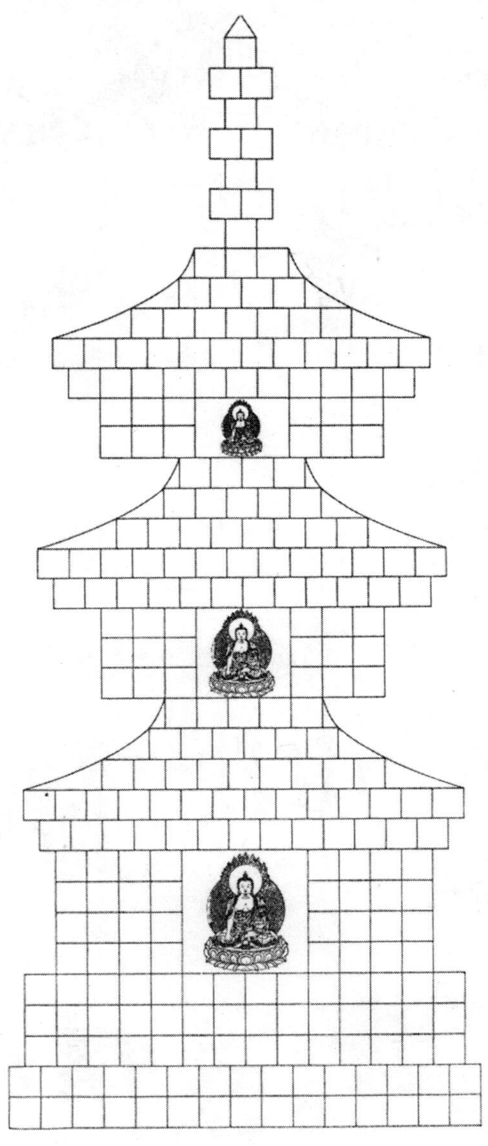

반야심경 탑 사경지

사 경 대 법 회

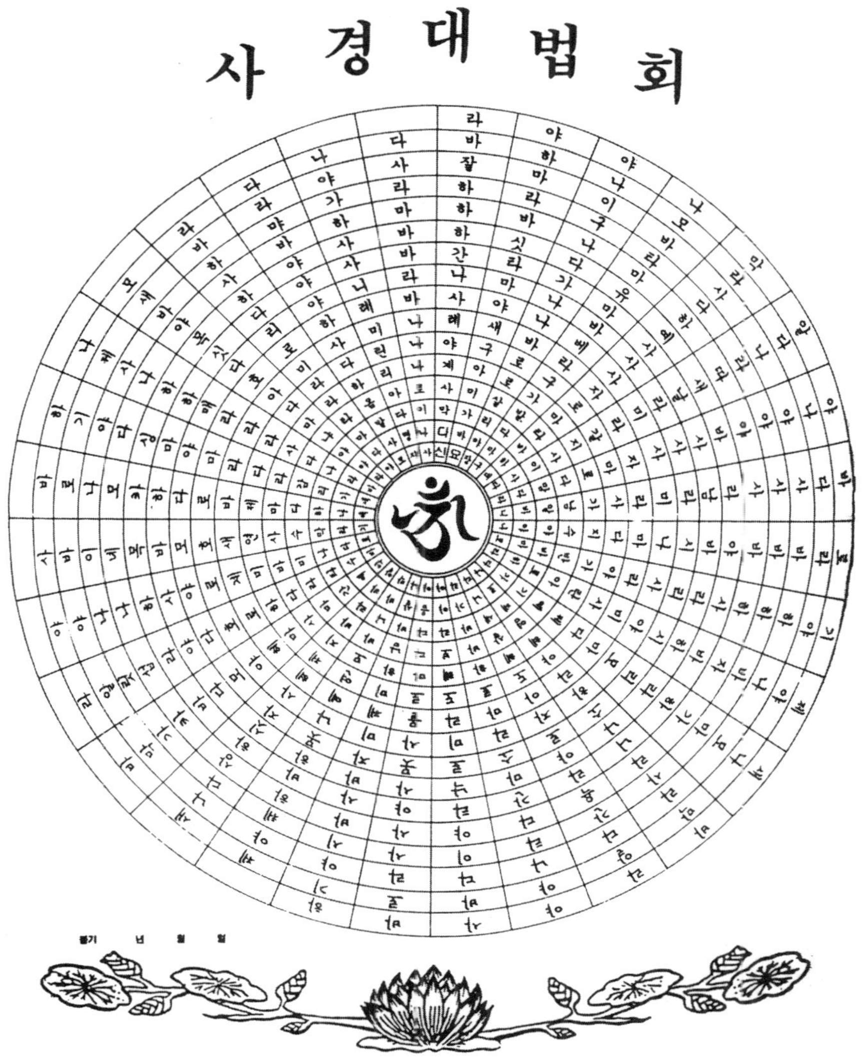

신묘장구다다라니 사경지

다도와 예절

- 한국 차문화(茶文化) -

1) 차의 개요

차는 차나무 잎을 따서 만든 기호 음료를 말한다. 차 잎을 이용한 전통차는 마실 때 일정한 예절이 필요하며 차를 우려 마시는 과정에서 정신과 신체를 단련하는 데 그 중요성이 있다. 우리 조상들이 차를 즐겨 마셨던 이유는 다음에 있다.

첫째, 약으로서 효과가 있어 건강에 이롭다.

둘째, 사색의 공간을 넓혀주고 마음의 눈을 뜨게 해준다.

셋째, 사람으로 하여금 예의를 갖추게 한다.

2) 차의 역사

중국이 차나무 원산지로 널리 알려져 있듯이 차는 중국에서부터 마시기 시작하여 세계 여러 나라로 퍼졌다고 한다. 중국에서는 차를 신농씨 때부터 마셨다는 설과 주나라 때부터 시작되었다는 설이 있다.

우리 나라는 오래 전부터 차를 마시기 시작했으나 기록상으로 나타난 최초의 문헌인 『삼국사기』에 의하면 신라 선덕여왕 때부터 차를 마시기 시작해 흥덕왕 3년(828년)에 사신 김대렴이 당나라에서 차나무 씨를 가져와 왕명으로 지리산 쌍계사, 화엄사 일대에 심게 했다고 한다.

3) 차나무

① 차: 산다과 혹은 후피향 나무과에 속하는 사시사철 푸른 상록

수로서, 4월에서 6월 사이에 연한 잎을 채취하여 그 잎을 닦거나 찌거나 발효를 시켜서 끓인 물에 알맞게 우려낸 것이다.

② 분포: 우리 나라의 분포 지역은 경상남도, 전라남도, 제주도 등이며, 열대·아열대성 식물로 연평균 기온이 12°C인 웅포, 김제 금산사, 구례 화엄사, 함양, 울산이 그 한계선이다.

③ 특성: 차나무의 꽃은 흰 찔레꽃과 같으며 꽃과 열매를 9월에서 11월 사이 동시에 볼 수 있다. 잎은 가장자리에 톱날이 나 있고 바탕이 짙은 녹색이며 두껍다.

4) 차의 종류

① 비발효차: 효소의 활성을 억제해 산화를 막고 차 고유의 색을 유지시킴(녹차).

② 반발효차: 약간 발효시켜 차 향기를 낼 때쯤 볶아 만듦(우롱차).

③ 발효차: 산화 효소 성분에 의해 차 성분을 산화시켜 만든 차(홍차).

④ 후발효차: 1차 가공 후 누룩곰팡이를 번식시켜 만든 차(보이차, 돈차).

- 녹차 중에는 곡우 전에 잎을 따서 만든 우전차가 상품이고, 그 다음으로 곡우, 입하, 입추차의 순이다.

5) 차의 필요성

① 건강적인 면: 성인병, 현대병이라고 하는 고혈압, 동맥경화, 당뇨, 암 등의 예방과 치료에 탁월한 효과가 있다.

② 정신적인 면: 심신(心身)의 덕(德)을 쌓고 차를 마시면서 사색

을 통하여 마음의 고요와 안정이 유지되고 지혜가 생긴다. 그래서 다도(茶道)이다.

6) 차의 성분과 효능 및 구덕(九德)
① 성분: 탄닌, 비타민 C, 카페인, 아미노산, 엽록소, 무기성분 (인, 망간, 철, 칼슘 등)
② 효능
- 항암 효과
- 고혈압 및 동맥경화 예방
- 피부미용 효과
- 변비에 대한 치료 효과
- 당뇨병 억제 효과
- 비만 방지 효과
- 중금속, 니코틴, 알콜 해독작용
- 노화 억제 효과
- 알칼리성 체질개선 효과
- 충치예방 및 구취 제거 효과
- 숙취 제거, 피로회복 효과
- 강심, 이뇨작용, 기억력 · 판단력 증진
③ 아홉 가지 덕(德)
- 심신(心身)을 상쾌하게 하고
- 귀와 눈을 밝게 하고
- 번뇌, 망상, 근심이 없어지게 하고
- 입맛, 소화를 촉진시키고
- 병을 제거하고 건강하게 하며

220

• 잠을 적게 하고

• 덕과 예를 갖추게 하고

• 정신이 맑아지고 고요해져 안정된다.

• 도를 생각하게 한다.

7) 다구(茶具)

다구의 명칭

• 다관(茶罐): 차를 우리는 주전자

• 숙우(熟盂): 물 식힘 그릇

• 찻잔: 우려낸 차를 담아 마시는 작은 그릇

• 차통: 차를 1~2일 동안만 먹을 수 있게 넣어두는 작은 항아리 또는 통

• 차탁(茶托): 찻잔 받침

• 차시(茶匙): 차호에서 차를 떠내는 숟가락

• 다건(茶巾): 차를 만들 때나 정리할 때 쓰는 행주

• 차상(床): 다관, 숙우, 잔, 차호 등을 올려두는 판

• 다반(茶盤): 찻잔을 나를 때나 기타 물건을 담아두는 판

• 탕정(湯鼎): 물을 끓이기 위해 곱돌이나 쇠로 만든 솥

• 화로 · 풍로(火爐 · 風盧): 숯불을 담아 찻물을 끓이기 위한 도구

• 표자(杓子): 탕정에 탕수를 떠내는 자루가 달린 바가지

• 차완(茶碗): 잔보다는 큰 사발로 말차를 마실 때 사용

• 퇴수기(退水器): 물을 버리거나 설거지 할 때 쓰는 큰 그릇

8) 차생활

차 달이는 법

차의 맛과 향은 차의 종류나 제조 방법에 따라 차잎 속에 담겨 있는 특유의 향미가 나타나지만 차를 달일 때의 물의 온도와 시간, 차의 양, 다기 종류, 물의 종류, 계절과 공기, 분위기에 따라서도 엄청 다른 맛이 난다. 차를 끓이는 물은 산에서 내려와 고이는 샘물과 같은 오염이 안 된 자연수가 좋다.

• 물은 넘치지 않게 펄펄 끓인 다음, 약간 식혀서 차를 우려내는 데 우전이나 세작 같은 어린 잎은 60~70°C 정도, 중작이나 대작은 70~80°C일 때 다른 그릇(사발)에 담아 식힌 다음 차가 담긴 차 주전자에 붓는다.

• 차를 달이기 전에 찻잔은 끓인 물로 헹구어 낸다.

• 찻잔에 냉기가 없어야 차의 맛과 향이 은은해지고 차의 효과가 나타난다.

• 차의 양은 혼자 마시는 데는 2~3g 정도가 좋고, 셋이서 마실 때는 5g 정도가 적당하다.

• 차를 차 주전자에 넣고 물을 부은 후 어린 잎은 1분 정도, 중작이나 대작은 2~3분 후에 찻잔에 세 번 정도 고루 돌아가며 따르면 은은한 빛깔이 난다.

• 차를 마실 때는 조용한 분위기 속에서 먼저 향을 맡은 후 입 안에 머금고 조금씩 마신다.

9) 차를 마시면서

• 첫째 잔은 차의 맛을 음미하니 목과 입술이 부드러워진다.

• 둘째 잔은 차의 향기를 음미하니 고독과 번민이 스러진다.

• 셋째 잔은 차의 맛과 향기를 음미하니 쓸데없는 지식이 흩어진다.

• 넷째 잔은 불평 불만이 없어진다.

• 다섯째 잔은 근육과 뼈가 맑아진다.

• 여섯째 잔은 도 닦을 마음이 생긴다.

• 일곱째 잔은 더 바랄 것이 없다.

차시(茶 詩)

푸른 물 찬 솔 달은 높고 바람은 맑아
향기 소리 깊은 곳에 차 한잔 들게.
차 마시고 밥 먹는 게
인생의 일상 삼매 소식이니
이 소식을 알겠는가. 차.

- 경봉 노사의 「차시」

옥화(玉花) 한 잔을 기울이니
겨드랑이에 솔솔 바람이 일어,
몸은 가벼이 하늘로 날아오르네.

중천(中天)의 밝은 달은
촛불이며 나의 벗이 되었나니.

흰 구름 자리 펴고 산허리 휘둘러 병풍 두르리.

대나무 젓대 소리에 솔바람 소리
모두 소량(蕭凉)도 해라.
청한(淸寒)함은 뼈에 저리고
심간(心肝)을 깨워주네.

흰 구름 밝은 달 두 손님 모시고
나 홀로 차(茶) 따라 마시니
이것이 바로 승(勝)이로구나.

초의(艸衣) 녹향연(綠香煙)에 싸여
자욱한 향(香)을 마시니
곡우(穀雨) 전 여린 움
설(舌)인 양 미동하네.
단산(丹山)의 운간월(雲澗月)만 손꼽힐 손가.
만배(滿盃)의 뇌소(雷笑)를 가약(可約)하네.

– 백파 거사의 「제(題)」

선재동자 구법행

코스	행(놀이)	선지식	법(가르침)	장소	시작반	준비물	지도방법
1	불교기본 예절 익히기	해당 비구	불자로서의 기본 예절을 알고 바른 자세로 수행하겠습니다.	큰 법당	천안반 부터		바르게 절하고 합장, 차수하는 법을 배운다.
2	반야심경 독송	해운 비구	부처님의 가르침 팔만대장경의 중요한 법문을 배우겠습니다.	어린이 법당	천이반 부터	기도집 목탁 30개	다함께 반야심경을 목탁치면서 독송한다
3	탑은 왜 도나요?	선주 비구	석가모니불 진신 사리탑을 왜 도는지 배우겠습니다.	사리탑	타심반 부터	목탁 1개	탑의 유래와 도는 방법을 알아본다.
4	법계도 돌기	미가 장자	화엄경의 가르침인 법성게를 도표에 맞추어 익힙니다.	발우 공양실	숙명반 부터	목탁 1개	화엄경의 가르침인 법성게(법계도)에 따라 돈다.
5	찬불가 부르기	승열 바라문	부처님을 찬탄하는 내용을 노래로 배우겠습니다.	수련원	신족반 부터	피아노 악보	수련교재에 나온 악보로 따라 배운다.
6	불교의 사물에 대해	자행 동녀	네 가지 중생을 구제하는 불교의 사물의 의미를 배우겠습니다.	범종각	누진반 부터		범종, 법고, 운판, 목어를 왜 치는지 알아본다.
7	반별시간		이 공양을 감사히 먹겠습니다	교육관 큰마당 여기 저기		간식	반별 모닥불에 고구마 구워먹기

청소년 전래놀이 한마당

번호	놀이명	내 용	준비물	장소	반	담당자
1	말뚝박기	한 반을 말뚝이 될 팀과 올라탈 팀, 두 팀으로 나누어 제한시간 동안 모두가 빠르게 올라타서 가위바위보를 해서 이기는 팀이 다시 말뚝에 올라타는 팀이 된다.		종각	천안반	
2	딱지치기	우유팩 딱지를 각각 2~3개씩 나누어 주고 전원이 1:1로 딱지치기를 해서 많이 따는 사람이 이기는 놀이다. 없으면 빌려서 하고 많이 땄으면 갚도록 한다. 상대와 놀이를 하기 전에 항상 예의를 갖추어서 인사를 한다.	우유팩 딱지	큰법당 계단 앞	천이반	
3	산 가지 꺾기	산 가지를 신문지 위에 적당히 수북하게 펼쳐놓고서 다른 가지는 건드리지 않고 산 가지를 하나씩 가져가는 놀이, 차분하게 많이 가져가는 사람이 이기는 놀이.	산 가지, 신문지	수련원	타심반	
4	인간 윷놀이	한 반을 두 팀으로 나누어서 각 윷이 될 두 명과 말이 될 한 명을 선발한다. 윷이 될 사람들에게는 쌀자루를 입히고 눈을 가려 윷놀이가 시작되면 동시에 넘어지도록 한다. 다시 말해서 나무로 만든 윷이 아닌 인간이 윷이 되고 움직이는 말이 되는 것이다.	쌀자루 4개, 눈 가리개 4개, 말판	수련원 앞마당	숙명반	
5	무 뽑기	한 반을 두 팀으로 나누어서 각각 팀에서 공격조와 수비조를 정한다. 그리고 수비조는 전원이 함께 어깨동무나 팔짱 등을 끼고 서로 엉켜서 떨어지지 않도록 하고 상대 진영에 눕는다. 공격조는 제한시간 동안에 누운 사람들을 자기 진영으로 많이 끌고 오면 이기는 놀이다.		발우공양실	신족반	
6	선유 줄불놀이	우리 나라의 전통 불꽃놀이로 각각 20세기 반성과 21세기 소원을 쓴 한지에 숯가루를 넣고 꼬아서 만든 전통 불꽃놀이를 캠프 화이어 시간에 태워 발원하는 놀이.	한지, 볼펜, 숯가루, 신문지, 가는 철사	대중방	누진반	

선재동자 구법행(다기물 올리기)

선재동자 구법행(벽화 설명)

227

공동체 놀이

공동체 놀이

보현행자 서원 결행식

- 개식
- 삼귀의
- 반야심경
- 고유문 낭독
- 공양(헌향, 헌등, 헌다, 헌과, 헌미, 헌화)
- 법어(보현행자의 길)
- 보현행원 십대 발원
- 정근(석가모니불)
- 법당 돌기
- 촛불의식(기도문 낭독, 각자 서원 말함)
- 보현행원(합창)
- 폐식

고유문(告由文)

삼계의 스승이시며 만 생명의 자부이신 석가모니 부처님 전에
일심으로 향 사르어 정례하옵고 아뢰옵나이다. 청하옵건대 자비의

구름을 펴시어 여러 불자들이 정법의 기쁨 속에 살아가도록 감싸 주시고 신령스러운 광명으로써 미망의 세계에 방황하는 중생들을 지켜 주소서.

오늘 부처님을 모신 청정도량 신흥사 청소년 수련원에서 저희 청소년 불자들은 금강불괴의 심신으로서 이 땅에 정토 세계가 구현되도록 행자의 길을 걷고자 부처님전에 발원하옵고, 일불제자로서 정법탁마에 정진하고자 하오니 무한 지혜와 자비의 광명을 드리우사 증명하소서.

보현행원 십대 발원

첫째: 시방의 모든 부처님께 예배 공경하기를 부지런히 하겠습니다.

둘째: 가없는 부처님의 덕행을 깊이 찬탄하겠습니다.

셋째: 부처님마다 한결같이 널리 공양하겠습니다.

넷째: 중생계가 다하도록 지은 허물을 참회하겠습니다.

다섯째: 나의 일같이 남의 공덕도 함께 기뻐하겠습니다.

여섯째: 무명의 세계에서 벗어나도록 설법하여 주시기를 청하옵니다.

일곱째: 부처님께서 이 세상에 오래도록 머무시기를 청하옵니다.

여덟째: 부서져 티끌이 되더라도 항상 부처님을 본받아 배우겠습니다.

아홉째: 언제나 부처님 하듯이 이웃의 뜻에 따르겠습니다.

열째: 헤매는 무리들이 없도록 지은 바 공덕을 널리 회향하겠습니다.

보현보살 행원기도

삼계의 도사이시고 사성의 자부이신 석가모니 부처님이시여, 저희들의 지극한 정성 섭수하시고, 자비거울로 살펴주옵소서.

부처님께서는 대자비로 온 중생 하나하나 잠시도 버리지 않으시고, 영원한 진리 광명으로 성숙시키건만, 미혹한 범부들이 크신 광명 등지고 스스로 미혹의 구름을 지어 끝없는 방황을 계속하여 왔사옵니다. 장애와 고난과 죽음이 따랐고, 불행과 눈물과 죄악의 업보를 이루었사옵니다. 그러하오나 부처님의 지극하신 자비 위신력은 저희들을 살피시고 건지시어 저희들에게 믿음의 눈을 열게 하였사옵니다.

저희 생명에서 부처님의 자비토운 위신력이 샘물처럼 솟아나고, 부처님의 크신 자비와 큰 서원은 생명의 소망으로 빛나고 있음을 깨달았습니다. 부처님의 크나큰 원력이 저희들과 저희 국토를 성숙시키시니 저희 국토는 영원히 진리를 실현하고 영광으로 가득 채울 축복된 땅임을 깨달았습니다. 영원히 행복하고 뜻하는 바는 모두 이루며, 행운과 성공이 끝없이 너울치는 은혜의 평원이 열리고 있사옵니다. 저희들의 생각은 항상 맑고 뜻은 바르며, 마음은 끝없이 밝은 슬기로 가득 차 있사옵니다.

대자비 세존이시여, 이제 저희들은 부처님의 끝없는 은혜 광명 속에서 지성으로 감사드리고 환희 용약하오면서 서원을 드리옵니다. 저희들은 반야 법문에서 결코 물러서지 않겠습니다. 생명의 바다에 영원히 빛나는 부처님의 끝없는 은혜를 잠시도 잊지 않겠습니다. 온 누리 온 중생 위에 끊임없이 넘치는 부처님의 자비은덕을 끝없이 존경하고 찬탄하겠습니다. 부처님을 위시한 일체 삼보님과 일체 중생에게 온갖 정성을 바쳐 공양하고 섬기고 받들겠습니다.

그리하여 영원토록 모든 국토 모든 중생이 평화와 행복의 결실을
맺도록 힘쓰겠습니다.
　그리하여 저희들의 생애가 보살의 생애로서, 일체 중생과 역사
와 국토를 빛냄으로써 마침내 부처님의 크신 은덕을 갚아지이다.
　나무 석가모니불
　나무 석가모니불
　나무 시아본사 석가모니불

촛불 발원제

부처님, 저 죽으려고 할 때 한 번만 살려주세요

때: 60년 전

곳: 충청남도 서산 천장암

나오는 사람들: 부처님, 재영이(국민학교 5학년), 담임선생님(남)

반 아이들 30여 명, 저승사자 1 · 2, 해설자

(5월 5일 어린이날, 햇빛은 따사롭고 나무에는 푸른 잎이 막 돋아나고 산새들이 노래 부르고 봄꽃들이 피어있는 천장암 조용한 암자에 국민학교 어린이들이 소풍을 와서 도량은 온통 어린이들이 떠드는 소리로 가득하다.

절 문에 들어온 아이들은 먼저 담임 선생님과 함께 줄을 서서 법당부터 돌아보고 있다. 그 때 5학년 반 어린이들이 담임선생님 지도 아래 법당 안을 들여다보고 있을 때 재영이란 이름을 가진 남자 아이가)

재영: (담임선생님을 쳐다보며) 선생님, 저 법당에 들어가서 부처님께 절을 하고 싶은데 그래도 될까요?

선생님: 응! 그래도 되지, 그렇게 해라.

재영: (조심스럽게 법당에 들어가서 엄마가 주신 동전 세 닢과 못난 사과 한 알을 부처님께 올리고 합장하고 절을 하면서) 부처님, 저 죽으려고 할 때 한 번만 살려주세요.

(뒤에서 반 아이들이 보고 있는데 몇 번 절하고 친구들 돌아보고 씩 웃고는 법당 밖을 나간다.)

해설: 국민학교 5학년 때 소풍 와서 부처님께 절하고 재영이는 그 이후로 별로 절에도 가보지 못하고 4년이란 세월이 흘러 중학교 3학년이 되었습니다.

그 날도 재영이는 학교에서 집에 돌아와 보니 점심 도시락을 먹었지만 배가 매우 고팠으나 찬장 속에는 아무 것도 먹을 것이 없고 말라서 딱딱하게 굳은 찰떡이 몇 개 있었습니다. 재영이는 배가 고픈 나머지 그 딱딱한 찰떡을 물도 마시지 않고 꿀꺽 삼켜서 그만 급체가 되어 꽉 막혀 숨을 쉬지 못하였습니다. 컥컥 하다가 그 자리에 쓰러져 버렸습니다.

날이 저물어 밭에서 돌아오신 재영이 아버지와 어머니는 부엌 바닥에 쓰러진 재영이를 보고 깜짝 놀라서 흔들어 보니 재영이는 꼼짝도 하지 않았습니다. 그 때 재영이가 사는 마을에는 전화도 택시도 없었습니다. 병원이 있는 읍내까지 가려면 30리는 가야 하는데 황급한 재영이 부모님은 재영이를 들쳐업고 읍내 병원으로 뛰기 시작하였습니다. 깜깜한 새벽녘에야 병원에 도착한 재영이 부모님은 의사 선생님을 붙들고 살려달라고 애원하였지만 의사 선생님은 재영이를 진찰해보시더니 이미 3시간 전에 이 아이는 죽었다고 진단을 내렸습니다.

재영이 부모님은 하는 수 없이 죽은 재영이를 도로 업고 날이 새서야 집으로 돌아왔습니다. 그리고 우선 방 윗목에 뉘여 놓고 홑이불을 덮어놓았습니다. 그런데 그 날 밤에 재영이 부모님은 재영이 시체 위에 한없이 눈물을 흘리고 있는데 홑이불이 들썩하면서 훅 하더니 죽었던 재영이가 입으로 체한 떡을 토해내며, 벌떡 일어나 앉으며,

재영: 부처님, (하며 두리번 두리번 찾으며) 부처님,

재영 어머니: (깜짝 놀래며) 아휴! 저영아, 재영아, 아휴! 여보, 우리 재영이가 살아났어요. 그런데 애야, 부처님은 무슨 부처님이냐? 여기는 우리집이야. 아빠와 엄마다.

재영: (한참 가만히 정신을 차리더니) 엄마! 부처님이 날 살려주셨어.

재영 어머니: (어머니는 울며, 웃으며 재영이를 끌어 안고는) 재영아, 어떻게 된 거니 자세히 얘기해 봐라.

재영: 엄마, 내가 찰떡 먹고 꽉 막혀 죽었는데 그 때 시커먼 옷을 입은 아주 무섭게 생긴 저승사자 두 명이 나타나서 내 두 손을 꽁꽁 묶어 데리고 가는 거예요. 한참 가다가 저승사자 한 명이 말하기를,

저승사자 1: 이봐 이 아이의 명부는 천장암 부처님한테 있으니 거기 가서 명부를 가지고 가자.

저승사자 2: 참 그렇지,

(재영이는 저승사자들에게 이끌려 오랜만에 천장암에 왔다. 국민학교 5학년 때 소풍 왔을 때와 절 모습은 똑 같았다. 다만 다른 점은 법당 앞에 가서 법당 안을 들여다 볼 때 부처님이 말씀하시는 것이 달랐다.)

부처님: (저승사자들을 보시고 근엄하게) 그 아이는 왜 그렇게 묶어 가지고 왔느냐?

저승사자 1, 2: 네, 부처님 이 아이는 명이 다 되어서 저승에 데려가는 중입니다. 이 아이의 명부가 부처님께 있어서 명부를 가져가려고 왔습니다.

부처님: (고개를 저으시며) 안 된다! 그 아이는 국민학교 5학년 때 소풍 와서 나한테 동전 서 닢과 못난 사과 한 알을 올리고 발원하기를 "부처님, 제가 죽으려고 할 때 한 번만 살려주세요." 하고 소

원을 빌었다. 그 때 나는 약속하였다. 죽으려고 할 때 살려주기로 말이다. 그러니 그 아이는 여기 두고 너희들이나 가거라.

　저승사자 1, 2: 네, 부처님 그러하겠습니다.(하고 사라졌다.)

　부처님: (부처님께서 자비로우신 미소를 띄우시고 법당 문 앞에 서있는 재영이에게) 재영아, 이리 가까이 오너라.

　(재영이는 너무 기뻐서 법당 안으로 들어가 부처님 앞으로 가까이 가는데 법당 마룻장이 푹 꺼지면서 마루 밑으로 빠지려는 순간 깜짝 놀라 떡을 토해내고 살아났습니다.)

　재영: 휴! (긴숨 내쉬며) 엄마, 부처님이 날 살려주셨어. 부처님께 절해요. (함께 절한다)

　준비물: 부처님 가사, 방석, 소풍 의상(망또, 모자, 베낭) 저승사자 옷(검정옷, 흰옷), 가면, 찰떡, 모자 동전 세 닢, 사과, 담임선생님 옷.

술 취한 돌이 아빠 5계를 다 파하다

때: 아무 때나

곳: 돌이네 집

나오는 사람들: 돌이 아빠, 순이 엄마, 어미 닭, 병아리 7마리

(술이 잔뜩 취한 돌이 아빠 몸을 겨우 가누며 비틀 비틀하면서 콧노래를 흥얼거리며 집에 들어온다. 주위를 살피면서)

돌이 아빠: (혀 꼬부라진 소리로) 집에 아무도 없나? 여보! 여보!…. 집 비우고 어디 갔어?

(툇마루에 비스듬히 누워 흥얼거리고 있는데 옆집 순이네 어미 닭과 병아리들이 꼬꼬 꼬꼬댁 삐약 삐약 하면서 울타리 너머 돌이네 집 마당에 들어와서 먹이를 찾고 있다.)

돌이 아빠: (닭 소리에 벌떡 일어나 앉아 닭 쪽을 보고) 어! 닭이(마침 툇마루 구석에 세워진 막대기로 닭을 향해 탁 던진다. 닭이 정통으로 맞아 '꼬꼬댁' 하고 날개를 몇 번 치더니 죽는다. 병아리들은 깜짝 놀라 순이네 집으로 달아나 버렸다. 돌이 아빠 마당에 내려가 죽은 닭을 들고)

돌이 아빠: 어! 참 술안주 감 좋은 것이 생겼다. 볶아 먹어야겠다.

(하고 닭들과 퇴장. 조금 후에 들어오면서 입을 다시며)

돌이 아빠: 거참! 닭고기 맛있다. (그러고 또 툇마루에 비스듬히 누워 콧노래를 부른다.)

순이 엄마: (돌이네 집 대문을 들어오면서)

구구구 … 구구구 … 아니 이 닭이 어디 갔지? 구구구 … 구구구 …

(마루 위에 돌이 아빠 있는 것을 보고) 돌이 아빠, 우리 닭 못 봤어요?

돌이 아빠: (시침 뚝 떼고 고개 저으며) 아니! 못 봤어요.

(그 때 병아리들이 삐약삐약 하면서 어미 닭 죽이는 시늉을 한다.)

(술이 자꾸 더 취하는지 정신이 몽롱하여 순이 엄마를 바라보며)

어어? 이상한데 저렇게 예쁜 여자가 어디서 왔지. 하늘에서 내려 왔나? 정말 미인인데 내 저 여자하고 정을 통해야겠어.

(갑자기 순이 엄마한테 달려들어 꽉 껴안는다)

순이 엄마: (기겁을 하여) 악! 돌이 아빠 왜 이러세요. 악! 사람 살려.

(조명 꺼지고 조명 꺼진 상태에서)

해설: 자 우리 청소년 법우님들 보세요. 부처님께서 술을 마시지 말라고 한 것은 이 술 한 가지를 마심으로 해서 정신이 혼미하여 위의 네 가지 계율을 다 파하게 되기 때문입니다. 돌이 아빠는 첫째 술을 먹고 닭을 죽였으니 산 목숨 죽이지 말라는 계율을 파했고, 남의 닭을 자기 마음대로 볶아 먹었으니 도둑질하지 말라는 계를 파했고, 닭을 보지 못했다고 하였으니 거짓말하지 말라는 계를 파했고, 순이 엄마를 겁탈하였으니 삿된 음행을 하지 말라는 계를 파했습니다. 이래서 부처님께서는 술을 마시지 말라고 하신 것입니다.

오늘날 우리 청소년들이 술, 담배, 본드, 마리화나, 아편, 저질 문화, 저질 비디오, 저질 만화, 저질 전화 같은 퇴폐문화에 빠지면

술을 먹고 취해서 제정신을 잃어버리는 것보다 더 위험하고 그 곳에서 빠져 나오기 힘듭니다. 그런 것과는 아예 멀리 하고 항상 맑고 깨끗한 정신으로 우리 살아갑시다.

　준비물: 돌이 아빠 점퍼 어미 닭 가면 1개, 순이 엄마 한복, 병아리 가면 7개, 막대기 1개

감인대(堪忍待) 이야기

때: 조선 말

곳: 우리 나라

나오는 사람들: 영의정, 임금, 신하, 주막집 할아버지, 장인, 부인

해설자, 약방 주인

해설: 조선조 말기에 한 영의정이 있었는데 학식도 높고 능력도 대단히 있고 또 매사에 열성껏 정치를 잘하여 임금님의 신임을 한 몸에 받았습니다. 그러나 이 영의정은 성을 잘 내었는데, 자기의 지위가 더 높아지면서 차츰차츰 성을 더 내기 시작하였습니다. 학식도 높고, 능력도 있고, 열성도 있는데, 그 동안 열심히 자기가 쌓아온 모든 공덕을 성 한 번 낼 때마다 그만 다 무너뜨려 버리고 마는 일이 많았습니다. 이러한 영의정의 급하고 성 잘 내는 성품에 지친 임금님도 이제는 그 영의정이 싫어졌습니다. 아무리 일을 잘해도 성 한번 내면 정이 뚝 떨어졌습니다. 그래서 임금님은 영의정을 벼슬에서 쫓아내려고 하였습니다.

이러한 자신의 허물을 누구보다 잘 알고 있는 영의정은 아무리 성내지 않으려고 하여도 마음대로 되지 않아서 가장 믿는 신하에게 돈 3,000냥을 주면서 전국 방방곡곡을 다녀서라도 성 안 내는 약을 사오라고 보냈습니다. 이 신하는 돈 3,000냥을 짊어지고 전국 약방마다 문을 두드리고 약을 사려고 합니다. (오늘도 이 신하는

한 약방에 들러서)

신하: 약사님 여기, 성 안 내는 약이 있습니까?

약방주인: (어이없다는 듯이 머리를 뱅 돌리며) 당신 혹시 정신이 이렇게 된 것 아니오?

(다시 한 번 머리 돈 시늉을 하면서) 세상에 그런 약이 어디 있어요?

(신하 실망한 표정으로 어깨가 축 늘어져 혼자 걸어오며…. 중얼거린다.)

신하: 참 큰일났네. 내가 오늘까지 전국 방방곡곡 약방을 꼭 석 달째 다녔는데도 성 안 내는 약을 사지 못했으니 한양으로 돌아가 그 성미 급하고 성 잘 내는 영의정한테 빈 손으로 가면 틀림없이 큰 벌을 받을 것인데 이 일을 어떻게 한다지?

해설: 그 신하는 하염없이 발걸음을 한양으로 옮기고 있었습니다. 얼마를 오다가 길가 주막집 툇마루에 앉아 쉬게 되었습니다. 그 주막집 추녀 끝에는 흰 주머니들이 죽 걸려 있었고 할아버지 한 분이 짚신을 삼고 있었습니다. 이 신하는 쉬면서 그 할아버지에게

신하: 노인장, 저 추녀 끝에 매달린 흰 주머니에는 뭐가 들었습니까?

노인: 아, 그 주머니에는 성 안 내는 약이 들었지요.

신하: (귀 번쩍 들며) 예? 성 안 내는 약이라구요? 정말 그런 약이 있습니까?

노인: 있구 말구, 저 주머니 속에 들었어요. (계속 짚신 삼으면서)

신하: (반가운 표정으로) 저 약 한 주머니에 얼마인데요?

노인: 3천 냥이오.

신하: 그러면 저한테 한 주머니 파세요.

노인: (일어나서 주머니를 떼어주며) 자 여기 있어요. 한 가지 기억해 둘 것은 이 성 안 내는 약은 아주 신비한 약이어서 먹을 사람이 주머니를 열어봐야지 가는 도중에 열어보면 약효가 달아나 버려서 효과가 없으니 꼭 명심하여 먹을 사람에게 갖다 드리도록 하시오.

신하: (약주머니 받으며, 3천 냥을 노인에게 건네주며) 예, 여부가 있겠습니까? 열어보지 않을 것을 약속합니다.

(하고는 얼마를 오다가 주머니를 들고 이리저리 만져보고는 고개를 갸우뚱하며)

신하: 거참! 아무래도 이상한데 약이 한 알도 만져지지 않잖아. 아무래도 그 노인에게 속은 것 같아. 내 한 번 이 주머니를 열어봐야겠어. (하고 열어보고 놀란 표정으로)

아무 것도 없잖아, 아니 이 영감이 나한테 사기쳤잖아.

(다시 한 번 주머니를 뒤집어 보니 펄럭 하고 하얀 먹글씨 석 자가 나온다. 신하가 들어 보이며 읽어본다.)

(뽕 하면서 주막집과 할아버지, 연기처럼 사라진다)

신하: 감인대(堪忍待) 견딜 감, 참을 인, 기다릴 대, 견디고 참고 기다리고, (성난 목소리로) 아니! 내가 이런 글자 석자를 모를까봐 이것을 약이라고 팔다니. 이 영감이 사람 우습게 여겼어. 아니! 이 글자 석 자를 3천 냥을 받다니, 이 영감이 나한테 사기쳤어. (소리치며) 3천 냥을 도로 찾아와야 해. (하고 오던 길을 돌아서서 달려간다. 한참 달려가던 신하는 두리번거린다.)

신하: 참 이상하다. 분명히 여기였는데 주막집도 노인도 없는데…

내가 귀신에게 홀렸는가 아니면 꿈을 꾸었는가?

(자기 얼굴을 꼬집어본다)

신하: 아야! 아야! 분명 꿈은 아닌데 이게 어찌된 일이냐?

(두리번거리다가 할 수 없이 발걸음 옮기며)

어쨌든 이제는 어쩔 수 없으니 빈 주머니 들고 돌아갈 수밖에…

해설: 이리하여 이 신하는 돈만 3천 냥 줘 버리고 약도 한 알도 들어있지 않는 빈 주머니를 들고 털레털레 한양 집으로 여러 날 만에 돌아왔습니다. 먼 길에 벌써 날이 저물어 깜깜한 밤이 되었습니다. 신하는 자기 집 대문 앞에서 문을 두드리려고 하다가 갑자기 의심이 생겼습니다. 혹시 자기 부인이 자기가 집을 비운 사이에 다른 남자와 정이나 통하지 안았나 하는 마음이 불현듯 들어서 대문을 두드리려고 하다가 그만두고 담을 살짝 뛰어넘어 살금살금 걸어가서 자기 부인의 방 창문 가에 귀를 기울이고 안에 소리를 들으니 아니나 다를까, 자기 부인의 방에서는 부인의 소리와 남자의 소리가 들리지 않는가?

이 신하는 피가 거꾸로 서는 것 같은 분노가 솟구쳐 부엌으로 쫓아가서

신하: 그러면 그렇지, 이 여자가 나 없는 사이에 어떤 남자와 정을 통하고 있구나. 둘 다 찔러 죽여버릴 거야.(하고 칼을 들고 안방으로 쫓아가는데 옆에 찬 감인대 주머니가 털렁 하고 부닥친다)

신하: (감인대 주머니를 내려다 보며 정신이 번쩍 드는 시늉으로)

아차! 감인대! 견디고, 참고, 기다리고. 아이쿠! 우선 참아야지 (얼른 식칼을 도로 부엌에 갖다 놓고 담을 넘어가 대문 앞에 가서)

신하: 여보! 나 왔소. 여보오…

(방문이 열리며 자기 부인이 맨발로 쫓아 나오며)

부인: 아휴 당신! 지금 오세요. 얼마나 고생하셨어요?

(부인의 뒤로 장인 어른이 … 뒤따라 나오며)

장인: 자네 잘 다녀왔는가? (자기 딸 가리키며)

얘가 자네 없는 사이에 집이 너무 썰렁하다고 나보고 좀 와 있으라고 하여서 며칠 와 있네.

신하: 예, 장인어른 다녀왔습니다. 당신 혼자 집 지키느라 고생 많았소.

(속으로 철렁, 가슴에 두 손 대고 벌렁, 벌렁)

큰일날 뻔하였구나!

부인: 네? 무슨 말씀이세요.

신하: (놀라서) 아! 아니 아무 것도 아니요.

해설: 이리하여 이 신하는 순간적인 잘못으로 착한 부인과 장인 어른을 찔러 죽일 뻔하였는데 감인대 주머니 덕택으로 그 끔찍한 일을 저지르지 않게 되어 내심으로 너무나 감인대 주머니가 감사하고 안도한 생각이 들었습니다. 그리고 이튿날 감인대 주머니를 가지고 가서 영의정에게 바쳤더니 영의정은 기뻐하면서 얼른 감인대 주머니를 받아서 열어보았습니다. 감인대 주머니를 열어보니 그 속에 약은 한 알도 한 봉지도 없고 감인대 붓글씨 석 자만 있는 것을 본 영의정은 노발대발하면서

영의정: 저 - 놈, 당장 물고를 내어 죽이렷다. 돈 3천 냥은 어디다 쓰고 이런 빈 주머니 하나를 들고 와서 약이라고 주다니! 사람을 능멸히 보아도 분수가 있어야지.

(분을 참지 못해 얼굴이 붉으락 푸르락 한다)

(다시 한 번 감인대 종이를 흔들면서)

영의정: 그래 이 따위 글자 석 자를 내가 모를까봐 가져 왔느냐? 고얀 놈 같으니라구.

신하: (두 손을 모아 빌며) 나리, 죽일 때 죽이더라도 제 이야기 한

번만 듣고 죽여주십시오.

　영의정: (아직도 노기 등등하여) 그래, 마지막으로 한 마디 해봐라. 들어보자.

　해설: 이리하여 이 신하는 그 동안 성 안 내는 약을 사러 다니면서 약을 사지 못하였던 일과 또 이 감인대 주머니를 산 일과 자기 집에 와서 감인대 주머니 덕택으로 자기 부인과 장인 어른을 찔러 죽이지 않은 일들을 소상히 말씀드렸습니다. 이 신하의 이야기를 가만히 듣고 있던 영의정은 마음에 와 닿는 것이 있어서 그 신하에게 수고하였다고 위로를 하고 자기도 감인대 주머니를 차고 생활하면서 성이 나려고 하면 얼른 견디고, 참고, 기다리고를 수없이 되풀이하여 마침내는 성 안 내는 어질고 착한 정승이 되었습니다. 이리하여 임금님으로부터 다시 신임과 사랑을 받아 좋은 정승이 되어 정치를 잘하여서 백성들에게 이익을 주었습니다.

　우리 청소년 법우들, 이 감인대 이야기를 마음에 새겨 꼭 일상 생활 속에 실천하여 성이 날 때면 참고 기다리는 마음이 됩시다. 하기 싫은 것, 마음에 들지 않는 것이 있을 때도 견디고, 참고, 기다리는 의지를 가집시다. 하고 싶은 것, 갖고 싶은 것, 먹고 싶은 것, 가지가지 욕심나는 것도 모두 참을 줄을 알아야 발전성이 있다는 것을 명심합시다.

　준비물: 영의정 도포(관복), 신하복, 흰 바지 저고리, 짚신, 한복, 동전 3,000냥 꾸러미, 감인대 글씨, 흰 무명 주머니

바보 쥬리반타카의 깨달음

때: 부처님 당시

곳: 기원정사

나오는 사람들: 부처님, 쥬리반타카, 스님들 10여 명, 해설자

(사위국 기원정사 문 앞에서 쥬리반타카가 엉엉 울고 있다. 그 때 출타하셨던 부처님께서 절로 돌아오시다 이 광경을 보시고 자비로우신 음성으로)

부처님: 쥬리반타카가 아니냐?

쥬리반타카: (반가운 얼굴로) 네, 부처님 쥬리반타카입니다.

부처님: 그런데 왜? 거기서 그렇게 슬프게 울고 있느냐?

쥬리반타카: 네, 부처님, 사형님이 저보고 너무 바보라서 부처님의 제자가 될 수 없다고 집으로 돌아가라고 하였습니다. 저는 집으로 돌아가기 싫고 부처님 도량에서 부처님의 가르침을 배우고 싶습니다. 정말 집에는 돌아가기 싫습니다. 부처님, 저는 부처님 곁에서 살고 싶습니다.

해설: 부처님의 제자들은 거의 다 뛰어난 지식과 지혜를 가지고 있었고 그 인품도 훌륭해서 모든 사람들로부터 존경을 받았습니다. 그런데 부처님의 제자 중에 '쥬리반타카' 라는 제자는 굉장한 바보였습니다. 부처님이 가르쳐 주신 진리의 게송 한 구절도 외우지 못했습니다. 심지어 쓸고 닦고를 일러주면 쓸고 하면 닦고를 잊

어버리고 닦고를 하면 쓸고를 잊어버릴 정도로 바보였습니다.

이런 쥬리반타카와는 달리 함께 출가한 그의 형 '마하반타카' 는 머리가 총명하고 열심히 노력하여 이미 성자의 경지에 도달해 있었습니다. 같은 형제이면서도 형과 동생은 이와 같이 딴판이었습니다. 동생 바보 쥬리반타카를 두고 주위 사람들은 너무너무 바보라고 흉을 보고 비웃었습니다.

형 마하반타카는 매우 난처하여 하루는 아우를 불러 말했습니다. "아무래도 넌 안 되겠다. 집으로 돌아가서 부모님 일이나 거들어 드리고 살아라. 너는 부처님의 제자가 될 수 없다."

오직 형만을 믿으며 지내왔던 쥬리반타카는 눈 앞이 캄캄하였습니다. 그러나 집에 가서는 살기 싫고 부처님 가르침 따라 도를 배우고 싶어서 절 문 밖에서 엉엉 울고 있었던 것입니다.

부처님: 쥬리반타카야, 걱정하지 말아라. 너는 출가하여 내 제자가 되었으니 내 곁에서 지내도록 하여라. 내가 깨달음을 이룬 것은 모든 사람을 구제하기 위해서이다. 네 형처럼 똑똑한 사람도 구제해 주고 바보 같은 사람도 구제해 주느니라. 자 내 처소로 가자.

쥬리반타카: (합장 큰절 올리면서) 부처님, 고맙습니다.

부처님: (처소로 데리고 오신 쥬리반타카에게 빗자루 한 자루를 주시면서)

쥬리반타카야, 너는 오늘부터 아무 것도 외우지 않아도 좋다. 그 대신 이 빗자루로 매일대일 마당을 쓸면서 "왜 빗자루로 마당을 쓸어야 할까?" 하고 생각해 보아라.

쥬리반타카: 네 부처님, 마당은 얼마든지 쓸 수 있습니다. (씩 웃는다)

해설: 쥬리반타카는 부처님이 시키신 대로 매일매일 열심히 마당

을 쓸면서 생각하였습니다. 그러나 '왜 빗자루로 마당을' 까지 외우다 보면 '쓸어야 할까?' 를 잊어버리고 '쓸어야 할까?' 를 외우면 '왜 빗자루로 마당을' 을 잊어버렸습니다. 그처럼 쥬리반타카는 머리가 나쁜 바보였습니다.

그래도 쥬리반타카는 부처님의 자비하신 가르침을 고맙게 생각하여 실망하지 않고 기쁜 마음으로 꾸준히 마당을 쓸면서 생각하고 생각하였습니다. 그러던 어느 날, 문득 쥬리반타카는 빗자루로 마당을 쓰는 이유를 알았습니다. 그것은 마당의 먼지를 쓸어내는 것임을 알게 되었습니다. 그래 먼지는 쓰레기이고 쓰는 것은 깨끗해지라는 것이구나.

이와 같이 생각하면서 부처님이 빗자루를 주시면서 마당을 쓸라고 하신 뜻을 꼭 알아내고야 말겠다고 결심을 하였습니다. 쥬리반타카는 여러 해가 지나도록 꾸준히 마당을 쓸면서 생각하였습니다. 골똘히 생각하던 쥬리반타카는

쥬리반타카: (환희에 찬 얼굴로) 아! 부처님께서 마당을 쓸라고 하신 것은 내 마음 속의 먼지를 쓸어내라는 것이다. 그렇다면 내 마음 속의 먼지는 뭘까 어떻게 마음 속의 먼지를 쓸어버릴 수 있을까?

해설: 이처럼 쥬리반타카의 생각은 점점 깊어갔습니다. 그날도 여전히 마당을 쓸면서 깊은 생각을 하다가 마침내 부처님의 말씀의 깊은 뜻을 깨닫게 되었습니다.

쥬리반타카: (날아갈 듯이 기쁜 모습으로) 야! 바로 이거다.

내 마음의 먼지란 바로 갖가지 탐내고, 욕심 내고, 성내고, 싫어하고, 좋아하고, 어리석은 마음이 내 마음 속의 먼지구나. 그리고 빗자루는 지혜였다. 그래 이제부터는 지혜의 빗자루로 마음 속의

모든 번뇌 망상의 먼지를 쓸어내리라.

쥬리반타카: (너무 기뻐서 한숨에 달려 부처님께 나아가) 부처님, 저는 부처님께서 제게 일러주신 '왜 빗자루로 마당을 쓸어야 할까?'의 뜻을 알았습니다.

부처님: (부처님도 매우 기뻐하시면서) 그래 반타카야, 너는 그 뜻을 어떻게 알았느냐?

쥬리반타카: 예, 부처님, 부처님께서 마당의 먼지를 쓸라고 하신 것은 제 마음 속의 탐내고 성내고 어리석음의 먼지를 지혜의 비로 쓸라고 하신 것입니다. 저는 그 동안 제 마음의 모든 번뇌 망상의 먼지를 쓸어내었습니다.

부처님: 쥬리반타카야, 장하고 장하다. 너는 이제 모든 괴로움으로부터 벗어났구나. 진리를 깨달았구나.

해설: 그 이후 쥬리반타카는 부처님의 많은 제자 중에서 높은 깨달음의 경지에 이른 성자로 손꼽히게 되었습니다. 쥬리반타카처럼 그렇게 바보라도 꾸준하게 열심히 노력하면 빛나는 지혜를 얻고 진리를 깨달을 수 있습니다. 아무리 똑똑한 사람도 노력하지 않으면 소용이 없습니다. 우리 법우들도 꾸준히 열심히 노력하고 공부하여 성불합시다.

준비물: 부처님 가사, 쥬리반타카 - 승복, 빗자루, 기원정사(그림 현판)

우리의 친구 야사 제도

때: 부처님 당시

곳: 바라나시 녹야원(사르나트)

나오는 사람들: 부처님, 야사, 야사 아버지, 야사 장자, 야사 친구 10명, 해설자

해설: 6년의 고행 끝에 붓다가야 보리수 아래서 도를 깨달아 붓다가 되신 석가모니 부처님께서는 먼 길을 걸어 바라나시 녹야원까지 오셔서 6년 동안 함께 수행하던 5비구에게 법을 설하시어 그들을 제도하시고 얼마 동안 그 곳에 머무르셨습니다.

어느 날 새벽에 부처님께서는 맑은 강물에 세수하시고 조용히 강변을 산책하고 계셨습니다. 그 때 저쪽 강기슭에서 이리저리 뛰어 다니는 한 젊은이가 보였습니다. 그는 미친 사람처럼 마구 고함을 치며 다녔습니다.

야사: 아, 괴롭다. 괴로워!

해설: 그 소리는 가슴을 쥐어짜는 듯하였습니다. 부처님은 말없이 강 건너에 있는 그 젊은이를 바라보고 계셨습니다. 이윽고 젊은이는 어떤 힘에 이끌리듯 강을 건너 부처님 곁으로 왔습니다. 그리고 부처님 앞에 두 무릎을 꿇고 앉아 애원하는 목소리로

야사: 이 괴로움에서 저를 구해 주십시오.

부처님: 여기에는 괴로운 것이 아무 것도 없다. 대체 무엇이 그렇게 괴롭느냐?

해설: 이 젊은이는 바라나시에 살고 있는 큰 부자의 외아들 야사였습니다. 야사는 왕자들 못지 않게 호화로운 생활을 하고 있었습니다. 그의 성격은 부드럽고 온화하였습니다. 그에게는 세 개의 궁전이 있었습니다. 하나는 춥지 않은 따뜻한 겨울 궁전과 하나는 찌는 듯한 더위를 피할 수 있는 여름 궁전, 다른 하나는 넉 달 동안 내리는 우기 중에도 습하지 않는 우기 궁전이 그것이었습니다.

이러한 야사는 그 때도 이 우기의 궁전에서 넉 달 동안 남자가 없이 기녀들만의 시중을 받으면서 궁전에서 내려오지 않았습니다. 대 부호의 아들 야사는 지난 밤에도 가수와 무희들과 악사들을 데리고 흥겨운 연회를 늦도록 즐기고, 모든 사람들이 술이 취해 피곤이 덮쳐서 아무렇게나 쓰러져서 잠이 들었습니다. 밤새 등불은 켜져 타고 있었습니다. 이른 새벽 먼저 잠에서 깨어난 야사는 어지럽게 쓰러져 자는 시녀들의 추한 모습을 보았습니다. 무질서하게 쓰러져 곤하게 자고 있는 시녀들의 모습은 마치 시체더미와 같았습니다. 어디에도 아름다움이 없었습니다. 이 모양을 본 야사는 세상을 싫어하는 마음이 생기고 두려운 생각이 들었습니다. 야사의 마음은 극도의 환락과 호화로움, 퇴폐의 생활에 염증이 나 버렸습니다. 야사는 황금 신발을 신고 저택을 뛰쳐나와 "아아, 참으로 괴롭고 어지럽다."고 외치면서 거리를 헤매다가 녹야원까지 오게 되었습니다.

부처님: 야사야, 이리로 와 앉아라. 여기에는 아무 괴로움도 어지러움도 없다. 내가 너를 위하여 가르침을 설하리라.

해설: 부처님의 이 말씀을 듣고 대 부호의 아들 야사는 미칠 것 같은 마음은 점차 안정이 되고 크게 기뻐하며, 황금신발을 버리고 부처님 계신 곳으로 가서 경례 드리고 한 쪽에 앉았습니다. 부처님

께서는 야사에게 차례차례 말씀하셨습니다.

부처님: 야사야, 이 세상에서 행 중에 가장 수승한 행이 보시이다. 보시란 대가를 바라지 않고 아낌없이 남에게 베풀어주는 아름다운 행이다. 남을 위하여 베푼다는 것은 자기 자신을 위해서도 얼마나 행복한 일인지 모른다.

야사: 네 부처님, 저는 이제까지 한 번도 남을 위하여 베풀어 본 적이 없습니다. 이제까지 저는 제 자신만 생각하고 살았습니다. 그러한 제가 얼마나 어리석었는지 이제야 깨달았습니다.

부처님: 야사야, 그리고 계율을 잘 지키면 마음도 몸도 편안하고 행복하다. 그리고 모든 중생이 너도 나도 다 편안하고 행복하다. 그리고 다음 세상에는 천상에 태어나 안락하리라.

야사: 부처님, 저는 너무나 오욕락에 빠져 살았습니다. 그것은 순간적인 즐거움이 지나면 늘 허전하고 괴로웠습니다. 이제 부처님의 말씀을 듣고 제 마음은 너무나 편안하고 기쁩니다.

해설: 부처님께서는 야사에게 인생의 괴로움을 이야기하시고 그 괴로움에서 벗어나는 길을 가르쳐 주셨던 것입니다.

야사의 마음은 환희하고 맑게 개여 그 길로 머리를 깎고 출가하여 부처님의 제자가 되었습니다. 한편 야사의 집에서는 이른 아침 야사의 모습이 보이지 않자 온 집안이 발칵 뒤집혀졌습니다. 그 때 아버지 야사 장자는 사방으로 사람들을 보내어 아들을 찾게 하였습니다. 그리고 자신은 선인들이 모여 사는 녹야원으로 왔습니다. 녹야원 강 가에 아들의 황금 신발이 버려져 있는 것을 보고 아들의 이름을 소리쳐 부르면서 부처님 계시는 곳으로 오고 있었습니다. 부처님께서는 멀리서 야사 장자가 오고 있는 것을 보시고,

부처님: (혼자 말씀으로) 그렇다. 나는 신통변화를 써서 장자가 여

기 앉아서도 여기 함께 앉아 있는 아들 야사가 보이지 않게 해야겠
다.

(손으로 야사 머리 위를 쓰다듬으시자 야사 모습이 보이지 않음)

야사 장자: (부처님 가까이 와서) 사문이시여.

(아직 부처님인지 모름) 저의 아들 야사를 보셨습니까?

부처님: 거사여, 거기 좀 앉으시오. 여기 앉으면 당신은 틀림없이
여기 앉아 있는 야사를 볼 수 있을 것입니다.

해설: 그래서 야사의 아버지 야사 장자는 여기 앉아 있으면 아들
야사를 만날 수 있을 것이라고 생각하고 기꺼이 부처님께 경례를
하고 한 쪽에 앉았습니다.

부처님께서는 한 쪽에 장자가 앉았을 때 순서에 따라 법을 설하
셨습니다. 즉 보시에 대하여, 지계에 대하여, 천상에 태어나는 이
야기와 모든 욕망에는 허물과 재앙이 따르고 비열하고 깨끗하지
못한 것에 대하여 설하셨습니다. 그리고 이 미혹에서 뛰어나는 것
의 이익을 말씀하셨습니다. 그리고 부처님께서는 장자에게 건전한
마음과 유화한 마음과 편견에 사로잡히지 않고 마음이 환희하고
깨끗함을 아시고 최상승법을 설하시었습니다. 깨끗한 하얀 천이
완전하게 물들 듯이 장자의 마음 속에는 이제 번뇌도 더러움도 없
는 진리를 보는 눈이 생겼습니다. 그리고 모든 의혹도 사라지고 오
직 법의 기쁨만이 마음에 충만한 장자, 환희에 찬 목소리로

야사 장자: 훌륭한 일입니다. 세존이시여, 훌륭한 일입니다. 세존
이시여, 마치 넘어진 자를 일으켜 세우듯이 혹은 가려진 것을 드러
내듯이, 혹은 길을 잃은 사람에게 길을 가리키듯이, 혹은 눈이 있
는 사람은 보리라고 말하며 어둠 속에서 등불을 켜 들듯이 세존께
서는 저의 눈을 뜨게 하셨습니다. 저를 재가신자로서 받아주십시

오. 저는 오늘부터 생명이 다 할 때까지 부처님께 귀의합니다. (부처님께 큰 절 3번 올린다.)

해설: 이리하여 이 세상에서 최초로 삼보에 귀의한 남자 신도로서 우바새의 시초가 되었습니다. 이 때 아버지 야사 장자를 위하여 가르침이 설해지고 있을 때, 야사는 본 대로 아는 대로 자기의 마음을 관찰하고 집착이 없어져 마음이 번뇌에서 해탈하였습니다.

부처님: (혼자 말씀으로) 야사는 이제 세속의 생활로 돌아간다 하더라도 전에 집에 있을 때처럼 욕망을 즐기지 않을 것이다. 그러니 이 신통변화를 걷기로 하자. (하시고 야사의 머리를 어루만지시니 야사 나타남.)

야사 장자: (옆에 앉아 있는 야사를 보고도 그렇게 놀라지 않고) 야사! 여기 있었구나. (야사의 두 손을 꼭 잡고) 야사야, 너의 어머니는 비탄에 빠져 있다. 어머니가 돌아가시지 않도록 하여라.

부처님: 장자여, 이제 야사도 당신과 마찬가지로 마음은 모든 집착과 번뇌에서 해탈하였소. 이제 야사는 세속의 생활로 돌아간다고 하여도 전처럼 모든 욕망을 즐기지 않을 것이오.

야사 장자: 세존이시여, 야사에게 집착이 없어지고 마음이 번뇌에서 해탈했다는 것은 야사를 위해서 이익이 되는 일입니다. 야사에게는 그보다 더 큰 은혜가 없습니다. 세존이시여, 오늘 야사의 출가를 수희하며 부처님께 공양을 올리려 합니다. 내일 저희 집에 오셔서 공양을 받아 주십시오. (허리 굽혀 반 배)

해설: 부처님께서는 침묵으로 그의 청을 받아들이시었습니다.

야사 장자는 부처님께서 자기의 청을 받아들인 것을 알고 자리에서 일어나 세존께 예배드리고 떠났습니다. 아버지 야사 장자가 떠난 뒤

야사: 세존이시여, 저는 세존 밑에서 출가하여 수계(受戒)하고자
합니다.

부처님: 오라, 비구여. 법은 완전하게 설해졌다. 바르게 괴로움을
멸하기 위해서 수행승으로서의 청정한 행을 하여라.

해설: 이리하여 바라나시의 대 부호의 아들 야사는 부처님의 제
자가 되었고, 그의 어머니 역시 재가불자로 부처님께 귀의하여 최
초의 여자 신도 우바이가 되었습니다. 야사와 같은 상류가정의 아
들이 출가하여 부처님의 제자가 되었다는 소문은 삽시간에 바라나
시에 퍼졌습니다. 더욱이 야사처럼 재주 있고 학식이 있는 유망한
청년이 출가하여 부처님 아래에서 비구가 되었다는 사건은 바라나
시의 젊은 청년들에게 커다란 충격을 주었습니다. 그 뒤 부처님을
찾아온 야사의 친구들은 야사의 뒤를 이어 부처님의 제자가 된 사
람들이 50명이나 되었습니다. (야사의 친구들 차례로 나오면서)

친구들: 세존이시여, 저도 출가하여 부처님의 제자가 되어 성불하
겠습니다.

부처님: 잘 오너라. 비구야.

(10명까지 계속 제자가 되어 부처님 주위에 빙 둘러 꿇어앉아 합장하
고 있다.)

준비물: 부처님 가사, 화려한 옷, 황금신발, 야사 친구 10명 옷

사리불 존자와 목건련 존자의 신통 겨루기

때: 부처님 당시

곳: 한적한 숲

나오는 사람들: 사리불 존자, 목건련 존자, 비구 스님들 10여 명, 나무 될 사람 17명

(막이 열리면 나무들이 여기저기 서 있는 숲에 사리불, 목건련 존자님을 위시하여 스님들이 조용히 앉아 좌선하고 계신다. 조금 후 사리불 존자님이 죽비 쳐서 방선한다. 스님들 몸을 좌우로 돌리면서 운동, 나란히 앉아 있던)

목건련 존자: (옆에 사리불 존자 바라보며) 사리불 존자님, 우리 신통 겨루기를 한번 해 볼까요?

사리불 존자: 에이! 신통이라면 목건련 존자를 누가 따라갑니까?

목건련 존자: 아닙니다. 사리불 존자님이 더 높으시지요. 우리 한번 겨루어 봅시다.

사리불 존자: 정 그렇다면 한번 해봅시다. 무엇을 할까요?

목건련 존자: 저 앞에 큰 나무를 가만히 앉아서 뽑아버리는 것으로 합시다.

사리불 존자: 그렇게 하지요. 그럼 목건련 존자부터 해 보시지요.

목건련 존자: (입에다 손을 대고) 쉬! 쉬! 쉬!

(바람을 내어보낸다) (작은 나무들이 들썩들썩 하다가 뿌리째 뽑힌다)

　　(더욱 힘세게) 쉬… 쉬… 쉬…

　　(더 큰 나무들이 뽑히는데 큰 나무는 가지만 흔들린다)

　　(큰 나무 사람은 두 손을 약간 흔든다) (더 크게 힘을 내도 큰 나무는
꼼짝 않는다)

　　목건련 존자: (고개를 저으며) 제 신통력으로는 저 큰 나무를 도저히
뽑을 수 없습니다. 사리불 존자님이 한번 해 보세요.

　　사리불 존자: 나는 신통력은 없지만 한 번해 보지요.

　　(단정히 무릎 꿇고 합장하고 입으로 무엇인가 열심히 외운다.)

　　(세찬 바람이 쉬- 불면서 작은 나무들이 흔들리더니 막 뿌리째 뽑혀 날
아간다.)

　　(더 세찬 바람이 불어 더 큰 나무들이 계속 뽑혀 나간다.)

　　(이윽고 목건련 존자가 뽑지 못한 큰 나무가 들먹거리더니 뿌리째 뽑
혀 저만치 날아가 쓰러진다.)

　　목건련 존자: (깜짝 놀라며) 사리불 존자님, 언제 그렇게 큰 신통을
갖추셨습니까?

　　사리불 존자: (빙그레 웃으시며) 신통을 내가 언제 갖추었습니까?
신통이야 목건련 존자를 따를 사람이 없지요. 다만 나는 오직 일념
으로 우리 스승 석가모니 부처님만 생각하였습니다. 부처님의 크
신 힘일 뿐입니다.

　　목건련 존자: (두 손으로 무릎을 탁 치며) 역시 지혜는 사리불 존자님
을 따라갈 수 없습니다. 저도 그런 지혜를 배우겠습니다.

　　해설: 우리 법우님들. 이토록 부처님께는 위대한 힘이 있습니다.
부처님을 생각하는 그런 생각으로 신통이 자유자재한 목건련 존자
님도 하지 못한 큰 힘을 발휘하신 사리불 존자님의 지혜를 배워 우
리도 언제 어느 곳에서나 편안할 때나 위험할 때나 언제든지 항상

마음 속에 부처님을 생각하면 큰 힘과 희망과 용기와 행복을 얻게
됩니다. 나무 석가모니불, 나무 석가모니불. 나무 시아본사 석가모
니불

준비물: 가사, 나무 17명 가면(작은 나무 7개, 중간 것 9, 큰 것 1),
비구스님들 가사

6년 고행으로 도를 이루시다

때: 2539년 전

곳: 붓다가야 보리수 아래

**나오는 사람들: 부처님(싯다르타), 마왕 파순의 딸 3명(욕비, 열피 쾌락), 병사
들 100여 명, 해설자**

(막이 오르면 큰 보리수 아래에 곧 정각을 이루시려는 싯다르타 앉아 계시고,
은은히 들려오는 영산회상곡을 배경으로 조용한 음성으로 해설자가 해설한다. 조
명은 한밤 중)

해설: 석가모니 부처님께서 이 세상에 오신 것은 모든 인류의 보
람이요, 기쁨입니다. 부처님께서 이 세상에 계신 생애는 겨우 80
년이지만 그 가르침은 많은 세월이 지날수록 더욱 빛을 더해가며,
인간의 마음이 있는 한 부처님의 한없이 커다란 가르침은 살아 있
을 것이며, 우리를 인도할 것입니다. 부처님의 가르침은 실로 인류
의 빛이며, 대도사입니다. 부처님은 지금으로부터 2천 5백여 년
전 인도의 카필라 성 정반왕의 태자로 태어나 왕궁의 부귀 영화를
헌신짝처럼 버리고 설산에 들어가 6년이란 세월을 갖은 고행을 다
하시어 마침내 진리를 깨달아 부처님이 되기 직전입니다.

6년의 고행으로 싯다르타의 몸은 여월대로 여위어 앙상한 뼈만
남았습니다. 그러나 커다란 보리수 나무 아래 풀을 깔고 편안히 앉

아 "내 이제 우주의 대진리인 바른 깨달음을 얻기 전에는 이 자리에서 일어나지 않으리라." 하고 굳게 결심한 싯다르타의 32상과 80종호의 모습은 그 어느 때보다도 더욱 밝고 빛났습니다. 또한 한 길이나 되는 둥근 광명이 몸 전체에 더 크게 빛났습니다.

그리고 두 눈썹 사이에 난 흰 터럭으로 내는 광명인 미간 백호상 광명으로 온 우주 세계를 비추자 제 욕계 6천에 있는 타화자재천 궁인 마왕궁에도 광명이 눈부시니 마왕 파순은 서른 두 가지 악몽을 꾸고 크게 놀라 태자의 성불을 결사적으로 방해하기로 하였습니다. 이 세상에 부처님이 나타나시면 삿되고 악한 무리인 자기들 마군중들은 발을 붙일 수도, 살 수도 없기 때문입니다. 보리수 아래에 앉아 오직 명상에만 잠긴 지 6일째 되는 밤이 다가왔습니다.

(이 때 갑자기 향기로운 향기와 감미로운 음악이 흘러나오면서 마왕 파순의 세 딸들이 뛰어난 미녀로 나타나 싯다르타 앞에서 갖은 유혹을 다 한다.)

욕비: 아래 치마를 걷어 올리고 태자 앞에서 몸을 보이고 춤추다.

열피: 바로 턱 밑에 가서 눈웃음으로 애교를 떤다.

쾌락: 몸을 비비 꼬면서 못 견디는 시늉으로 춤추며 유혹하는 노래를 부른다.

마왕 3딸 : 이 세상에 사랑보다 더 귀중한 것은 없네.

봄바람 화창도 한 이 좋은 시절, 나뭇잎 꽃향기도 한창이어라. 인생의 즐거움도 그 한때이니 청춘이 한번 가면 다시 못 오리. 당신의 몸과 얼굴 한창 시절에, 세상의 5욕락을 누릴 것이니 이처럼 좋은 기회 놓치고 나서 뒤돌아서 뉘우친들 무엇 하오리. 우리는 타화자재천 왕의 딸로 태어나 몸매도 아름다워 볼 만하다오. 이러한 매력 있는 몸 바치오리니 당신의 복이오라 받아주소서. 선인도 우리 보면 욕심내리니 하물며 사람으로 그러오리까. 선정은 닦아서 무엇 하오리. '보리'를 찾는 길은 까마득하오.

(그 때에 보살은 그 서른 두 가지의 요사스러운 모습과 또 그 요망스러운 노래를 듣고 매우 불쌍히 여기어서 게송(偈頌)으로써 화답하였다.)

싯다르타: 세상의 5욕락은 고통거리니 그것으로 인연하여 제 정신 잃고 불 속으로 날아드는 불나방처럼 어리석은 중생들도 그와 같구나. 이글이글 타는 불이 섶을 사르듯, 5욕의 타는 불길 중생을 불사르네. 나는 이미 모든 번뇌 여의었거니 스스로 깨닫고 남도 깨우치리. 영원한 참된 자유 얻으려거든, 그 모두가 허망한 줄 깨칠지어다. 나는 이미 세속에서 벗어났거니, 허공에 나는 새를 못 잡으리라.

해설: 그 때의 보살의 몸은 마치 금덩이 같고 얼굴은 보름달 같으며 고요하고 엄숙한 기상은 수미산과 같고, 말쑥하고 깨끗하기는 밝은 구슬과 같으며, 동쪽에 둥실 솟는 아침해와 같이 찬란한 광채가 온 누리에 빛나며, 연꽃이 막 물 속에서 피어난 듯이 먼지 한 점 묻지 않았다.

(갖은 유혹을 해도 넘어가지 않는 태자의 모습에 감동한 마왕 파순의 세 딸들은 얼굴을 감싸안으며 큰 소리로)

마녀들: 아! 우리는 싯다르타를 유혹할 수 없어. 아버지께 가서 방해하지 말라고 해야 돼 …. (하고 퇴장)

(바로 그 때 징, 북소리 요란하며 창, 칼, 활을 든 병사들이 나타나 싯다르타에게 활을 쏘고, 창을 던지고 칼을 던지는데 모두 화살도 창도 칼도 모두 연꽃으로 변해서 떨어진다)

병사들: (꿇어앉아 손을 비비며) 살려주십시오. 마왕이 시켜서 죽을 죄를 지었습니다.

(부처님 미소띤 얼굴이 더욱 빛나시며 명상에 잠겨 계시고 병사들 퇴장)

(바로 그때 또 사나운 맹수들의 포효 소리와 함께 호랑이, 사자, 늑대 등 무서운 짐승들이 등장, 싯다르타를 향해 잡아먹으려고 하다가 싯다르타의 자비로우신 모습을 보고 사나운 맹수심을 버리고 싯다르타 앞에 꿇어 앉다.)

(조명 어두워지면서 맹수들 퇴장)

(다시 조명 더욱 밝으면서 새벽 별이 하나 탁 떠오르며 더욱 빛나 보이시는 싯다르타, 별이 더욱 빛나는 12월 8일 새벽)

싯다르타: (환희에 찬 표정으로) 나는 진리를 깨달았다. 생사의 고통에서 벗어났다. 붓다가 되었다. 아! 기특하구나. 저 모든 중생도 다 이와 같은 여래의 지혜와 공덕을 갖추어 지니고 있건만 다만 번뇌, 망상에 사로잡히어 스스로 깨닫지 못하는구나.

모든 중생이 번뇌의 티끌 속에 여래의 지혜가 감추어 있건만 범부들은 스스로 깨닫지 못하고 한없는 고통 속에 있나니 오직 여래(부처님)가 천안으로 깨닫게 하여 온 중생에게 큰 이익을 주게 하리라.

(모두 나와 부처님께 3배 올리면서)

모두 합창: 부처님께서 성도하시니 악마들은 다 물러갔네. 지혜와 자비의 광명 앞에 어둠은 저절로 사라졌네. (서서히 막이 내린다)

준비물: 무대 배경 붓다가야 보리수 아래, 병사 10명 가면, 모자, 부처님 고행가사, 마왕 파순의 딸 3명 옷, 맹수 5가면

오세 동자의 오도(관세음보살님의 가피)

나오는 사람들: 설정 스님, 봉이(5세), 관세음 보살(40대 부인),

김 거사, 스님들, 도현 스님

제1막

제1장

해설: 노랗고 붉은 단풍으로 물든 설악산은 마치 천상세계처럼 아름답게 변해갔습니다. 그러나 어느새 그 아름답던 단풍도 가을이 깊어지면서 하나 둘 떨어지고 설악산의 높은 봉우리는 겨울을 맞을 채비로 나무들이 나목이 되어갔습니다.

북쪽 산 중턱에 신라 선덕 여왕 때 자장 율사께서 작은 암자를 하나 지으시니 그 이름이 관음암이었습니다. 이 관음암이 오늘날 오세암으로 바뀐 것은 다섯 살 난 어린이가 관세음보살님의 보살핌으로 살아나고 도를 깨달은 것을 기리기 위하여 오세암이라고 하였습니다.

이 깊은 산 속 암자에는 열심히 도를 닦으시는 설정 스님과 네 살 난 어린 봉이가 살고 있었습니다. 설정 스님은 두 살 때 부모를 잃은 어린 조카를 데려다 키우는 중이었습니다. 너무 어려서 글도 가르칠 수 없으므로 매일 관세음보살님만 부르게 하였습니다.

(큰방 인법당 탁자 위 관세음보살님상 앞에 설정 스님과 봉이 합장하고 꿇어 앉아 있다.)

설정 스님: 봉아, 저 관세음보살님은 너의 엄마시다. 열심히 관세음보살님을 생각하고 불러라.

봉이: (합장하고) 관세음보살 … 관세음 엄마 … 관세음 엄마 …

해설: 천진난만한 어린 봉이는 스님이 가르쳐 주신 대로 매일매일 관세음보살님을 노래처럼 부르며 관음암에 산 지도 3년. 봉이가 네 살 때였습니다. 설정 스님은 겨울 준비를 하기 위하여 여러 날 동안 산에 가서 나무를 해 쌓았습니다. 그리고는 곧 눈이 내릴 것 같아, 눈이 내리기 전에 겨울 양식을 구하러 마을로 내려갔다가 와야 한다는 생각으로 (앞에 앉아 있는 봉이에게)

설정 스님: 봉이야, 이제 머지않아 눈이 오면 겨우내 저 아랫마을로 내려가지 못할텐데 스님이 겨울 양식을 구하러 가야겠구나. 그런데 한 밤 자야 하거든 … 하룻밤만 봉이 혼자서 잘 수 있을까?

봉이: (눈을 반짝이면서) 음 … 밥은 어떻게 먹구요?

설정 스님: 응, 스님이 밥도 많이 지어놓고 방에 군불도 많이 지펴 따뜻하게 해 놓고 가면 되지.

봉이: 혼자 있으면 무섭기도 하고 심심해요.

설정 스님: (눈으로 탁자 위 관세음보살님을 가리키며) 그러면 목탁을 치면서 관세음보살님을 부르면 관세음보살님이 봉이에게 맛있는 음식도 주시고 재미있는 이야기도 해 주실 거야. 관세음보살님은 봉이의 엄마시거든.

봉이: 정말이에요?

설정스님: 그럼, 정말이지!

봉이: 그러면 왜 그 동안 한 번도 엄마가 안 오셨어요? 날마다 불렀는데요?

설정 스님: 엄마가 매일 오셨지. 봉이가 밤에 잘 때 왔다가 잠이 깨

기 전에 가셨어.

봉이: 왜? 낮에는 안 오셔요?

설정 스님: 엄마는 낮에는 여러 마을을 다니시면서 아픈 사람들 병을 고쳐주시고 불쌍한 사람이 있으면 도와주느라 낮에는 무척 바쁘시기 때문이야.

봉이: 그럼 나 혼자 있어도 낮에는 못 오겠네요.

설정 스님: 아니다. 스님이 마을로 내려가고 너 혼자 있으면 네가 무서울까봐 엄마가 꼭 오실 거다. 그러니까 큰소리로 관세음보살을 불러라.

봉이: 네! 스님, 혼자 있을 게요. 잘 다녀오세요.

설정 스님: 오냐, 잘 다녀올 테니 염불하며 놀아라.

(방으로 들어간 봉이는 목탁을 치면서 관세음보살님을 부르기 시작한다.)

해설: 설정 스님은 어린 봉이를 겨우 혼자 있게 달래놓고 바랑을 지고 부리나케 마을로 내려왔습니다.

제2장

(하계동 마을 김 거사 댁 마당)

해설: 설정 스님이 백담사를 지나 신도가 살고있는 하계동 마을 김 거사 댁에 도착하였을 때는 저녁 무렵이 다 되었습니다. 김 거사는 설정 스님이 열심히 도를 닦으시도록 해마다 양식을 시주하는 신심 깊은 불자였습니다. 그는 스님을 반갑게 맞이하면서 (합장 예배)

김 거사: 스님, 어서 오십시오. 산길 내려오시느라 힘드셨겠습니다. (사랑방으로 안내하며) 어서 이리로 드십시오.

설정 스님: 예, 그 동안 안녕하셨습니까? 부처님의 가피가 항상 하십시오. 관세음보살 ….

김 거사: 스님, 그런데 동자스님은 어떡하시고 혼자 오셨습니까?

설정 스님: 네, 한 밤만 혼자 자라고 하고 왔습니다.

좀 걱정은 되지만 관세음보살님께서 보살펴 주실 것입니다.

김 거사: 그러잖아도 보름날까지 안 내려 오시면 저희가 양식을 지고 가려고 하였는데 내려오셨으니 내일 아침 일찍 함께 떠나시도록 준비해 놓겠습니다.

해설: 설정 스님은 양식을 준비한 김 거사와 어린 봉이의 겨울 옷까지 준비해 준 김 거사 부인의 정성에 감사를 드리며 하룻밤을 지새며 정진하였습니다.

제2막

제1장

(새하얀 눈 천지)

해설: 여느 때처럼 이튿날 새벽에 일어나 정진하다 동이 밝아오자 밖에 나간 설정 스님은 깜짝 놀랐습니다. 밤새 소리 없이 눈이 내려 온 천지가 새하얀 세계가 되어 있었습니다.

(마당에 내려서 보니 발목까지 눈이 찼습니다.) 이 마을에 눈이 이렇게 많이 왔으면 암자를 올라가는 험한 산에는 사람 허리만큼도 더 많은 눈이 내렸을 것임에 틀림없습니다.

제 2장

해설: 설정 스님은 순간 암자에 혼자 남아 있는 봉이를 생각하고는 정신없이 산을 향해 달려갔습니다.

설정 스님: 아! 내가 잘못이야. 그 어린 것을 혼자 두고 온 내가 잘못이야. 봉이야 … 봉이야 … .

제3장
(백담사 앞)

해설: 설정 스님이 마을에서 10여 리 떨어진 백담사까지를 정신 없이 올라오다 보니 눈은 벌써 무릎을 덮었습니다. 아무리 뛰어도 걸음은 빨라지지 않고 더욱 더디어 마음만 급하고 안타까웠습니다. 그러나 있는 힘을 다하여 눈 속을 겨우 헤치고 올라오니 멀리 백담사 일주문이 보이고

(스님들이 눈을 쓸어 내려오고 있었습니다.)

도현 스님: 아니, 설정 스님 아니시오?

설정 스님: 네, 도현 스님, 근념하십니다.

도현 스님: 헌데, 이 꼭두새벽에 어디서 오는 길입니까?

(눈을 치우던 도현 스님이 눈 속에 달려온 설정 스님을 보니 땀으로 옷이 다 젖어 있었고 얼굴은 근심으로 꽉 차 보였다.)

설정 스님: 이 아래 김 거사 댁에서요.

도현 스님: 아 그래요. 겨울 양식 때문에 내려온 게로군요. 그런데 안색이 왜 그렇소? 평상시 스님답지 않게 아주 조바심으로 걱정스런 얼굴이니?

설정 스님: 다름이 아니라 갑자기 눈이 내려서… .

도현 스님: 예, 암자에 못 올라가셔서요? 눈 때문에 암자에 못 올라가면 여기서 함께 안거하면 될 거 아뇨?

설정 스님: 그런 게 아니고 암자에 네 살 난 어린애를 혼자 놔두고 와서… .

도현 스님: 그게 정말이요? 재작년에 조카 아이를 데려 왔다더니 그 애를 혼자 두고 내려왔다는 거요?

설정 스님: 네, 그렇대두요.

도현 스님: 이거 정말 큰일이군요.

(도현 스님 금세 근심이 꽉 찬 얼굴로) 우리 함께 들어가서 대중공사를 벌입시다. 어떻게 하든 구조하도록 힘써야지요. 어린애인들 얼마나 기가 차겠소?

해설: 이리하여 백담사 큰방에는 대중스님들이 모두 모여 설정 스님의 딱한 사정을 듣고 스님들은 한결같이 어린 생명을 구출하기로 대중공사를 하였습니다. 스님들이 눈 속을 헤치고 올라가려고 준비를 하고 있는데 더욱 더 큰 눈송이의 함박눈이 천지를 뒤덮으며 펑펑 쏟아져 내렸습니다. 설악산에 단 한 겨울이라도 살아본 사람이라면 이번에 내린 눈 속을 헤치고 산 속을 오를 수 없다는 것을 다 알고 있는데 거기에 또 이렇게 더 함박눈이 쏟아지니 도저히 산을 오른다는 것은 사람의 힘으로는 불가능한 일이어서 대중들은 한결같이 안타까운 일이었지만 우선 포기하는 수밖에 없었습니다.

그러나 설정 스님만은 그럴 수가 없었습니다. 그 산 속에서 어린 생명이 추위와 굶주림에 지치고 무서움에 떨고 울다가 죽어갈 것을 생각하면 잠시도 가만 있을 수가 없는 일이었습니다. 그래서 대중들 몰래 백담사를 빠져 나와 산을 오르기 시작한 지 얼마 되지 않아 설정 스님은 완전히 눈 속에 파묻히게 되었습니다. 정신도 아득해졌습니다.

한편 백담사 스님들은 설정 스님이 없어진 것을 알고 관음암 길로 찾아올라 갔습니다. 희미하게 남은 발자국을 따라가면서 소리

소리 질러도 대답이 없었습니다. 얼마 후에 눈 위에 쓰러져 정신을 잃은 설정 스님을 발견하고 스님들이 교대로 업고 백담사로 내려 왔습니다.

제3막

제1장

의식을 잃었던 설정 스님은 따뜻한 방 안에서 얼었던 몸이 녹으면서 시간이 한참 경과한 후에 창백한 얼굴에 화색이 돌면서 깨어 났습니다.

(옆에 지켜보고 있던)

도현 스님: 설정 스님, 아, 깨어나셨군요.

설정 스님: (눈을 희미하게 뜨고) 아니? 내가 어떻게 여기에?

(누워 있는 자기 몸을 일으키며)

도현 스님: 누워 계세요. 하마터면 큰일날 뻔하였소. 인간의 조그만 힘으로 대자연의 위력을 이기려 하다니? 될 법이나 한 일이오?

설정 스님: 죄송합니다. 결국은 스님들께 폐를 끼쳐드렸군요.

도현 스님: 그런 생각은 하지 말고 어서 회복하셔서 함께 겨울을 납시다. 상좌아이는 그 애의 운명에 맡기는 도리밖에 없잖아요. 모든 것은 인연취산인데 어떻게 하겠습니까?

설정 스님: 아무튼 고마워요. 그 애를 생각하면 내가 눈 위에 쓰러진 채 그대로 영영 몸을 바꾸는 게 도리였는데….

도현 스님: 그런 약한 소리 하지 말고, 정말로 상좌아이를 생각한다면 스님이 금생에 확철대오하여서 그 애를 잘 천도해 주는 일입니다. 그러니까 우리 함께 열심히 정진합시다.

설정 스님: 정말 도현 스님 고마워요.

해설: 이리하여 설정 스님은 그 해 겨울 백담사 선방에서 피나는 정진을 하였습니다. 어린 봉이의 생각이 떠오르면 더욱 더 용맹정진을 하였습니다. 한편 부처님의 가피도 빌었습니다. 그 해 겨울은 설정 스님에게 유난히 길고 추웠습니다. 눈을 녹이는 태양도 사라진 것 같았습니다.

그러나 날은 가고 이듬해 봄이 왔습니다. 아직도 설악산의 눈은 다 녹지가 않았습니다. 그러나 겨우 사람이 다닐 수 있을 것 같은 산길을 설정 스님은 오르기 시작하였습니다. 때로는 빙판길에 미끄러져 엉덩방아를 찧고 위험하기 짝이 없는 눈얼음 비탈길을 올랐습니다. 그러나 그러한 고생은 아무 것도 아니었습니다. 불쌍하게 죽어 있을 어린아이에 비하면 정말 아무 것도 아니라고 생각하였습니다.

제4막

제1장

해설: 천신만고 끝에 산을 올라온 설정 스님 시야에 아직도 눈 속에 서있는 관음암이 보였습니다. 더 급하게 걸음을 옮겨 도량에 발을 디뎌놓던 스님은 그 자리에 우뚝 멈춰 섰습니다.

봉이: (목탁을 치면서) 관세음보살 … 관세음보살 …

설정 스님: (왈칵 눈물을 흘리며) 저 어린 것이 얼마나 한이 되게 죽었으면 저렇게 원혼이 되어 죽어서도 저럴까? 봉이야! 봉이야! (소리 지르며 달려가는데 큰 방문이 열리며 활짝 웃는 봉이가 뛰어나오면서)

봉이: 스님! 스님! 왜 지금 와요? (하면서 스님 품에 와락 안긴다)

설정 스님: (놀란 표정으로 봉이를 껴안으며) 니가 정말 봉이냐? 귀

신이냐?

봉이: 스님, 나 봉이야, 귀신이 뭐예요?

설정 스님: (다시 한 번 봉이 얼굴을 자세히 보면서) 네가 정말 봉이냐? 살아 있었구나. (반가워 흑흑 흐느낀다.)

해설: 봉이를 안고 방에 들어온 설정 스님은 또 한번 놀랐습니다. 방에는 깔끔한 밥상에, 금세 지은 듯한 밥이 모락모락 김이 나고 방은 따뜻하였습니다.

설정 스님: (두 눈이 휘둥그레지며) 봉이야, 이 밥은 누가 지었고? 방에는 누가 불을 땠지?

봉이: 네 스님, 저 관세음 엄마가 스님 없는 동안에 밥도 해 주고 불도 때 주셨어요. 매일매일 엄마와 염불하면서 살았는 걸요. 공부도 가르쳐 주셨어요.

설정 스님: 그래 그 엄마는 어디 가셨니?

봉이: 엄마가 오늘 스님 오신다고 하면서 엄마는 마을 사람들을 도우러 가신다고 했어요. 조금 전에 막 가셨어요.

설정 스님: 봉이야. 엄마가 온 이야기를 좀 자세히 해봐.

봉이: 스님이 가시면서 목탁을 치면서 관세음보살을 열심히 부르면 엄마가 오셔서 밥도 주시고 함께 놀아준다고 했잖아요? 그래서 큰 소리로 목탁을 치면서 염불을 하였더니

(목탁 치면서 염불하고 있는 관음암 큰방에 하얀 옷을 입고 미소 띤 아름다운 40대 부인이 들어온다. 문소리에 뒤돌아보는 봉이와 부인 눈이 마주친다. 한동안 시선이 마주친 채 침묵이 흘렀다.)

봉이: 누구세요?

엄마: (두 팔을 벌리며) 봉이야. 이리와. 엄마야.

봉이: 엄마? (하며 가슴에 왈칵 안긴다.) 정말 엄마야?

엄마: 그럼, 엄마잖구 … 너는 내 아들 봉이지?

봉이: 응, 내 이름은 봉이야.

엄마: 그래, 그래. 착하지 … 우리 봉이(봉이의 머리를 쓰다듬는다.)

봉이: 엄마!

엄마: 응?

봉이: 스님이 말해 줘서 엄마가 올 줄 알았어. 이제 밤에만 오지 말고 낮에도 봉이 곁에 있어 줘? 엄마, 응?

엄마: 그래, 그래, 우리 봉이 착하지.

(엄마는 사랑스러운 봉이를 꼬옥 껴안으며 등을 두드려 주고는)

자, 이제 점심 때가 되었으니 점심공양을 하자.

봉이: 엄마! 점심은 아랫목에 있구. 저녁이랑은 저기 윗목에 있어. 스님이 해 놓구 간 거야.

엄마: 그래, 스님께 들어서 엄마도 알고 있다. 자, 먹자.

해설: 처음으로 엄마를 보는 봉이의 어린 마음은 너무나 기뻤습니다. 엄마와 함께 맛있게 점심을 먹고 난 봉이는 엄마가 지켜보는 앞에서 목탁을 두드리며 큰 소리로 관세음보살을 부르기 시작하였습니다. 엄마도 봉이의 목소리에 맞춰 함께 관세음보살을 불렀습니다.

(한동안 염불하던 봉이가 관세음보살님과 엄마를 번갈아 바라본다.)

봉이: 엄마, 스님이 그러는데 관세음보살님이 봉이 엄마래.

엄마: 그렇단다. 봉이야.

봉이: 그러구보니 저 관세음보살하고 엄마하고 꼭 닮았네.

엄마: 그럼, 닮다뿐이니? 아주 같은 걸.

봉이: 그럼, 왜 우리 스님은 엄마한테 절하는 거야?

엄마: 엄마니까 절하지.

봉이: 그럼, 스님한테도 엄마가 돼?

엄마: 그럼 세상 모든 사람들에게는 엄마이구, 일체 중생에게도 엄마지.

봉이: 일체 중생이 뭐야?

엄마: 응, 일체 중생이란 사람도, 짐승도, 새들도 벌레도 다지.

봉이: 그 모두의 엄마야? 벌레는 좀 그렇다.

엄마: 봉이야, 착하고 훌륭한 사람이 되려면 벌레도 다 사랑해야 돼.

봉이: 음, 엄마. 그렇게 할게요.

엄마: 오늘은 날씨가 따뜻해서 스님이 오실 것 같구나.

봉이: 정말?

엄마: 응, 스님이 오시면 엄마는 저 아랫마을 사람들을 돌봐주러 가야 해. 겨우내 안 내려갔으니 무척 기다리고 있을 거야.

봉이: 그럼, 또 언제 올 거야?

엄마: 이제 또 낮에는 사람들을 돌보고 밤에는 봉이 곁에 와서 자거든. 우리 봉이 착하지. 엄마는 바빠서 지금 가지만 너에게는 스님이 계시니까 스님 말씀 잘 듣고 공부 잘해서 도인스님이 되어야 해요.

봉이: 응! 엄마.

엄마: 그럼 스님이 지금 저기 다래 올라오고 계시니 어서 목탁 치고 관세음보살을 불러라. 우리 봉이 안녕?

봉이: 엄마! 안녕!

(엄마가 내려간 건너편 산비탈을 바라보다 들어가 염불한다.)

해설: 조금 전에 설정 스님이 절에 막 도착하였을 때 하얀 옷을 입은 아름다운 부인이 건너편 산비탈을 휙 지나간 것을 생각하며 관세음보살님께서 봉이의 엄마로 화현하셔서 구해주셨다는 것을

알았습니다. 이렇게 스님이 안 계신 한겨울 내내 관세음보살님의 보살핌으로 살아난 봉이는 다섯 살에 도를 통하여 5세 도인이 되었습니다. 그래서 관음암을 오세암으로 고쳐 부르게 되었습니다.

준비물: 설악산 배경, 목탁, 관음상, 설정 스님 승복, 봉이 동자복, 스님들 승복, 처사들 옷.

촌극발표

촌극발표

촌극발표

목탁에 얽힌 사연
윤 승 운
부끄럽다!
호낚지?
나무아미타불 ―
똑 똑 똑
목탁은 무엇이고
왜 두드리니?
글쎄
나도몰라.
목탁이 궁금하냐?
예.
불자(佛子)가 그런
것도 모른대서야 …
따라 오너라
이 벽화를
잘 보아라
해인사 법당뒤
대적광전의 벽화.

276

옛날 어느절에서 아주 덕이 높은 스님이...

제자들을 가르치고 계셨는데...
부처가 되는길은

그중엔 못된 제자가 있어...
흥. 모두 거짓말...
잘도 늘어 놓는다

제 멋대로 생활 하고...
술맛 좋구나

계율 따윈 무시 했지.
너 그러다 벌 받는다
받으라지. 난 겁안나

그러다가 그만 몹쓸병 으로 죽고 말았는데...

죽은뒤엔 물고기의 몸을 받아 태어 났건만...

등에 나무가 자라서 여간 괴로운게 아니 였다.
아이고
고통×1000=이다

하루는 스승이 배를 타고 강을 건너는데...

등에 큰 나무가 달린 고기가 뱃전에 와서 눈물을 흘렸다
저런.

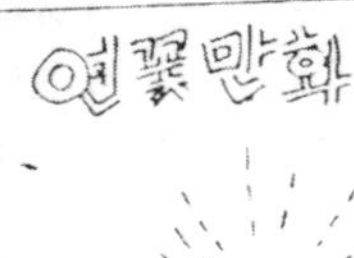

연꽃만화

의지의 나그네

장지연

어떤 나그네가.

힘들게 여의주 하나를 구해서
바다를 건너던 중.

뱃전에서 여의주를
빠뜨리고 말았습니다.

하도 당황해서 아무리
찾아도 보이지를 않자,

배에서 내려 손으로
바닷물을 퍼내는 것이었
습니다.

하루, 이틀, 한달이 되어도
계속 퍼내고 있자,

하루는 해신(海神)이 나와,

이 바보 같은 사람아, 네가 바닷물을 그렇게 퍼낸다고 이 물이 다 빠질것 같으냐?
헛수고 말고, 여의주를 포기하고 돌아 가거라.
그러자 나그네 하는 말、
무슨 말인겨? 내 이렇게 퍼고도 여의주가 안 나오면、
죽어서 도 퍼낼거고, 또 안되면 다음 생애에도 계속 퍼내어서 여의주를 꼭 찾을 랍니다. 바닷물이 마르면 … 안 찾겠습니껴.
뭐라고…?
허…, 이거 큰일이구나. 내가 살 바다가 마르면 안되지. 이놈 이거 큰일날 놈이구나.
옛다. 여기 있다! 에이 더러워라. 가져 가라.
…이렇듯, 찾고야 말겠다는 의지는 욕심쟁이 해신도 굽히고 말았습니다.
우리도 나그네의 의지처럼, 우리의 포교서원을 이어 갑시다.

오늘은 좋은날

이종만 황학현 작사
이종만 작곡

육 환 장

화평 스님 작사
정유탁 작곡

보리를 심자

황학현 작사
민선희 작곡

♭원곡은 D♭ Key이지만 Capo를 첫째칸에 사용해서 C Key로 연주합니다.

위 노래에 있는 보리를 왜 어린법우들이 밥과 같이 먹는 보리라고 생각하시나요?

원래 「보리」 라고 하는데 우리나라에서는 보리라고 하여 부처님 법의 진리를 깨닫고, 지혜를 얻기 위해 닦는 도를 말합니다.

여러분도 보리를 심어 보세요

길 떠나자

황학현 작사
이종단 작곡

D.S.
Second time only Rept.

그대로 좋아요

황학현 작사
정유탁 작곡

자비의 샘

황학현 작사
류익상 작곡

대한불교 조계종 전법도량
신흥사 · 청소년 수련원

경기도 화성군 서신면 상안리 산 42 -1

전화:(031) 357-3916, 2695 FAX: (031)357-8987

반: 성명:

주소:

수계식 연비 모습

1080배 용맹정진

아침체조

선체조

288

불교와 환경을 주제로 한 벽신문 만들기

연꽃 만들기

인성수련 세부진행 간사 회의

성도절 철야법회에서 학생회 출신 대학생 간사회의 합창발표

290

청소년 겨울 수련법회

- 지도자 용 세부진행표 -

일 시 1999년 12월 27일 ~ 12월 30일

장 소 신흥사 · 청소년 수련원

주 최 대한불교 조계종 전법도량

신흥사 · 청소년수련원

불기 2543년 청소년 겨울 수련법회 일정표

1999년 12월 27일 ~ 12월 30일

시간＼날짜	12월 27일(화)	12월 28일(수)	12월 29일(목)	12월 30일(금)
오전 5:00	시원한 여름 부처님을 찾아서	세면, 큰법당으로		
6:00		새벽예불, 기도		
		108참회, 참선		
7:00		아침 공양(발우공양)		
8:00		봉사 활동	운력(청소), 연꽃	운력
9:00		찬불가와 율동	수계설법	수행활동
10:00		설법	수계식	문화활동
11:00	부처님께 예경, 접수	염주와 매듭	봉사 활동	소감문 쓰기
				회향식
12:00	점심공양(식판)	점심 발우공양		점심공양(식판)
오후 1:00	입제식 준비	문화유적답사	선재들의 구법행	오늘 세운 이 서원은 끝없아오리
2:00				
3:00	입제식 설법	전래놀이 한마당	수행 활동	
4:00	반별 모임			
5:00	발우공양 습의	반별 모임	문화 활동	
6:00	저녁공양 (발우공양)		저녁 공양(식판)	
7:00	저녁예불 기도, 참선	저녁예불 기도, 참선	저녁 식판 공양	
8:00			찬불가, 장기자랑	
9:00	심성수련	부모은중경 독송		
		Video상영 (이차돈)	촛불발원, 불꽃제	
10:00	편안한 휴식을		1080배 용맹정진	

불기 2543년 청소년 겨울 수련법회 일정표

1999년 12월 27일 ~ 12월 30일

시간 \ 날짜	12월 27일(월)	12월 28일(화)	12월 29일(수)	12월 30일(목)
오전 5:00	부처님 가르침을 온 누리에	세면, 큰법당으로		
6:00		새벽예불, 기도		
7:00		108참회, 참선		
8:00		아침 공양(발우공양)		
		봉사 활동	운력(청소), 연꽃	운력, 대청소
9:00		찬불가와 율동	수계설법	문화활동-비디오 시청
10:00		설법	수계식	소감문 쓰기
11:00	부처님께 예경, 줄수	염주와 매듭	봉사 활동	회향식
12:00	점심공양(식판)	점심 발우공양		점심공양(식판)
오후 1:00	입제식 준비	문화유적답사	선재들의 구법행	오늘 세운 이 서원은 끝없사오리
2:00	입제식 설법	수행 활동		
3:00		문화 활동	수행 활동	
4:00	반별 모임	반별 모임	문화 활동	
5:00	발우공양 습의			
6:00	저녁공양 (발우공양)		저녁 공양(식판)	
7:00	저녁예불 기도, 참선	저녁예불 기도, 참선	저녁예불	
8:00	심성수련	부모은중경 독송	찬불가, 장기자랑	
9:00		Video상영	촛불발원, 불꽃제	
10:00	편안한 휴식을		1080배 용맹정진	

293

청소년 겨울 수련법회 세부진행표

1999년 12월 27일 ~ 12월 30일

시간	날짜	일 정	장 소	내 용	담당자	준 비
12. 27	오전 9:00	안 내	교육관 계단입구	1. 오는 수련생들 반갑게 맞이하여 바로 큰법당으로 올라 가도록 안내	간사님들 곳곳 정함	※ 간사님들 서로 존칭 사용
		법당 참배	큰법당	1. 법당에 들어오는 법, 절하는 법 지도 2. 가져온 공양미 탁자 위에 올리고 3. 부처님께 3배, 신중님께 3배 4. 수련원으로 가도록 지도		
			큰법당 계단입구	1. 큰법당에서 내려오는 수련생들 수련원 으로 가도록 안내		
			수련원	1. 부처님께 3배 2. 관음전(어린이 법당)으로 가게 함		
			관 음 전 어린이 법당	1. 부처님께 3배, 신중님께 3배 2. 삼성각으로 가게 함		
			삼성각	1. 칠성님(중앙)께 3배 2. 독성님(오른쪽)께 3배 3. 산신님(왼쪽)께 3배 4. 사무실에 가서 접수하도록 함		

		안 내	2층
			교육관
			입구
				1. 삼성각에서 내려오는 수련생들
				   사무실로 가도록 안내
				2. 사무실에서 나오면
				   남학생-발우공양실로 안내
				   여학생-1층 대중방		

			발 우 공양실	남학생은 관물함에 짐 놓게 하고 1층 공양실에 가서 공양하게 함 ※ 돈은 주머니에 꼭 넣게 함. 간사님이 맡음		
			대중방	여학생 관물함에 짐 놓고 점심공양하게 함		

		접 수	사무실	1. 접수
				  1) 회비 받고, 명단 기재하고
				  2) 수련복, 자료집, 명찰 배부
				  3) 반 나누기, 반별 출석부 담임간사에게 배부
				2. 사무준비
				  1) 접수부 2) 출석부(전체, 반)
				  3) 명찰 4) 수계대장
				  5) 수계증 6) 수료증
				  7) 포상대장 8) 상장
				  9) 상품 10) 전체기념품
				  11) 반기 12) 반별 간사 명찰
				  13) 수련복 14) 수련자료집
				  15) 간사용 세부진행표
				  16) 간사용 각 프로그램 사회 세부 진행표
				3. 등록후 지정 관물함에 짐 놓게 함
				  남학생 : 발우공양실 관물함
				  여학생 : 발우공양실 관물함		

	12:00					

모든 일정은 10분 전에 끝낸다.

청소년 겨울 수련법회 세부진행표

1999년 12월 27일 ~ 12월 30일

날짜	시간	일 정	장 소	내　　　　　　용	담당자	준비
12. 27		점심 공양	1층 공양실	1. 12시부터는 오는 순서대로 계속 식판 공양 한다. 2. 공양게송을 외우게 하고 공양하게 한다. **공 양 게 송** 이 공양이 오기까지 모든 이들의 노고를 생각하고, 내 덕행을 헤아려 바른 생각으로 이 몸 지탱하여, 불도를 이루기 위해서 이 공양을 받나이다. 　나무 석가모니불　나무 석가모니불 　나무 시아본사 석가모니불		
	오후 1:00	입제식 준비	수련원	의식 찬불가 연습		
		입제식	수련원	입제식 　1) 개식 　2) 삼귀의 　3) 찬불가 　4) 반야심경 봉독 　5) 수련대회 강령 - 수련생 대표 　6) 수련생 선서 - 수련생 대표 　7) 청법가 　8) 대회사 및 설법 　9) 신흥사 유래, 청소년 수련원 유래 　10) 사찰예법(자료집 참조) 　11) 건물 사용 설명 　12) 담임간사, 특별간사, 대회장 소개 　13) 발원문 낭독(전체 수련생) 　14) 사홍서원 　15) 폐식 　16) 반별 담임간사 따라서 　17) 각자 자기반 모임 장소로 감		
		반별 모임	각반 지정 장소	1. 각자 자기소개, 반별출석부 작성, 반가, 반구호 정하기 2. 수련생 법명. 이름 확인 3. 수련원 각 시설 사용 설명		
				반이름 / 장　　　　　소 천안반 / 수련원 무대쪽 천이반 / 수련원 창문쪽 타심반 / 1층 대중방 가운데 숙명반 / 발우공양실 무대쪽 신족반 / 발우공양실 입구쪽 누진반 / 큰법당		
	12:00	발우 공양 습의	발우 공양실	발우공양의 의의 및 실습 ※총진행 간사는공양 좌석표대로 반별 앉게 하고, 공양구 등 준비		

모든 일정은 10분 전에 끝낸다.

청소년 겨울 수련법회 세부진행표

1999년 12월 27일 ~ 12월 30일

날짜	시간	일 정	장 소	내 용	담당자	준 비
12. 27	오후 5:00 6:30	저 녁 발우공양	발 우 공 양 실	1. 공양시간 10분 전에 공양하러 발우공양실에 조용히 들어가서 자기반 줄에 앉게 한다. ※ 발우공양시에는 조용히 할 것을 주지시킴 2. 공양 당번은 1층 정재소(부엌)에서 공양구와 찬상을 들고 와서 3. 공양구 자리에 순서대로 질서 정연하게 놓도록 지도 4. 자기 발우를 사용하도록 발우장 번호를 외우게 함 5. 신발은 자기반 신발장에 깨끗이 정리 6. 담임 간사들은 항상 자기반 수련생과 함께 한다. ∴ 공양담당: 천안반	총 진 행 간사 담임 간사	1. 공양구 장판 (노랑비닐) 2. 찬상받침 3. 죽비 4. 마이크 5. 스님 방석 6. 공양구 (천수물 차관, 밥통, 국통, 찬상, 숭늉 차관)
	                     8:00	저녁 예불 기도 참선	큰법당	※ 예불시에는 10분 전에 반별로 조용히 법당에 들어가 3배 올리고, 가만히 앉아서 기다리게 한다. (큰법당에 들어갈 때 반별 들마루 밑에 신발 정리) ① 기도집은 간사들이 지정된 장소에서 가져다 예불이 시작되기 전에 수련생들에게 나누어 준다. ② 예불과 기도가 끝나면 기도집은 제자리에 갖다 놓게 한다. 1. 예불: 1) 오분향례(한글 번역본) 　　　　 2) 반야심경 2. 기도: 1) 천수경 1편 독송 　　　　 2) 관세음 보살 정근 　　　　 3) 축원 3. 참선: 1) 좌선법 지도, 설명 　　　　 2) 좌선		1. 큰법당 탁자에 반 명찰 붙이기 (신발 들마루 반 표시 대로 신발 정리) 2. 기도 법회집 3. 방석 ※ 끝나고 제자리 정리
		심성수련 및 반별 모임	발우 공양실	앞 쪽 반별 지정 장소 참조		

모든 일정은 10분 전에 끝낸다.

청소년 겨울 수련법회 세부진행표

1999년 12월 27일 ~ 12월 30일

날짜	시간	일 정	장 소	내 용	담당자	준 비
12. 27		심성수련 및 반별모임	각반 지정 장소	1. 반 담임 간사는 다시 자기소개하고 2. 수련생들도 모두 자기 소개를 하고, 법우들 얼굴, 이름 익히기 3. 수련에 대해 편안하고 기쁜 마음으로 임할 수 있게 자세히 재미있게 일정 소개 4. 반을 특징하는 반구호, 반가(노래), 찬불가 1곡 연습함 5. 취침 전까지 수련원 시설 즉 세면실, 화장실, 공양실, 숙소 설명 마침 6. 신발장 사용 7. 물통 준비(1층 공양실에서 사용) 8. 수련생이 가지고 있는 돈은 담임간사가 보관한다. (분실했을 때 책임지지 않는다고 강조, 수계식 때 보시 올리는 것도 이야기 해줌) 9. 키 순서대로 줄번호 정해주고, 10. 신발장어 자기반 수련생 숫자의 신발 정리할 것(반장) 11. 자기반 출석부와 미니 출석 카드를 만들어서 항상 소지하여 수련생들 참가 여부를 체크한다. 12. 교육관 2층 야간화장품–밤 10시 이후 사용		
				심성수련: ① 별칭 짓기 ② 오뚝이의 삶 ③ 나의 이모저모		
	취침준비	발우공양실 대중방	남학생 여학생 ※반 담임간사 함께 취침, 불침번 간사 정함		
	취침		1. 차례대로 세면 후 취침 2. 담임간사 1분은 자기반 수련생과 함께 자리하여 보살핌 3. 불침번 간사 – 각 숙소 양쪽 문 앞에 1명씩 배치함		수련생 숫자봐서 방 정하기
오전 5:00 5:30	기상,침구 정리,세면 예불준비		※ 잠 깨울 때: 목탁 3번 올렸다 내린다 1. 남녀 지정된 세면실에서 양치, 세수 2. 깨끗이 머리 빗고 단정한 모습으로 3. 새벽 예불 드리러 큰법당으로 감 4. 법당에 들어가 3배 하고 5. 제자리에 가만히 앉아 기다리게 함 6. 기도 법회집 준비		
6:30	새벽예불. 기도, 108 참회, 참선	큰법당	1. 예불 2. 기도 ⎤ 앞의 저녁 예불과 같음 3. 108참회, 참선		담임간사 호루라기 준비

모든 일정은 10분 전에 끝낸다.

청소년 겨울 수련법회 세부진행표

1999년 12월 27일 ~ 12월 30일

날짜	시간	일 정	장 소	내 용	담당자	준 비
12.28	오전 7:00	아침구보		수련원 마당에서 아침 구보(절 아래 찻길까지 호루라기 소리에 맞춰) ※ 공양 당번: 공양 준비하러 감(천이반)		담임 간사 호루라기 준비
	8:30	아침 발우공양	발우 공양실	1. 발우공양은 전날 저녁처럼 한다. ※ 공양 담당: 천이반		
	9:00	봉사활동 운력 (청소)	지정 청소 구역	1. 공양이 끝나면 지정 청소구역에서 청소하고 2. 방 정리정돈을 둘러본다. 　※ 간사들은 수련생과 함께 청소 지도 ※ 반별 청소 구역 | 천안반	큰법당	숙명반	대중방
---	---	---	---
천이반	발우공양실	신족반	1층 공양실
타심반	수련원	누진반	1, 2층 복도			각 지정장소 청소도구
	10:00	찬불가와 율동	수련원	1. 수련교재에 있는 찬불가 배우기 2. 다 함께 율동 익히기		
	11:00	설 법	수련원	신묘장구대다라니의 위력에 대한 주지스님 법문		
	12:00	염주와 매듭	반별장소	반별로 합장주를 꿰고, 매듭을 배운다.		
	오후 1:00	점심공양	발우 공양실	1. 점심 발우공양 2. 공양담당: 타심반		
	2:00	문화유적 답사	구봉산 당성	1. 사적 217호 구봉산 당성을 견학한다. 2. 원효성사 오도성지를 참배한다.		
	4:00	전래놀이 한마당	신흥사 경내	1. 자료집 참조 2. 각 코스 담당자 1명 3. 각 반 반장이 인솔한다. 4. 1코스가 끝나면 다음 코스로 진행한다. 5. 주어진 시간을 잘 지킨다. 6. 전래놀이에 대한 의의를 알린다. ※ 코스활동이 끝난 반은 1층 식당으로 가서 간식을 먹는다.		
	5:00	반별모임	각 반 지정 장소	1. 반별로 찬불가 연습을 한다. 2. 대본에 따른 촌극 연습을 한다. ※ 모든 수련생이 다 공동체의식을 가지고 참여토록 한다.		

모든 일정은 10분전에 끝낸다.

청소년 겨울 수련법회 세부진행표

1999년 12월 27일 ~ 12월 30일

날짜	시간	일 정	장 소	내 용	담당자	준비
12. 28	오 후	발우공양 준비		저녁 발우공양 준비, 휴식 ※ 공양 담당: 숙명반		
	6:30	저녁공양	발우공양실	저녁 발우공양		
	8:00	저녁 예불 기도, 참선	큰법당	저녁예불, 기도 참선		
	9:00	부모은중경 독송	수련원	1. 부모은중경을 보고 다함께 독송한다. 2. 수련생이 합동으로 부모님의 생신을 축하해 드린다.		
	10:00	Video 상영	수련원	성사 이차돈 비디오를 보고 굳은 신심을 기른다.		
		취침		편안히 휴식		
12. 29	오전 5:00 5:30	기 상 세 면	숙 소 세면실	1. 기상, 침구 단정히 개어서 침구실에 쌓고 2. 세면실에서 양치, 세수, 머리 단정히 빗고 큰법당으로 예불 드리러 조용히 올라간다.		
	7:00	예불, 기도 108배, 참선	큰법당	1. 새벽예불(오분향례, 반야심경 봉독) 2. 기도, 108참회, 참선		
	8:30	아침공양	발 우 공양실	※ 공양담당: 신족반 발우공양		
	9:00	운력, 연꽃	수련원	1. 각 반별 청소구역 청소를 한다. 2. 연꽃 만들기(수계식, 촛불제 때 사용)		
	10:00	수계설법	수련원	3귀의 5계 수계설법을 한다.		

	11:00	수계식, 사시마지	수련원	1. 수계식
				· 수계식장 준비
				  1) 법상(향로, 촛대, 경상, 꽃)
				  2) 만의 가사 ※ 합장주
				  3) 연비할 향
				  4) 수계증, 수계대장 준비
				· 수계식 청소년 수계문 의식대로
				· 사시마지 헌공, 축원(수계대장 보고
				  2)수계식 후 기념 촬영 후
				만의 가사 거두어 정리, 연꽃 반별 보관		

	12:00	봉사활동	경내	지정 청소구역에서 청소한다. -학교에 제출할 봉사활동 증서 발급		
	오후 1:00	점심공양	발 우 공양실	발우공양 ※ 공양 당번: 누진반		
	3:00	선재들의 구법행	경내	자료집 참조		
	4:00	수행활동	큰법당 수련원 발우공양실	1. 절하기 2. 참선하기 3. 사경하기		
	5:00	문화활동	수련원 발우공양실 1층식당 1층 대중방	1. 선무도 2. 다도 3. 불탑, 불상 조성 4. 우리가락풍물		

모든 일정은 10분 전에 끝낸다.

청소년 겨울 수련법회 세부진행표

1999년 12월 27일 ~ 12월 30일

날짜	시간	일 정	장 소	내　　　　　용	담당자	준 비
12. 29	6:30	저녁공양	1층 공양실	1층 공양실에서 식판공양		
	7:00	저녁예불	큰법당	저녁예불(오분향례, 반야심경 봉독)		
	9:00	찬 불 가 장기자랑	수련원	1. 각 반별로 찬불가 1곡을 발표한다. 2. 각 반별로 촌극을 발표한다.(촌극대본 참조)		
	10:00			보현행원 촛불제(자료집 참조) 순서 1. 개식: 지금으로부터 보현행원 촛불제를 시작하겠습니다. 2. 6법공양: 먼저 부처님께 육법공양을 올리겠습니다. 　1) 헌향: 부처님께 만 중생의 해탈을 기원하는 향기로운 5分향을 올리　겠습니다. 　2) 헌등: 부처님께 만 중생의 지혜로움을 기원하는 밝은 등을 올리겠습니다. 　3) 헌다: 부처님께 목마른 중생에게 감로수가 되는 감로차를 올리겠습니다. 　4) 헌과: 부처님께 만중생의 보리(깨달음)를 기원하는 과일을 올리겠습니다. 　5) 헌미: 만 중생의 선열 양식인 공양미를 올리겠습니다. 　6) 헌화: 화장 세계를 장엄하는 만행의 아름다운 꽃을 올리겠습니다. 3. 삼귀의: 다함께 삼귀의를 모시겠습니다. 4. 반야심경: 다음은 반야심경 봉독을 하겠습니다. 5. 고유문 낭독: 고유문 낭독이 있겠습니다. 6. 법어: 법어 순서로 대회장이신 주지스님께서 하시겠습니다. 7. 보현행원 십대발원: 보현행원 십대발원이 있겠습니다. 　1) 점등: 대회장 주지스님께서 수련원 불전의 촛불에서 불을 붙여 촛불로 간사들초에 켜주시면 간사들이 수련생들 연꽃컵 초에 모두 불을 붙여 준다. 　2) 정근: 나무 삼계도사 사생자부 시아본사 석가모니불… 염송하면서 목탁치는 스님 따라 밖으로 나가면		6법공양 1. 향 2. 등 3. 차 4. 과일 5. 공양미 6. 꽃 받칠 그릇 다반 6개 갑사 받침 6개

모든 일정은 10분 전에 끝낸다.

청소년 겨울 수련법회 세부진행표

1999년 12월 27일 ~ 12월 30일

날짜	시간	일 정	장 소	내　　　용	담당자	준 비
12. 29		청소년 겨울축제	수련원 수련원 마당	3)발원: 연꽃 촛불을 두손으로 받쳐 들고 합장 자세로 지극한 마음 다하여 큰소리로 염불하면서 수련원 한 번 돌고 법당 한 번 돌고 사리탑 한번 돌아 법당 마당 한 가운데 준비된 卍자 모닥불 주위에 원을 그리며 돌다 빙 둘러 선다. • 불꽃놀이 한마당 초를 꽂은 연꽃컵을 들고 모두 부처님께 합장 하고 조용히 서 있고 　1) 발원문 낭송: 깜깜한 밤에 모두 촛불을 들고 조용히 서 있을 때 전 대중을 대표해서 대회장 주지스님께서 발원문을 낭송하면 다 함께 촛불을 들고 마음속으로 같이 발원한다. 　2) 찬불가: ① 보현행원 　　　　　　② 어머니 은혜 　　　　　　③통일의 노래(우리의 소원은…) 　3) 촛불 연꽃컵은 초를 꼽아서 卍자 모래밭에 꽂으며 각자 발원을 한다. 　　(간사들은 연꽃컵을 받아 한곳에 둠.) 　　그리고 촛불을 다 꽂고 발원이 끝나면 제자리에 빙 둘러 선다. 　4) 청소년 마당굿: 청소년 마당굿을 시작하겠습니다. (징, 북을 치면 흰 사물옷을 입은 제주가 나온다.) • 마당굿 준비 1. 제문 (……… 귀신 물러가) → 유세차 불기 2543년 12월 스무 아흐레 치이 사바 세계 남섬부주 대한민국 경기도 화성군 서신면 상안리 구봉산 신흥사 청소년 수련원에서 청소년 일동 보채, 시방삼세 일체 제불과 제존보살 마하살님 전에 고하느니 저희들의 발원을 들어주소서. · 학원폭력귀신 물러가라 · 이지매귀신 물러가라 · 집단따돌림귀신 물러가라 · 저질비디오귀신 물러가라 · 자살충동귀신 물러가라 · 졸음귀신 물러가라 · 이성문제귀신 물러가라		
	10:00					

모든 일정은 10분 전에 끝낸다.

청소년 겨울 수련법회 세부진행표

1999년 12월 27일 ~ 12월 30일

날짜	시간	일정	장소	내 용	담당자	준 비
12. 29				· 마약 · 본드 · 담배귀신 물러가라 · 성폭력귀신 물러가라 · 공주병 · 왕자병귀신 물러가라 · 일본만화귀신 물러가라 · 메이커귀신 물러가라 · 민족 문화유산 파괴하는 훼불귀신 물러가라 · 사치풍조 낭비귀신 물러가라 · 자연환경 파괴하는 공해귀신 물러가라 · 욕심 귀신 썩 ----- 물러가라 · 성내는 귀신 썩 ----- 물러가라 · 어리석은 귀신 썩 ----- 물러가라 저희들의 모든 소원이 원만히 이루어지이다. 망향.] 2. 젯상 준비: 팥시루떡, 과일 3가지, 향로, 촛대, 다기  ♣ 각 학생회 회장들이 나와 큰 창호지에 쓴 제목을 선창하면 수련생 모두가 큰소리로 "물러가라"를외 친다. -함께 징, 북 친다. • 불꽃제(캠프파이어: 모두가 제일 좋아하 는 시간) 사회: 이제부터는 신나는 불꽃놀이 시간입니 다 ① 막대기에 솜을 뭉쳐 달고 석유에 절인 점 화봉(성불봉)에 불을 붙여 ② 수련원 난간에 늘어뜨려 놓은 석유에 절 인 광목 천에다 불을 붙이면 타 올라 가서		
	10:00					

과일	팥시루떡	과일	과일
촛 대	다 기	향 로	촛 대

모든 일정은 10분 전에 끝낸다.

청소년 겨울 수련법회 세부진행표

1999년 12월 27일 ~ 12월 30일

날짜	시간	일정	장소	내 용	담당자	준비
12. 29				③ 불꽃덩이가 될 석유 솜뭉치에 불이 붙어서 불덩이가 철사줄을 타고 쏜살같이 내려와		
				④ ㄱ나자 모래밭 가운데 쌓아 놓은 석유 뿌린 장작더미에 불이 확 붙는 순간 힘찬 박수와 환호를 터트린다.(불꽃 점화 후)		
				⑤ 그 순간 또 폭죽을 터트리면 아름다운 멜로디 소리와 함께 밤하늘에 아름답게 퍼져 올라가는 불꽃은 참으로 환상적이다. 이 폭죽은 어린이, 청소년, 어른 할 것 없이 다 좋아한다. 어린이는 말할 것도 없고 어른 소감문에 보니폭죽이 터지는 불꽃놀이가 아름다워 또 수련 왔다고 적은 분도 있었다.		
				⑥ 한참 환희한 마음으로 불꽃을 감상하고 있는 사이에		
				⑦ 장작더미에 이어 놓은 석유 광목천이 타올라가 (환) 청소년 수련대회(영) 석유솜 글씨에 불이 붙어 밤하늘에 불 글씨가 더욱 아름답다.		
				⑧ 그리고는 바로 신나는 풍물을 치고 신나는 음악을 틀어 신명나게 춤을 춘다.		
				⑨ 이제 모닥불도 꺼져 가고 밤 하늘에 별들이 더욱 높아지니 또 다음 용맹정진을 위해 수련원으로 가서, 간단히 간식 공양 후 용맹정진 시작.		
	10:00					
12·30	새벽 1:00	용 맹 정 진	큰법당, 수련원	1,08C배 용맹정진 죽비 치고, 1,000념 염주 돌리며 절한다.		
	오전 6:30	기 상 세 면	세면실	세수, 예불 드리러 큰법당으로 감		

모든 일정은 10분 전에 끝낸다.

청소년 겨울 수련법회 세부진행표

1999년 12월 27일 ~ 12월 30일

날짜	시간	일정	장소	내　　　용	담당자	준 비
12. 30	오 전 7:00	아침 예불	큰법당	오분향례, 반야심경		
	8:30	아침 공양	발 우 공양실	아침 공양 후 발우, 발우수건 등 정재소 가서소독해서 닦는다. ※ 공양 당번: 천안반		
	9:00	운력	청소구역	각 반별로 함		청소 도구
	10:00	문화 활동	수련원	비디오 상영-바보 쥬리반타카의 깨달음		
	11:00	소감문 쓰기	수련원	수련기간 동안 느낀 점을 자세히 적을 수 있도록 지도한다.		
	12:00	회향식	수련원	※ 회향식 ① 개식 ② 삼귀의 ③ 찬불가 ④ 반야심경 봉독 ⑤ 회향사 ⑥ 수료증 및 시상식(소감문 읽기) ⑦ 사홍서원 ⑧ 산회가 ⑨ 폐식 ※ 담임 간사가 할 일 1. 수료증, 수계증, 단체 상품, 자료집 잘 나누어 주고 2. 명찰은 모아서 사무실에 냄 3. 수련법복 잘 거둠 ※ 빠뜨리는 물건 없도록 잘 지도함.		
	오후 1:00			점심공양(식판공양) 하　　산		

모든 일정은 10분 전에 끝낸다.

불기 2543년

청소년 겨울 수련법회 간사 임무 및 명단 수련생 현황

1999년 12. 27 ~ 12. 30

임 무	법사, 교사, 간사명	인 원	각 프로그램 임무	담 당
대회장			입제식, 회향식 사회	
지 도 법사			수행활동 　 참선 / 사경 / 절	
총진행			문화유적답사	
찬불가 율동			심성수련	
반 주			비디오 상영	
사 무 각 반	의무(의약품), 각 준비물 담　임	수련생	염주와 매듭	
천안반		남 : 여 :	문화활동 　 선무도 / 다도 / 풍물 배우기 / 불탑, 불상 조성	
천이반		남 : 여 :	연꽃 만들기	
타심반		남 : 여 :	수계식 준비	
숙명반		남 : 여 :	찬불가, 장기자랑 대회	
신족반		남 : 여 :	선재들의 구법행	
누진반		남 : 여 :	부모은중경 독송	
총인원		남 : 여 :	전래놀이 한마당	
			봉사활동	
			촛불 발원제	
불침번	27일		청소년 마당굿	
	28일		불꽃축제	
	29일			

305

부처님 조성(만들기)

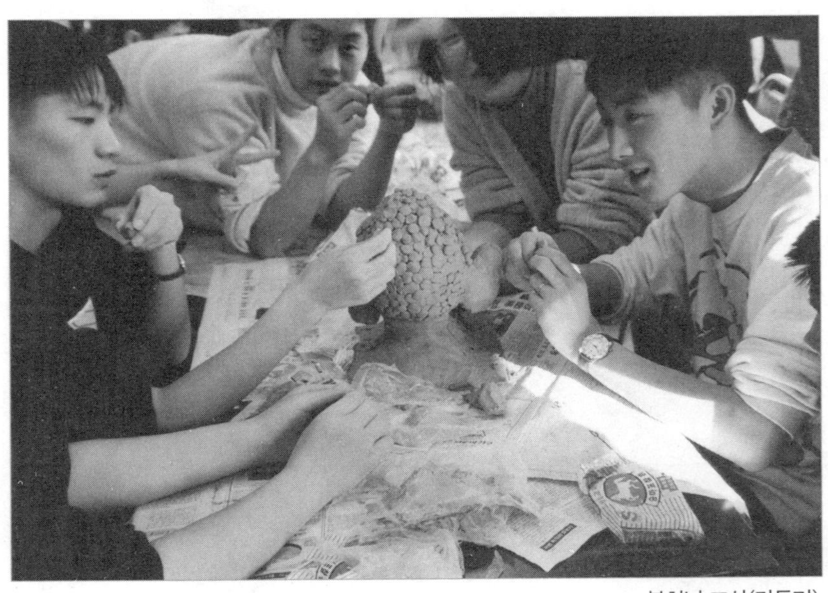

부처님 조성(만들기)

청소년 겨울 수련법회

- 각 프로그램 사회 세부 진행표 -

일 시 1999년 12월 27일 ~ 12월 30일

장 소 신흥사 · 청소년 수련원

주 최 대한불교 조계종 전법도량

신흥사 · 청소년수련원

청소년 겨울 수련법회 각 프로그램 사회 세부 진행표

입제식 사회(전체)

식 순

1. 개 식: 오늘 겨울 수련에 참가한 수련생 여러분 반갑습니다. 그러면 지금으로부터 불기 2543년 청소년 겨울 수련대회 입제식을 시작하겠습니다. 모두 부처님을 향해 합장해 주시기 바랍니다.

2. 삼귀의: 다 같이 지혜와 자비로 모든 중생을 구제하시는 거룩하신 부처님 그리고 그 가르침, 그 가르침을 전해주시는 스님께귀 의하는 삼귀의례를 모시겠습니다. 기도법회집 75쪽입니다.

3. 찬불가: 다음은 부처님의 한없는 지혜와 자비의 덕상을 찬탄하는 찬불가를 부르겠습니다. 법회집 76쪽입니다.

4. 반야심경 봉독: 다음은 목탁에 맞추어 반야심경 봉독이 있겠습니다. 법회집 42쪽입니다,

5. 수련대회 강령, 수련생 선서: 수련대회 강령, 수련생 선서로 수련생 대표 ○○○군이 선창하겠습니다.

6. 대회사: 다음은 본 수련대회장이신 주지스님께서 환영사 및 대회사를 하시겠습니다. 서서 3배를 올리겠습니다.

7. 발원문: 모두 자리에서 일어나 부처님을 향해 합장해 주시기 바랍니다. 발원문 낭독은 ○○○양이 하겠습니다.

8. 사홍서원: 다 함께 사홍서원을 부르겠습니다. 법회집 103쪽입

니다.

9. 폐식: 이상으로 불기 2543년 청소년 겨울 수련대회 입제식을
   마치겠습니다. (바로 이어서)

- 설법: 다음은 주지스님 설법 시간입니다. 큰 절 3배를 올리겠
  습니다.

입제식 사회〔만남의 시간(담임간사)〕

오늘 이렇게 만나서 반갑습니다.(모두 함께 박수…)

부처님께서는 우리가 길을 가다가 서로 옷깃 한 번만 스쳐도 500생 인연이라고 하셨습니다. 오늘 이렇게 모여서 3박 4일이지만 함께 수련을 하는 이 인연은 오랜 세월 동안 맺어진 소중한 인연입니다. 오늘 이 시간을 맞이하여 우리와 만나는 모든 인연들이 그 만큼 소중하다는 생각을 가지고 서로 돕고 서로 아끼는 인연이 되도록 합시다. 더욱이나 우리는 3박 4일 수련 동안 한 반이 되어 수련하게 되었으니 더 큰 인연입니다. 이 시간은 마음을 활짝 열고 자기 소개를 진솔하게 하는 시간입니다.

심성수련(담임간사)

이 시간은 우리 법우들이 마음을 활짝 열고 마음에 답답하였던 것을 훌훌 털어 버리는 좋은 시간입니다. 모두 허심탄회하게 편안한 마음으로 임하시기 바랍니다.(심성수련 자료 설명 –자료집 참조)

촌극 연습(담임간사)

이 시간은 반별 촌극 연습시간입니다. 부처님의 이야기를 우리가 좀 더 쉽게 이해하고 기억하기 위하여 우리들의 재량을 곁들

여 재미있게 짤막한 촌극을 만듭니다.

촌극 기준은 부처님의 가르침을 바르게 표현하는 것을 원칙으로 하고 여러분의 재치를 한껏 발휘하여 재미있게 연극을 꾸밉시다.(자료집 촌극 각본 참조)

찬불가와 율동(전체)

이 시간은 부처님의 한없는 지혜와 자비를 찬탄하는 찬불가를 배우는 시간입니다. 모두 즐겁게 찬불가를 부르면서 재미있게 몸놀림 해 보세요.

산 위에 올라(전체) → 불기 2542년 겨울수련

지금으로부터 서해바다가 내려다보이는 사적 217호 구봉산 당성에서 대망 공동체 놀이를 시작했습니다.

• 먼저 모두가 하나되어 인간줄다리기를 시작하겠습니다. 반별로 앞 사람 허리를 꼭 잡으세요. 먼저 6바라밀반이 이쪽에 서고 6신통반이 저쪽에서 힘을 겨루겠습니다.

• 두 번째로 미스 신흥 선발대회를 시작하겠습니다. 반별로 10분 안에 남자 대표를 뽑아 가장 여성스럽게 꾸미는 경기입니다. 과연 어떤 반의 대표가 미스 신흥으로 뽑힐 것인지 최선을 다해서 치장시켜 주세요.

염주와 매듭(각반 담임간사)

이 시간은 우리가 손수 염주를 꿰고 매듭을 실습해 보는 시간입니다. 먼저 염주는 생각할 염(念), 구슬 주(珠)로 부처님을 생각하면서 한 알 한 알 세는 구슬입니다.

염주에는 기본 108염주가 있는데 우리의 번뇌가 108번뇌이기 때문에 불보살님 명호를 부르면서 한 알 세고 한 번뇌 사라지고… 하여 반복합니다.

그 외에 1,000염주도 있고 54단주도 있는데 오늘 우리가 만드는 염주는 36개의 단주 즉 짧은 염주입니다.

이 단주 세 번 돌리면 108염주 되지요.

자기가 정성껏 만든 염주는 자기가 가지고 갑니다.

문화 유적 답사 – 사적 217호 당성(당항성)

여기 당항성은 지금으로부터 1,300년 전 고구려 영류왕이 당나라 태종에게 덕과 예술과 문화에 뛰어난 선비를 보내 달라고 청하여 여덟 선비(八學士)를 보내준 데서 유래되었습니다.

그 중 홍학사가 이곳에서 예술과 학문과 덕을 크게 드날렸고 백제 때부터 저기 보이는 남양만에서 중국 산뚱 반도로 해상 교역을 한 무역항이었습니다. 신라가 삼국통일을 한 후 이곳 남양만에 당항성을 쌓고 서해 해상무역의 전진기지로 삼았던 곳입니다.

앞으로 밝혀지겠지만 이곳은 그 유명한 이야기, 원효대사가 해골바가지 물을 드시고 도를 깨달으신 유서깊은 곳이기도 합니다.

알고 싶어요(전체교리문답) →불기 2542년 겨울수련

지금 이 시간은 여러분들이 평소에 불교에 대해서 궁금하였던 것을 스님께 여쭙고 스님께서 시원하게 해답을 해 주시는 시간입니다.

먼저 보시반부터 기회를 드리겠습니다.

나는 포교사(5분 설화 발표)→불기 2542년 겨울수련

부처님께서 제일 바라시는 일이 포교이고 제일 기뻐하시는 일도 포교이고 복주시는 일도 포교입니다. 부처님의 위대한 가르침이 이 세상에 오래 오래 전해 많은 중생들에게 안락과 이익을 주는 포교야말로 부처님 제자인 우리들이 할 일입니다. 그 시범을 보이는 설화 발표 시간입니다.

찬불가 발표(전체)

지금으로부터 고운 가릉빈가의 목소리로 부처님의 한없는 지혜와 덕상을 찬탄하는 반별 찬불가 발표를 시작하겠습니다.

1. 보시반: 먼저 베푸는 것으로 유명한 보시반입니다.

     보시반 나와 주세요.

2. 지계반: 두 번째로 5계를 잘 지키도록 노력하는 지계반입니다.

     지계반 나와 주세요.

3. 인욕반: 세 번째로 하고 싶은 것, 먹고 싶은 것, 성내는 것을 잘 참기로 유명한 인욕반 순서입니다. 인욕반 나와 주세요.

4. 정진반: 이번에는 오늘도 끊임없이 노력하고 정진하는 정진반의 찬불가 발표시간입니다. 정진반 나와 주세요.

5. 선정반: 힘든 참선을 많이 하여 마음이 고요해지고 안정된 선정반의 차례입니다. 선정반 나와 주세요.

6. 지혜반: 제일 슬기로운 지혜반 차례입니다.

지혜반 나와 주세요.

7. 천안반: 진리의 눈으로 온 우주 세계를 환히 볼 수 있는 천안
반 차례입니다. 천안반 나와 주세요.

8. 천이반: 다음은 진리의 귀로 온 우주법계 모든 중생의 소리를
다 들을 수 있는 천이반 순서입니다. 천이반 나와 주
세요.

9. 타심반: 다음은 남의 마음속을 훤히 꿰뚫어 보는 타심반 순서
입니다. 타심반 나와 주세요.

10. 숙명반: 다음은 전생의 무엇이었는가를 훤히 아는 숙명반 차
례입니다. 숙명반 나와 주세요.

11. 신족반: 다음은 물 위도 걷고 하늘도 날을 수 있는 신족반 차
례입니다. 신족반 나와 주세요.

12. 누진반: 구경의 진리를 깨달아 나고 죽음이 없는 영원한 진
리의 세계에 살고 있는 누진반 차례입니다. 누진반
나와주세요.

반별토론(담임간사) →불기 2542년 겨울수련

이 시간은 반별토론 시간으로 우리 청소년들이 평소에 문제되
고 있는 것을 주제로 정해서 거기에 대해 문제점을 먼저 생각해
보고 또 해결책을 발표하여 우리 생활에서 실천할 수 있도록 토
론하는 시간입니다.

모두 마음에 생각하고 있었던 것을 허심탄회하게 이야기하는
시간입니다. 토론 발표시간에 우리 반 대표로 나가서 발표할 반
장과 기록할 서기를 한 사람씩 뽑겠습니다.

운력(연꽃 만들기, 담임간사)

이 시간은 운력시간으로 운력이란 대중이 힘을 모아 청소나 또 여러 가지 일을 하는 것을 말합니다. 오늘은 수계식 때 부처님께 올릴 연꽃을 만들겠습니다.

교리퀴즈 대회(전체) →불기 2542년 겨울수련

지금으로부터 부처님의 가르치심을 얼마나 열심히 공부하였나 점검하는 재미있는 교리퀴즈 시간입니다. 이 기회에 잘 알지 못하였던 불교교리를 알게 되는 재미있는 시간입니다.

촌극발표(전체)

지금은 여러분이 그 동안 한마음이 되어 열심히 연습한 촌극발교시간입니다.
모두 최대의 재량과 익살로 잘해 주세요.
먼저 ○○반부터 시작하겠습니다.

촛불 발원제(촛불 들고 법당 돌고 빙 둘러 서면)(전체)

이 시간은 우리들이 경건한 마음으로 부처님께 큰 서원을 세우는 발원 시간입니다. 주지스님께서 발원문을 낭독하시면 함께 모두 부처님께 원을 세우시기 바랍니다.
(발원문 낭독이 끝나면)
이어서 찬불가 보현행원과 사홍서원을 부르겠습니다.
(끝나면 촛불을 卍 자에 꽂고 제자리에 서면)

불꽃 축제(전체)

이제 기다리고 기다리던 젊음의 향연 불꽃 축제 시간입니다.

대회장 스님께서 점화를 하시겠습니다. 점화되는 순간에 모두 박수와 환호를 보냅니다.

토론발표(전체) →불기 2542년 겨울수련

우리 청소년들이 평소에 문제되었고 생각하였던 것을 주제를 정해 그 동안 반 법우들끼리 토론하였던 것을 대표 한 사람씩 나와서 발표를 하겠습니다. 모두 우리들의 이야기이니까 문제와 해결책을 잘 듣고 생활에 많은 도움이 되기 바랍니다.

회향식(전체)

식 순

1. 개 식: 지금으로부터 불기 2542년 청소년 겨울 수련대회 회향식을 시작하겠습니다.

2. 삼귀의: 삼귀의례를 모시겠습니다.

3. 찬불가: 찬불가 순서입니다.

4. 반야심경 봉독: 다 함께 목탁에 맞추어 반야심경을 봉독하겠습니다.

5. 회향사: 주지스님께서 회향사를 하시겠습니다.

※ 회향사: 회향이란 오늘 우리가 3박 4일 동안 열심히 수련한 큰 공덕을 나와 모든 중생에게 돌려주는 것입니다. 오늘 여러분들이 수련한 이 공덕으로 지금 이 시간에도 탈선의 길목에서 방황하고 있는 우리 청소년 친구들이 그 어둡고 불행한 늪에서 뛰쳐나와 밝고 행복한 미래가 열릴 수 있기를 바랍니다. 정말 3박 4

일 동안 그 어느 때 수련생들보다 더 열심히 진지하게 여러분들 수련 잘 하였습니다. 모쪼록 이 수련 공덕으로 더욱 건강하고 바르게 당당한 삶을 살아가는 부처님의 제자들이 되기를 바랍니다. 성불합시다.

6. 수료증 수여 및 시상식: 이어서 수료증 수여가 있겠습니다. (수료증 수여가 끝나면) 시상은 반별 열심히 노력하여 각 대회에 좋은 성적을 보여준 반에게 상을 드리는 시간입니다. ○○대회에 제일 좋은 성적으로 보여준 ○○상에 ○○반입니다. 반장 나와주세요.

7. 사홍서원: 모두 일어서서 부처님을 향해 합장해 주세요. 사홍서원이 있겠습니다.

8. 산회가: 산회가 순서입니다.

9. 폐식: 이상으로 불기 2542년 청소년 겨울 수련대회를 모두 마치겠습니다. 성불합시다.

교리 퀴즈 문답

문제

1. 부처님 출현 당시 인도에서 중생들에게 가장 큰 고통을 주었던 것은 (　　　) 제도이고, 이를 합리화시켜 주었던 것은 (　　　　) 사상이었다.

2. 인도의 사성계급은 무엇이며 그들의 신분은 각각 어떤 것이었나?

　①

　②

　③

　④

3. 당시 인도에서 고통받던 중생들이 원했던 지도자는 올바른 정치와 평화로 세상을 통치하는 (　　)과(와) 올바른 가치로 중생들의 어두움을 밝혀줄 (　　　)의 출현이었다.

4. 연등 부처님께 푸른 연꽃을 바쳤던 사람은 (　　　)(이)며, 그는 후에 (　　　)가(이) 되었다.

5. 부처님의 전생을 기록해 놓은 경전은 (　　　　)이다.

6. 설산 동자가 나찰에게 몸을 바쳤던 것은 (　　　)을(를) 구하기 위한 열렬한 구도심 때문이었다.

7. 왕이 비둘기를 살리기 위하여 몸을 바칠 때 온 몸을 얹어야만 비둘기와 무게가 같았던 것은, 왕이나 비둘기나 (　　　)은(는) 모두 똑같기 때문이다.

8. 호명 보살이 중생계로 내려왔던 것은 (　　　　)을(를) 위해서

였다.

9. 불교의 4대 성지와 그 연유를 써라.

　① 　　　　　　　　　　 , 　　 출생

　② 　　　　　　　　 ,

　③ 　　　　　 ,

　④구시나가라,

10. 싯다르타 왕자는 농경제 때 자연계의 (　　　　　　)과(와) 인
　　간관계의 (　　　　　)을(를) 보고 가슴아파 하였다.

11. 보살은 진리를 구하기 위한 (　　　　　　)과(와), 중생에 대한 (
　　)(으)로 끊임없이 자기를 희생하는 사람이다.

12. 부처님은 사문유관 당시 (　　　　　　) 사람들을 보고 괴로워
　　했으며, (　　　　　)를(을) 보고 희망을 얻었다.

13. 부처님이 출가하신 가장 큰 원인은 (　　　　　　)을(를) 해결
　　하기 위한 것이었다. 그러므로 개인적인 부귀영화를 모두 버
　　리신 것이다.

14. 부처님은 수행을 하는데 두 가지 극단 즉 (　　　　　)와(과) (
　　)을(를) 버리셨다.

15. 부처님의 깨달음 후 마라는 부처님의 교화를 (　　　　)하였
　　고, 범천은 부처님의 교화를 (　　　　)하였다.

16. 자비란 자신의 기쁨을 (　　　) 주고, 남의 고통을 (　　　　)
　　이 받아, 함께 (　　　)을 해결하는 마음가짐이다.

17. 부처님은 제자들에게 전법을 떠나보내며, 오직 (　　　　　)을
　　(를) 위하여 전법하라고 하셨다.

18. 자신이 죽더라도 수로나 사람들을 위해 전법을 떠나겠다던 부
　　처님의 제자는 누구인가?

19. 부처님이 교화를 하실 때 엄하게 꾸짖고 잘못을 고쳐주었던
    사람들은 (   )이고, 애정의 손길과 자상한 말씀으로 교
    화를 했던 사람들은 (   )이다.

20. 부처님이 계급제도를 부정하였던 이유는 무엇인가?

21. 부처님이 열반에 드실 때 제자들에게 오직 (   )과(와) (
)에 의지하여 열심히 정진하라고 당부하셨다.

22.『소심경』의 주요내용
    ① 부처님을 회상하고 (   )하는 마음
    ② (   )의 노고와 은혜에 (   )하는 마음
    ③ 하루의 수행 생활에 대해 (   )하고, (   )하는
      마음
    ④ 모든 중생과 함께 (   ) 먹겠다고 하는 (   )의
      마음

23. 발우공양의 정신
    ① 모든 사람이 똑같이 나누어 갖는 (   ) 공양
    ② 철저히 위생적인 (   ) 공양
    ③ 조금도 낭비가 없는 (   ) 공양
    ④ 공동체의 단결과 화합을 고양시키는 (   ) 공양

24. 불교사상은 인간을 (   )으로부터 (   )시키는 데
    있다.

25. 부처님의 생애와 관련된 나무들. (~나무 아래)
    ① 탄생하신 곳
    ② 농경제를 구경하고 명상에 들었던 곳
    ③ 깨달음을 얻으신 곳
    ④ 열반하신 곳

26. 인도에서 4성제도의 가장 아래인 노예보다도 더 멸시받고 천대받는 사람들이 있다. 이들을 (　　　　) 천민이라 한다.

27. 우리가 목숨 바쳐 귀의해야 할 소중한 보배를 (　　　　)라고 하며 이것은 바로 (　　　　)이다.

수고하셨습니다. 성불하십시오.

교리 퀴즈 문답

답

1. 카스트, 바라문

2. ① 바라문: 종교가 ② 크샤트리아: 무사(귀족)
   ③ 바이샤: 평민(농민, 상인) ④ 수드라:노예

3. 전륜성왕, 부처님

4. 선혜 동자, (석가모니) 부처님

5. 자타카(전생담, 『본생경』)

6. 진리

320

7. 생명(의 존엄성)

8. 중생(의 구제)

9. ① 카필라(룸비니): 출생 ② 마가다(부다가야): 성도

   ③ 바라나(녹야원): 초전법륜 ④ 구시나가라: 열반(입멸)

10. 약육강식, 부조리

11. 지혜(상구보리), 자비(하화중생)

12. 늙고, 병들고, 죽은, 수행자(사문)

13. (중생의) 고통

14. 쾌락, 고행

15. 방해, 권청

16. 남에게, 자신, 고통

17. 타인(세상사람들의 이익과 행복)

18. 부루나 존자

19. 왕, 사상가(브라만, 크샤트리아), 불쌍한 사람들(바이샤, 수드라)

20. 모든 사람은 다 (불성이 있으므로) 평등하기 때문에

21. 진리(법), 자신

22. ① 찬탄, 공경 ② 모든 중생, 감사 ③ 반성, 발원 ④ 나누어,
    자비

23. 평등, 청결, 절약, 공동

24. 고통, 구원

25. ① 무우수, ② 염부수, ③ 보리수, ④ 사라(쌍)수

26. 불가촉

27. 3보, 불(부처님), 법(부처님의 가르침), 승(부처님의 가르침을 따
    르는 분들)

청소년 마당굿 제문

유세차 불기 2543년 칠월 스무여드레 시이 사바 세계 남섬부주 대한민국 경기도 화성군 서신면 상안리 구봉사 신흥사 청소년 수련원에서 청소년 일동 보채.

시방 삼세 일체 제불과 제존보살 마하살님 전에 고하노니 저희들의 발원을 들어 주소서.

· 학원폭력 물러가라
· 이지매 귀신 물러가라.
· 집단 따돌림 귀신 물러가라.
· 저질 비디오 귀신 물러가라.
· 자살 충동 귀신 물러가라.
· 졸음 귀신 물러가라.
· 이성문제 귀신 물러가라.
· 마약 · 본드 · 담배 귀신 물러가라.
· 성 폭력 귀신 물러가라.
· 공주병 · 왕자병 귀신 물러가라.
· 일본만화 귀신 물러가라.
· 메이커 귀신 물러가라.
· 민족 문화 유산 파괴하는 망국 귀신 물러가라.
· 사찰 환경 파괴하는 훼불 귀신 물러가라.
· 사치 풍조 낭비 귀신 물러가라.
· 욕심 귀신 썩- 물러가라.
· 성내는 귀신 썩- 물러가라.
· 어리석은 귀신 썩- - - - - - - - 썩 - - - - - - - - - 물러가라.

저희들의 모든 소원이 원만히 이루어지이다.

청소년 수련법회 설문지

불기 254 년 월 일	소속사찰:	이름:

♣ 이 설문지는 보다 나은 여러분의 수련대회를 만들기 위한 중요한 자료로서 활용되오니 성실하게 답변해주시면 감사하겠습니다.

1. 수련일정 가운데 가장 부족하다고 생각되는 시간은?
   ① 강의시간　　② 토론시간　　③ 수면시간　　④ 놀이시간

2. 전체적으로 수련 강도는 어떠했는가?
   ① 빡빡하다　　② 느슨하다　　③ 적당하다　　④ 모르겠다

3. 수련대회 규율에 대해서
   ① 너무 통제가 심하다
   ② 너무 자연스러워 소란하다
   ③ 통제와 자율이 적절하다
   ④ 모르겠다

4. 남녀혼합 조편성에 대하여
   ① 좋았다　　② 좋지 않다　　③ 그저 그렇다　　④ 모르겠다

5. 발우공양에 대하여
   ① 매우 의미가 깊고 좋다
   ② 의미는 깊으나 비위생적이다
   ③ 식기공양을 하는 것이 더 좋다
   ④ 모르겠다

6. 자율적인 수련이 되기 위하여 강화되었으면 하는 양식은?
   ① 분과토론　② 공동체놀이　③ 설법　④ 자자, 포살법회

7. 프로그램 중에서 가장 인상 깊었던 것은 무엇입니까?

8. 프로그램 중에서 가장 미비했다고 생각되는 것은?
   어떤 점에서 미비했다고 생각되는가 ?

9. 수련기간 중 가장 좋았을 때는?

10. 수련을 통해 신앙에 변화를 가져온 점이 있다면?

11. 자신의 생활태도에 있어서 수련을 통해서 고쳐야겠다고 느낀 부분이 있다면?

12. 수련을 통해 우리 민족의 전통문화에 대한 생각에 변화가 있었다면?

13. 토론의 주제로서 절실히 필요로 되는 것이 있다면 무엇인가?

14. 토론양식에 대해
  ① 시간 부족과 장소 미비로 충실한 토론이 되지 못했다
  ② 지도교사나 지도선배 중심의 질의응답이 주종을 이루는 한계가 있다
  ③ 설정된 주제의 생동감이 부족하다
  ④ 토론 경험이 부족하여 대체로 토론 양식에 적응하기 어려운 듯하다
  ⑤ 발표력을 기를 수 있는 특별 프로그램이 요청된다

15. 청소년 불자가 할 수 있는 다양한 포교방식 가운데 무엇이 가장 효과
   적인가?
   (2개)
   ① 집집마다 방문하는 호별포교
   ② 가두행진을 하면서 인구조밀 지역에 집중포교
   ③ 버스, 지하철, 역전, 택시정류장 등지에서 가두선전과 함께 포교(스티커 활용)
   ④ 불교관계 바자회, 전시회, 시낭송회 등을 통한 간접포교

16. 수련의 소감과 앞으로의 결심을 간단히 쓰시오.

17. 간사님께 하고 싶은 이야기

18. 스님께 하고 싶은 이야기

- 수고하셨습니다 -

청소년 수련법회 소감문

불기 254 (200　　) 년　　월　　일　　요일	소속사찰:
학교　　　학년　　반	이　름:
주소:	전화번호:　　　－
제목:	보호자 이름:

수련 하면 이렇게 바뀐다

1) 나의 종교를 갖게 되어 기뻐요

여름방학, 친구들은 피서지로 놀러가고 없었다.

부모님께서 "시원아! 동생하고 같이 신흥사 수련원에 가서 부처님의 말씀을 배우고 정신수양도 하고 오너라." 하셨다. 2시간쯤 가서 내리니 비가 오고 있는데 아주 멋있는 절이 보였다. 신흥사였다.

나는 부모님께서 불자이시기 때문에 으레 그렇듯이 나도 말로만 불자였다. 그러나 이번 기회에 확실한 불교 신자가 되겠다고 결심했다. 난생 처음 읽어보는 불경, 하지만 나는 부처님의 뜻을 조금씩 알아가며 남들보다 큰 소리로 경전을 읽어갔다.

예전에는 부처님께서 그냥 불교에서 가장 높은 분으로만 알고 있었는데 이번에 다시 느꼈다.

'부처님은 너무나도 위대하고 자비하신 분인 것 같다.'

나는 또 부모님께 행하는 효를 배우고 부모님께 다시 한 번 '효(孝)'를 실천하겠노라고 결심했다. 그리고 우리에게 유익한 것을 많이 가르쳐 주신 신흥사 스님, 간사님께 감사드린다.

내가 어렸을 적에는 뭣도 모르고 동네 형을 따라 교회를 다닌 적이 있다. 하지만 그 곳은 내가 생각했던 아름다운 곳이 아니었다.

이번 「신흥사 수련원」에 와서 아주 큰 결정을 내렸다. 무엇이냐 하면 '부처님의 자비하신 행동에 감탄하고 나의 평생 종교를 불교로 정한다.' 라는 것이다.

이제 나는 부모님을 따라 주변의 좋은 절을 다닐 것이다. 그리하여 매우 착한 사람이 되고 부모님께 효도하는 사람이 되겠다. 또한 불법을 열심히 공부하여 부처님의 뜻을 많이 알고 실천하겠다.

<중2 남학생>

2) 3귀의와 5계를 받고 새롭게 태어났네

지난 겨울 수련을 통하여 '불교가 이렇게 좋은 종교구나' 라는 것을 마음 속으로 확립할 수 있는 계기가 되었습니다.

수계를 받고 법명을 받았을 땐 다시 태어난 것같이 기쁘고 뿌듯했습니다. 우리 인간이 한 생을 살아갈 때 필히 없어서는 안 되는 크나큰 기둥 뿌리와도 같은 것이기에 저에게 큰 가르침이 아니었는가 생각합니다.

지금은 고3 수험생이라 정신적, 육체적으로 힘이 듭니다. 그럴 때마다 눈을 감고 부처님을 생각하고 수련대회 때를 생각하면 고통을 이겨낼 수 있는 힘이 생깁니다.

사실 전 절에 다니기 전에는 불량써클에 가입도 했었고 나쁜 짓도 많이 했지만 지금은 저한테 거의 그런 모습은 찾아 볼 수 없을 정도로 건전한 청소년 불자가 되었습니다.

얼마 전 불교 잡지에서 스님께서 말씀하신 내용을 읽고 또한번 감동했습니다.

"포교를 위해 한생의 성불을 늦추더라도 청소년 불자들을 위해서 현세에 뭐든지 하겠다."

마지막 부분에 나온 위 내용을 읽고 감동했습니다.

<고3 남학생>

3) 불교에 대해 많은 걸 알았어요

처음엔 너무 오기 싫었어요. 전 사실 천주교 신자거든요. 학교에서 간부수련회이기 때문에 신흥사 청소년 수련원에 오긴 했지만 사실 바다나 산으로 가길 원했어요. 하지만 지금은 아니에요. 내가 생각했던 따분한 절이 아니구 친구들도 많고 놀거리도 많은 곳이라구요. 당연히 배움도 있었구요. 불교에 관해 많은 걸 알게 되었고 불교에 친숙해진 것 같아요. 하지만 한자리에 1시간, 2시간 앉아 있는 건 너무 힘들었어요. 하지만 지금은 그것 또한 교육이라고 생각해요. 참을성도 기르고 말이에요. 걱정도 많고 힘들 거라 생각했지만 지금은 너무 즐겁고 오길 잘했다는 생각을 했어요. 불교의 장점도 알게 된 것 같고, 다음에 또 올 거라고요. 다만 너무나도 아쉬운 점이 있다면 학교 간부들이 모두 다 참여하지 못한 점이에요. 여름 수련회는 막을 내리지만 겨울에 한 번 더 참여하고 싶어요.

〈고2 여학생〉

4) 나를 찾아서

종교가 없었던 나는 몇 달 전부터 신흥사에 다니기 시작하였다. 그래서 이번 수련회도 참가하게 되었는데 나에게는 아주 뜻깊은 나날이었다. 이곳에서 가장 기억에 남았던 것은 모든 생물도 인간과 똑같이 대하는 생명존중사상이었다.

길 가에 지나가는 개미나 벌레들을 이유없이 죽였던 나의 여러 가지 잘못들이 생각나기도 하였다. 인간만이 위대하다는 자만이 가득한 타종교들보다 나 자신을 자연의 한 존재로만 생각하게 하여 여러 욕심들을 버리게 해주었다.

발우공양, 1080배가 가장 힘들었지만 진정한 나를 찾는 데에는 아주 기억에 남았던 시간들이었다. 앞을 보고 직선적인 생각들로 가득 찼던 나의 가치관을 다시 가다듬게 했던 기회였다. 앞으로 여유를 즐기고 고통을 이겨내는 '나'가 되었으면 한다. 계속 신흥사에서 나를 가다듬고 싶다.

〈중3 남학생〉

5) 이제는 뭐든지 할 수 있어요

설법을 듣고 부처님을 공경하고 존중하게 되었다.

이번 수련회에서 가장 기억에 남는 것은 물론 1080배였다. 절하기 전에는 어떻게 할지 걱정을 했지만 막상 해보니 할 만했다. 400배 하고 쉬고, 300배 하고 쉬고, 또 380배를 했다. 다리가 풀리고 많은 땀을 흘렸지만 큰 성취감을 느꼈다.

"내가 해냈구나! 이제는 내가 뭐든 다 할 수 있겠구나."

또 기억에 남는 것은 '발우공양'이다. 음식을 남김없이 먹으면서 절약을 배울 수 있었고 대부모은중경을 독경하고는 정말이지 효도하여야 겠다는 생각을 뼈저리게 느꼈다.

앞으로 난 불교에 더 충실해질 것이고 종교를 믿으려는 것보다는 불교의 뜻을 통해 내가 좀 더 예의바르고 단정해질 수 있다는 의지가 있기 때문이다.

공부가 잘 안 되면 스님 말씀대로 기도도 하고 참선도 하면서 여기서 배운 것을 꼭 실천하도록 노력하고, 부모은중경과 스님 설법을 들으면서 배운 것과 느낀 것이 많아서 아마도 내가 살아가는 데 어려움이 닥칠 때마다 큰 힘이 될 것 같다.

〈중2 남학생〉

토론주제

1) 육바라밀반
   ① 보시반: 불교를 왜 믿게 됐나?
   ② 지계반: 청소년의 흡연에 대하여
   ③ 인욕반: 학교 폭력에 대하여
   ④ 정진반: 발우공양의 장단점
   ⑤ 선정반: 오빠부대
   ⑥ 지혜반: 수련회를 함으로써의 장단점

2) 육신통반
   ① 천안반: 우리들의 희망사항
   ② 천이반: 성폭력 어떻게 생각하나?
   ③ 타심반: 수련대회에 바라는 점
   ④ 숙명반: 이성교제
   ⑤ 신족반: 대중매체의 성개방
   ⑥ 누진반: 메이커 병

▶ 소속 사찰에 대한 참여 의식과 참여도
▶ 내가 부처님이 된다면 ▶ 삶을 맑고 향기롭게
▶ 지계에 대한 생활 속의 실천성
▶ 자녀에 대한 불자의 교육 방법 ▶ 포교는 어떻게 할 것인가
▶ 부모님과의 갈등 요인

불기 2543년
청소년 여름 수련법회 식단

1999년 7. 27 ~ 30

	7월 27일(화)	28일(수)	29일(목)	30일(금)
아침		〈발 우〉 1. 콩나물국 2. 배추김치 3. 단무지 4. 가지볶음 5. 김 6. 호박볶음	〈발 우〉 1. 감자국 2. 배추김치 3. 단무지 4. 비듬나물 5. 콩나물무침 6. 감자채볶음	〈발 우〉 1. 콩나물국 2. 깍두기 3. 단무지 4. 고구마순볶음 5. 오이미역무침 6. 김
점심	〈식 판〉 1. 미역, 오이냉국 2. 배추김치 3. 깻잎조림 4. 콩나물 5. 감자볶음 6. 야채떡볶이	〈식 판〉 1. 미역, 오이냉국 2. 깍두기 3. 단무지 4. 알감자조림 5. 오이무침 6. 김	〈발 우〉 1. 미역, 오이냉국 2. 깍두기 3. 단무지 4. 깻잎조림 5. 두부조림 6. 다시마튀김	〈식 판〉 1. 쫄면 (오이, 당근, 양 배추, 다데기) 2. 배추김치 3. 단무지 4. 야채샐러드
저녁	〈발 우〉 1. 두부, 호박 된장국 2. 깍두기 3. 생오이무침 4. 미역튀김 5. 단무지 6. 두부조림	〈발 우〉 1. 카레라이스 (감자, 당근, 호 박, 버섯, 양배추) 2. 단무지 3. 배추김치	〈식 판〉 1. 짜장밥 (감자, 당근, 호박, 양배추) 2. 단무지 3. 배추김치	

불기 2543년

청소년 겨울 수련법회 식단

	12월 27일(월)	28일(화)	29일(수)	30일(목)
아 침		1. 콩나물국 2. 김치 3. 미역줄기볶음 4. 야채볶음 5. 김구이 6. 단무지	1. 무우버섯국 2. 김치 3. 시금치무침 4. 감자졸임 5. 두부졸임 6. 단무지	1. 시금치국 2. 김치 3. 도라지무침 4. 감자채볶음 5. 미역튀김 6. 단무지
점 심	〈식판공양〉 1. 시금치국 2. 떡볶이 3. 알타리무우 4. 콩나물무침 5. 김치 6. 야채샐러드 7. 고추장아찌	1. 두부된장국 2. 김치 3. 고구마튀김 4. 알감자조림 5. 김무침 6. 단무지	1. 배추국 2. 김치 3. 단무지 4. 미역줄기무침 5. 깻잎졸임 6. 단무지	(식판공양) 1. 볶음밥 2. 알타리동김치
저 녁	1. 고추장찌개 2. 김치 3. 시금치나물 4. 당근, 감자볶음 5. 다시마튀김 6. 단무지	1. 미역국 2. 백김치 3. 감자조림 4. 유부오이볶음 5. 미역튀김 6. 단무지	〈식판공양〉 1. 짜장면 2. 단무지 3. 김치	
기 타				

수련 중 청소도구 챙기기 및 전기, 난로 관리

시간	장 소	청소도구	수량	담당자	비 고	청소당번
오전 7:00	큰법당 (바깥축대 들마루 닦기) 축대, 계단 쓸기		4개 2개 5개 19개 4개 2개		행주와 걸레는 물 축여서 준비	
	수련원 (신발장앞 들마루 닦기)		6개 3개 2개 20개 4개 2개			
	발우 공양실, 2층 세면실		8개 5개 2개 20개 6개 6개			
	대중방 1층 세면실, 야간 화장실		6거 3개 15개 3개 3개			
	교육관 1,2층복도		5개 4개 15개		마포도 물 축여서 준비	
	1층 공양실		4개 4개 12가			
오전 4:00	2층 보일러 끄기 2층 전기 켜기 큰법당 전기 켜기 난로 켜기				오후 6시 20분 전 전기 켜기	경비 처사님
	※저녁 8시 보일러 켜기					

해상안전, 국가와 민족을 위한 기원 수륙대재

MBC 차인태 출발아침 방영

반별장기자랑

캠프파이어(불꽃축제)

청소년 인성 수련대회

- 화성군 학교 폭력 근절 대책위원회 의뢰 -

일시 1999년 9월 7일 ~
장소 청소년수련원
주최 화성군 학교 폭력 근절 지원 협의회
주관 신흥사 · 청소년수련원

차   례

※ 여기 없는 내용은 앞 청소년 수련자료집 참조

청소년 교육 취지

본 수련원 청소년 교육은 동(動)적 교육이 아니라 정(靜)적 교육에 중점을 두었습니다.

공연히 불안하고 산만하고 들뜬 청소년들의 번거로운 마음을 편안히 하고 고요하게 안정시키며 매사에 자신감이 넘치는 마음을 키우기 위해서입니다.

그리고 업(業: 행위, 행동)과 인과(因果)의 가르침으로 내 자신이 하는 행위에 따라 나의 행복과 불행이 결정되는 것이니 누구의 탓도 아님을 깨닫게 하고, 좋은 일을 하면 선업이 되어 복을 받고 나쁜 일을 하면 죄업이 되어 고통을 받게 되는 것을 실지 인과응보의 예화를 들어 이해와 납득이 가도록 교육합니다.

이러한 좋은 교육이 우리 민족에게는 정신적 지주가 되어 왔었는데 한참동안 인과윤회를 부정하는 서구의 사고가 들어오면서 우선 눈앞의 이익만 보고는 나쁜 짓을 하는 젊은 세대가 날로 늘고 있습니다. 그러나 과학은 고도로 발달하여 심령과학이 인과윤회를 입증하고 있으니 참으로 다행한 일입니다.

이 인과윤회 사상만 심어지면 무슨 폭력이 있겠으며, 청소년 탈선이 있을 수 있겠습니까? 이제까지 경험으로 이 곳 수련을 하고 간 사람들의 이야기를 들어보면 생활하면서 때로는 바르지 못한 길로 가다가도 언뜻 설법 생각이 나서 그 상황에서 빠져 나올 수 있는 힘이 생긴다는 것이었습니다. 바로 그것입니다. 바르게 착하게 살 수 있는 힘을 배양하는 것입니다.

환영사

오늘 우리 화성군 지역에 있는 ○○중·고등학교의 청소년 여러분들이 이 곳 신흥사·청소년 수련원에 와서 일일 수련을 하게 되어 무척 반갑습니다. 또 진심으로 여러분을 환영합니다.

이 곳 수련원은 원래 여러분들을 위해서 지어진 곳으로 그 동안 전국에서 많은 청소년들이 와서 수련을 하고 갔습니다. 그리고 가까운 중·고등학교에서는 졸업 특강으로 잠깐씩 와서 설법을 듣고 갔습니다만 오늘 이렇게 학교에서 단체로 하루를 수련하러 오신 여러분들을 대하니 스님의 소원이 이루어져서 아주 기쁩니다.

이 수련원을 짓고 경기도 교육청에 공문을 보내어 우리 학생들을 이렇게 학교에서 단체로 보내 주시면 인생을 바르게 살아가고 멋있게 행복하게 살아가는 좋은 가르침을 전해주고 싶어서였습니다. 지금으로부터 24년 전에 수원 교도소에 있는 살인을 저지른 한 청년 죄수의 참회편지를 보고 어린이, 청소년 수련을 시작하여 오늘에 이르기까지 수많은 청소년들이 수련을 하고 갔고, 또 그 수련을 통하여 보람있는 일도 많았습니다.

오늘의 하루 수련이 여러분들 인생에 큰 보탬이 되도록 정성껏 수련을 지도할 것입니다. 여러분들 역시 이제까지의 모든 잡다한 생각과 고정관념을 버리고 마음을 텅 비워 수련에 임하도록 하시기 바랍니다. 모쪼록 오늘 하루 수련이 진지하고 보람있게 이루어지기 바랍니다.

불기 2540년 ○○월　○○일 대한불교 조계종 신흥사·청소년 수련원장

청소년 인성 수련 일정표

불기 2540년   서기 1996년   월   일

시 간	일 정	내 용
9:00 –	수련원 도착	야! 신난다. 학교 출발 푸른 하늘, 맑은 공기, 아름다운 솔숲 신흥사 청소년 수련원으로 …
10:00 –	입 제 식	입제식순: 개식, 삼귀의 국기에 대한 경례 수련생 선서 → 수련생 대표 환영사 및 수련의 의의 입지발원, 사홍서원
10:30 –	강 의	이 세상에서 제일 아름답고 복 받는 일이 효도하는 길 1. 부모은중경→효사상 2.육방예경 사제, 붕우의 도리 청소년 윤리와 도덕 3. 인간을 편안하게 하는 5계(五戒)사상
11:30 –	발우공양 습의	환경보호와 발우공양 정신 1. 발우공양의 의의 정신 2. 습의(실습)
12:00 –	점심공양	발우공양 (2층 발우공양실)
13:00 –	야외문화 활동 심성수련 및 공동체놀이	조별 담임 간사 지도하에 마음을 활짝 열고 ……
14:00 –	선 체 조	청정한 정신을 회복하고 강건한 육체를 단련 지도: 태광 스님(정부종합청사에서 선체조 지도)
15:00 –	참 선	나는 누구인가? (마음을 고요히, 자신을 뒤돌아 보며)
16:00 – 17:00 –	야외문화 활동 및 회향식	1. 자료참조: 담임간사 2. 회향식: 수료증, 기념품 증정

야외 문화 활동

시 간	일 정	내　　　용	담당자	확인
1 코 스 ↓	큰법당 오른쪽 벽화앞	벽화 설명 1. 사적 유래 · 사적 217호 당성 · 신흥사 유래 · 청소년 수련원 유래 2. 벽화 설명		
2 코 스 ↓	수련원 왼 쪽 마 당	풍물 배우기 1. 사물의 종류 2. 우리 가락에 맞추어 흥겹게 　장고, 징. 북, 꽹과리를 쳐본다. 3. 우리 가락의 우수성을 체득한다.		
3 코 스 ↓	관 음 약수터 테라스 밑	· 인연 짓기 · 청소년 인성 수련대회 · 글귀(맑은 세상, 희망찬 세상, 청 　소년의 세상)에 맞게 한 사람이 한 　글자씩 찾아 목에 걸고 순서대로 　둥글게 서서 다 함께 노래 부르기 · 과일 공양		
4 코 스	수련원	· 소감문 쓰기 　수련 중 느낀 소감을 　진솔하게 쓰기		

청소년 인성 수련대회

제1차~6차

- 간사용 세부진행표 -

일 시 1996년 8월 ~ 11월
주 최 화성군 학교폭력 근절지원 협의회
주 관 대한불교 조계종
       신흥사 · 청소년수련원

청소년 인성 수련대회

일 시	1차	8월 22일	목요일	50명	오전 10시 ~ 오후 5시
	2차	9월 7일	첫째 토요일	130명	
	3차	9월 21일	셋째 토요일	130명	
	4차	10월 12일	둘째 토요일	130명	
	5차	10월 26일	넷째 토요일	130명	
	6차	11월 2일	첫째 토요일	130명	
장 소	신흥사 · 청소년 수련원				
주 최	신흥사 · 청소년 수련원 화성군 학교 폭력 근절 지원 협의회				
주 관	신흥사 · 청소년 수련원				

청소년 인성 수련대회 간사 임무 및 명단 수련생 현황

임 무	법사. 교사. 간사명	인 원 현 황	총 인 원	비 고
대 회 장	주지 성일 스님			
준 비	총무 선현 스님, 선관 스님			
사 무	문수화, 이윤미			
선 체 조	태광 스님			
총 진 행	한영옥 선생님			
심 성 수 련	한영옥 선생님			
풍 물 지 도	김지훈, 박상후, 황상서			
보 시 반	이제희	남: 여:		
지 계 반	김태숙	남: 여:		
인 욕 반	박상후	남: 여:		
정 진 반	김혜선	남: 여:		
선 정 반	이준영	남: 여:		
지 혜 반	김태광	남: 여:		

불기 2540년

청소년 인성 수련대회 세부 진행표

제 1차 ~ 6차

1996년 8월 ~ 11월

날짜	시간	일정	장소	내 용	담당자	준 비
8.22 9.7		사 무	사무실	1. 현수막 2점(큰법당 난간에 설치) 2. 수련복 150벌 3. 자료집 600부 4. 전체 출석부 5. 반출석부 4개 6. 반기 7. 반별 간사 명찰 8. 수료증 9. 기념품(동자상) ※ 식수 준비(물통 3개) ※ 선물: 선생님(영험록 테이프 1, 2집, 　　　 어린이 불교학교 지침서, 　　　 신도포교 지침서) 군수님(액자)	男 간사 자료집 챙기기 각반 담임 간사님	소감문, 설문지, 볼펜
	오전 9:50	안내 합장 인사	교육관 계단 입구	오는 수련생들 반갑게 맞이하여 1층 대중방, 男·女학생 수련복 입는 곳으로 안내. 빨리 갈아입고 수련원으로 데리고 옴.	男 : 김태광 　　 간사 女 : 김혜선 　　 간사	수련복 자료집
		반별 앉히기	수련원	1. 수련원으로 올라오면 반별 호명 하여 앉히고 명찰과 자료집 배부 2. 반별 출석부 점검	이제희 간사	명찰, 반기 반별출석부
	10:00			입제식순 • 개식 : 오늘 이곳에 오신 청소년 여러분 반갑습니다. 지금으로부터 '화성 군 학교 폭력 근절 지원협의회'가 주최하는 제2차 청소년 인성 수련 대회를 시작하겠습니다.	사 회 한영옥 간사	

모든 일정은 10분 전에 끝낸다.

청소년 인성 수련대회 세부 진행표

제 1차 ~ 6차

1996년 8월 ~ 11월

날짜	시간	일정	장소	내　　　용	담당자	준 비
				• 삼귀의 지혜와 자비로 모든 중생을 구제하시는 부처님 그리고 그 가르침, 그 가르침을 우리에게 전하시는 스님들께 귀의하는 삼귀의 순서입니다. • 국기에 대한 경례 나는 자랑스러운 태극기 앞에 조국과 민족의 무궁한 영광을 위하여 몸과 마음을 바쳐 충성을 다할 것을 굳게 다짐합니다.(바로) • 수련생 선서 다음은 수련생 선서를 수련생 대표 ○○○이 하겠습니다. 모두 오른손을 들어 선서 준비를 해 주시기 바랍니다. • 환영사(수련사) 다음은 수련원장이신 오성일 주지스님께서 환영사와 수련사를 해 주시겠습니다. 모두 단상을 향해 주세요. 목탁에 맞춰 반배 인사를 올리겠습니다. (인사 후) 자리에 앉아 즈세요. ※ 환영, 수련사 자료집 참조 • 격려사 • 입지발원 모두 일어서서 부처님을 향해 합장해 주세요. 　입지발원순서로 자료집 5쪽 우리다 함께를 ○○○ 양이 읽겠습니다. • 사홍서원 다 함께 사홍서원을 부르겠습니다.	(발언대 치우고 경상 준비)	

모든 일정은 10분 전에 끝낸다.

불기 2540년

청소년 인성 수련대회 세부 진행표

제 1차 ~ 6차

1996년 8월 ~ 11월

날짜	시간	일정	장소	내　　　용	담당자	준 비
				• 폐회 이상으로 제 2차 청소년 인성수련 대회 입제식을 마치겠습니다.		
	10:30	강 의		• 이어서 강의 순서로 효도사상과 청소년의 윤리에 대하여 주지스님께서 설법해 주시겠습니다. • 목탁에 맞추어 합장 반배로 인사드리겠습니다.		
	11:30	발우공양 습의	발우 공양실	1. 발우공양구 질서정연하게 정리, 찬상 제자리에 놓고 2. 좌석 배치 　　　공양구 지혜　선정　정진　　인욕　지계　　보시	주지스님 간사	
	12:00	점　심 발우공양	발우 공양실	자료집 참조	주지스님 간사	
	오후 1:00	심성수련	발우 공양실	인사: 만나서 반갑습니다. 이 시간은 청소년 여러분들이 마음을 활짝 열고 마음에 쌓았던 답답하였던 것을 훌훌 털어 버리는 좋은 시간입니다. 모두 허심탄회하게 편안한 마음으로 임하시기 바랍니다.		
	2:00	선체조	수련원	이 시간은 청정한 정신을 회복하고 강건한 육체를 단련하는 선체조 시간으로 기공선체조의 전문가이신 태광 스님을 모시고 하겠습니다.		
	3:00	참 선	수련원	이 시간은 나 자신을 돌아보며 나 자신을 찾는 시간입니다. 우리는 늘 나! 나! 내것! 하면서 살아가는데 그 나라고 하는 나는 누구인가? 내 주인공은 누구인가? 찾아보는 시간입니다.		

모든 일정은 10분 전에 끝낸다.

청소년 인성 수련대회 세부 진행표

제 1차 ~ 6차

1996년 8월 ~ 11월

날짜	시간	일정	장소	내　　　용	담당자	준 비
	3:00	참선	수련원	그 동안 나는 사람으로서 사람답게 살았나? 나는 나를 위하여 충실하였나? 하고 돌아보세요. 자식으로서 학생으로서 제자로서 그답게 살았나를 생각하면서 내 자신을 찾는 것입니다. 　이 참선은 불교신자가 아닌 사람들도 많은 호감을 가지고 하고 있습니다. 우선 마음이 안정되고 정신이 맑아지고 매사에 자신이 생기기 때문입니다. ※ 좌선법: 자료집 참조		
	4:00	야외 문화 활동 및 회향식	지 정 장 소	※ 자료집: 야외문화활동표 참조 (담임간사는 학생들 인솔하여 와서 줄 세우고 합장 반배로 선지식께 인사) • 1코스 선지식 　잘 오셨습니다. 　여기는 우리 고장 사적 　　탐방코너로 … • 2코스 선지식 　반갑습니다. 여기는 우리 민속놀이의 가장 신나는 사물놀이 코너입니다. 사물이란 장고, 징, 북, 꽹과리를 말하는 것인데 이 사물을 하면서 우리 가락의 우수성을 알게 될 것이며 한참 치면 머리가 시원해 집니다. 잘 배우기 바랍니다. 　그리고 짧은 시간이어서 아쉬운 사람들은 둘째, 넷째 일요일 오전 10시 반 중·고등학생회 법회에 나오면 마음대로 배울 수 있습니다.	주지 스님 김지훈 간사 박상후 간사	

모든 일정은 10분 전에 끝난다.

불기 2540년

청소년 인성 수련대회 세부 진행표

제 1차 ~ 6차

1996년 8월 ~ 11월

날짜	시간	일정	장소	내　　　　용	담당자	준 비
				• 3코스 선지식 　이곳은 인연짓기 코너입니다. 글귀는 이번 수련 주제입니다. 3분 내로 한 글귀를 주워 목에 걸고 순서대로 서 보세요(흩어진 글귀를 3분 만에 다 주워서 목에 걸고 순서대로 서면) 　부처님께서는 우리가 길을 가다가 서로 옷깃 한번 스쳐도 500생 인연이라고 하셨습니다. 오늘 이렇게 모여서 하루지만 함께 수련을 하는 이 인연은 오랜 세월 동안 맺어진 소중한 인연입니다. 오늘 이 시간을 맞이하여 우리와 만나는 모든 인연들이 그만큼 소중하다는 생각을 가지고 서로 돕고 서로 아끼는 인연이 되도록 합시다. 이제 함께 소중한 친구들이 손에 손 잡고 빙 둘러서서 ○○ 노래를 부르겠습니다.(끝나면) 　자 벤치에 편안히 앉아 향기로운 과일을 공양하겠습니다.(끝나면) 자 다음 코스로 가세요. • 4코스 선지식 　오늘 여러분들은 참으로 열심히 진지하게 수련을 잘 하셨습니다. 그리고 처음 경험해 보는 이 청소년 수련에 감동적이고 재미가 있었을 것입니다. 또한 주지스님의 설법을 통하여 앞으로 어떻게 바르게 살아야 하고 부모님께 효도와 스승께 보은의 마음은 어떻게 해야 하는가도 생각하게 되었을 것입니다. 그러한 느낀 것을 진솔하게 써 주시면 되겠습니다.	총무 스님 한영옥 선생님	

모든 일정은 10분 전에 끝낸다.

청소년 인성 수련대회 세부 진행표

제 1차 ~ 6차

1996년 8월 ~ 11월

날짜	시간	일정	장소	내　　용	담당자	준 비
		회향식	수련원	1. 개식: 오늘 하루 수련을 마치는 회향식을 하겠습니다. 2. 회향사: 주지 스님께서 회향사를 해 주시겠습니다. • 회향사 회향이란 오늘 우리가 열심히 수련한 이 좋은 공덕을 나와 모든 이웃에게 돌려 주는 것입니다. 오늘 여러분들이 수련한 이 공덕으로 지금 이 시간에도 탈선의 길목에서 방황하고 있는 우리 청소년 친구들이 그 어두운 늪에서 뛰쳐 나오기를 바랍니다. 오늘 여러분들 수련 참 잘하였습니다. 이 수련공덕으로 더욱 건강하고 공부도 잘 하여 어디에서나 꼭 필요한 사람들이 될 것입니다. 그리고 다시 이곳에 와서 맘껏 꿈을 키우기 바랍니다. • 이어서 수료증 수여가 있겠습니다. 대표 ○○○ 나와 주세요. • 격려사: 이 수련을 주최하신 협의회장이신 김일수 화성군수님의 격려사가 있겠습니다. • 사홍서원 모든 중생을 다 건지려는 사홍서원이 있겠습니다. • 폐식: 이상으로 화성군 학교 폭력 근절 지원협의회가 주최한 제2차 청소년 인성수련대회를 모두 마치겠습니다. 다 함께 손잡고 통일의 노래를 부르겠습니다.		

모든 일정은 10분전에 끝낸다.

청소년 인성 수련을 마치면서

청소년 여러분 수고 많으셨습니다.

오늘의 이 시간들이 여러분들에게 도움으로 안겨질 날이 곧 오리라 확신하면서, 보다 발전적이고 유익한 인성 수련의 프로그램 개발을 위해 여러분의 고견을 듣고자 하오니 정성껏 응답해 주시면 감사하겠습니다. (자신의 생각과 가까운 문항의 번호에 ∨ 표시 하십시오.)

1. 우리 가족들의 종교는?
① 모두 같은 종교이다.
② 각각 다른 종교이다.
③ 가족 모두 무종교이다.

2. 나의 종교는?
① 불교 ② 기독교 ③ 천주교 ④ 원불교 ⑤ 천도교 ⑥ 없음
⑦ 기타 (   )

3. 나의 학교생활은?
① 매우 즐겁다 ② 보통이다 ③ 별로 즐겁지 않다. ④ 매우 싫다 ⑤ 기타 (   )

4. 나의 교우관계는?
① 매우 좋은 편이다   ② 보통이다   ③ 그저 그렇다
④ 고민스럽다   ⑤ 매우 고민스럽다

5. 부모님에 대한 나의 생각은?
① 매우 좋은 편이다   ② 보통이다   ③ 그저 그렇다
④ 아버지를 존경한다. ⑤ 어머니를 존경한다   ⑥ 아버지가 싫
다
⑦ 어머니가 싫다.
⑧ 기타 (   )
※ ⑥ ⑦번에 응답했으면 그 이유는?
(   )

6. 현재 나의 가장 고민거리는?
① 공부 성적 문제   ② 이성문제   ③ 교우관계
④ 가족관계   ⑤ 기타(   )

7. 이성 교제에 대하여
① 관심이 있다   ② 관심이 없다   ③ 사귀고 싶다

8. 성교육은 받아 본 적이 있는지요?
① 있다   ② 없다

9. 청소년 성문제에 대하여
① 결혼할 때까지 순결을 지켜야 한다.

② 순결을 지키지 않아도 좋다.

10. 학교나 주변에서 친구나 그외 사람들로부터 폭력을 당한 적
이 있나요?
① 있다   ② 없다

11. 내 자신이 친구나 그외 사람들에게 폭력을 가한 적이 있나
요?
① 있다   ② 없다

12. 인성수련에 참가한 지금 나의 생각은?
① 참가하기를 잘한 것 같다   ② 보통이다   ③ 별로 도움이 되
지 않았다
④ 괜히 참가한 것 같다 ⑤ 기타 (   )

13. 오늘 이 수련에 참가하기 전에 절에 가 본 적이 있었나요?
① 자주 가 보았다 ② 가끔 가 보았다 ③ 처음 와 보았다
④ 가족들과 휴가 때 구경 정도는 했었다   ⑤ 기타 (   )

14. 스님에 대한 나의 생각은?
① 스님에게 친근감을 느끼게 되었다   ② 스님을 대하기가 조
금은 편해진 것 같다   ③ 참가하기 전과 별로 변화가 없다   ④
기타 (   )

15. 오전 10시부터 오후 5시까지 일정이?

① 알맞다   ② 너무 바쁘다   ③ 너무 한가하다
④ 짧은 시간에 많은 것을 접할 수 있어서 좋았다
⑤ 기타 (   )

16. 오늘 프로그램에서 가장 좋았던 것부터 차례로 번호를 쓰시
오.
① 강의( )   ② 발우공양( )   ③ 선체조( )
④ 참선( )   ⑤ 야외문화 활동( )

17. 오늘 프로그램에서 가장 힘들었던 것부터 차례로 번호를 쓰
시오.
① 강의( )   ② 발우공양( )   ③ 선체조( )
④ 참선( )   ⑤ 야외문화 활동( )

18. 다음에 이런 기회가 있다면 꼭 하고 싶은 프로그램이나 내
용은?

19. 스님께 드리고 싶은 말씀.

20. 인성수련을 마치고 난 소감은?

대 한

제   호

수 료 증

성 명 :

위 청소년은 본 수련원에서 지도한
청소년 인성 수련대회의 과정을
마쳤기에 이 수료증을 수여함.

● 일시 : 불기   년   월   일
　　　　서기   년   월   일
　　　　오전   시 ~ 오후   시

● 주 최 : 화성군 학교폭력 근절지원 협의회
● 주 관 : 대 한 불 교 조 계 종
　　　　　신흥사 · 청소년 수련원

　　　　　　원 장 오 성 일

민   국

청소년 참회 수련대회

- ○○여자중학교 의뢰 학교 폭력 2회 문제 학생 특수 수련대회 -

일 시 1999년 3월 23일 ~ 3월 26일(3박 4일)

장 소 신흥사 · 청소년 수련원

주 관 대한불교 조계종 전법도량

신흥사 · 청소년수련원

차례

일정표

1. 서원문, 108참회(1줄 쓰고 1배)

2. 나는 누구인가?

3. 상담(수련생 개별상담)

4. 설법 1. 청소년의 윤리와 도덕(5p.192 참조)

5. 『지장경』 독경(인과응보 교육)

6. 편지 쓰기(나에게 폭행 당한 후배에게)

7. 참선에 대하여

8. 참회문, 108참회(1줄 쓰고 1배)

9. 다도와 예절

10. 설법 2. 사람답게 사는 길(p.192 참조)

11. 『부모은중경』 독경

12. 편지 쓰기(부모님께)

13. 입지 발원문, 108참회

14. 구봉산에 올라 – 사적 217호 당성, 신흥사 · 청소년 수련원 유래

15. 불교 비디오 감상(바보 쥬리반타카)

16. 설법 3. 행복하게 사는 길(인과 설법)

17. 편지 쓰기(담임 선생님께)

18. 촛불 발원제

19. 소감문 쓰기

20. 부모의 길(학부모 설문지)

※ 4, 7, 9, 14번 내용은 앞의 청소년 수련 교재에서 참조. 5, 11번은 경전 참조.

수련생 수칙

1. 화합 단결한다.
2. 시간을 엄수한다.
3. 개인 행동을 삼간다.
4. 외모를 단정히 한다.
5. 만족감으로 공양을 든다.
6. 환경을 깨끗이 한다.
7. 상호 의사를 존중히 하고 신의로 대한다.
8. 제 규칙을 준수한다.

청소년 참회 수련회 일정표

불기 2543년   1999. 3. 23

일 시 / 시 간	3월 23일	3월 24일	3월 25일	3월 26일
4:00				
5:00		기상, 세면	기상, 세면	기상, 세면
6:00		새벽예불 기도, 108참회	새벽예불 기도, 108참회	새벽예불 기도, 108참회
7:00		휴 식	휴 식	휴 식
8:00		아침공양	아침공양	아침공양
9:00		도량청소 (큰법당, 식당)	도량청소 (큰법당, 식당)	도량청소 (큰법당, 식당)
10:00		참회문 쓰면서 108참회	참회문 쓰면서 입지발원 108참회	소감문 쓰기
10:30		참 선	참 선	
12:00	사시마지기도 108참회	사시마지기도 108참회	사시마지기도 108참회	회향기도 108참회
13:00	점심공양 (설겆이 거들기)	점심공양 (설겆이 거들기)	점심공양 (설겆이 거들기)	점심공양
14:00	나는 누구인가? (용지 쓰면서)	다도와 예절	구봉산에 올라 (자연보호)	회향식
15:00	11대1 상담 (주지스님과)	불교비디오 감상 (똥군 니다이)	불교비디오 감상 (바보 쥬리반특가)	
16:30	설법: 청소년의 윤리와 도덕(5계)	설법: 사람답게 사는 길(육방예경)	설법: 행복하게 사는 길(인과설법)	
17:00	휴 식	휴 식	휴 식	
18:00	저녁공양	저녁공양	저녁공양	
19:00	저녁예불, 기도	저녁예불, 기도	저녁예불, 기도	
20:00	독경: 지장경	독경: 부모은중경	서원의 밤 (서원문 쓰기)	
21:00	편지쓰기 (나로 인해…)	편지쓰기 (부모님께!)	편지쓰기 (담임선생님께!)	
↓	취 침	취 침	취 침	

청소년 참회 수련대회

서원문

일체유심조(一切唯心造) : 이 세상 모든 것은 마음 먹은 대로 된다.
부처님, 착하고 바르게 행복하게 살기를 원합니다.
(한 줄 쓰고 절 1배: 108배)

1.   2.
3.   4.
~108.

대한불교 조계종 전법도량

신흥사 · 청소년 수련원

청소년 참회 수련대회

'자아발견' 나는 누구인가?
착한 일을 하는 나는 누구인가?
악한 일을 하는 나는 누구인가?

나의 나쁜 점(자꾸 자꾸 고칠 점 10가지)

나의 좋은 점(자꾸 자꾸 키울 점 10가지)

○○여자 중학교　　　학년　　　반
이름:

대한불교 조계종 전법도량
신흥사 · 청소년 수련원

청소년 참회 수련대회

상담

마음을 활짝 열고

○ ○ 중학교 제   학년   반   이름:

1. 가   족: (부):   (모):   (형제):

2. 부 직업: 모 직업:

3. 장래희망:

4. 자신의 능력:

5. 세상은 아름다운가? (   ) 그 반대인가? (   )

   왜 그렇게 생각하는가?

6. 종교는 필요한가? 왜 그렇게 생각하는가?

7. 인과응보는 믿는가?

8. 음주? (   ) 흡연? (   ) 폭력? (   ) 가출? (   )

   기타 (   ) 경험이 있는가?

9. 자신이 폭력을 당해 본 적이 있는가?

10. 남을 폭행해 본 적이 있는가? 있다면 폭력 사건 동기는?

11. 앞으로의 마음가짐:

※ 상담자(신흥사 · 청소년 수련원장 오성일) 의견:

대한불교 조계종 전법도량   신흥사 · 청소년 수련원

청소년 참회 수련대회

참회

10악 참회 (1줄 쓰고 1배: 108배)

1 . 살생하고 남을 괴롭힌 죄 참회합니다.

3 .

5 .

7 .

9 .

11 . 도적질한 죄 참회합니다.

13 .

15 .

17 .

19 .

21 . 사음한 죄 참회합니다.

23 .

25 .

27 .

29 .

31 . 거짓말한 죄 참회합니다.

33 .

35 .

대한불교 조계종 전법도량
신흥사 · 청소년 수련원

부모의 길
– 자녀의 바른 교육을 위하여 –

1. 평소 딸을 대하는 어머니의 자세는 어떠하셨습니까?

2. 딸이 요구하는 것을 어느 정도 수용하는 편이십니까?

3. 딸이 말을 듣지 않을 때 어떻게 해결하십니까?

4. 딸의 학업에 어느 정도 관심을 두셨나요?

5. 딸아이가 친구들과 폭력을 행사한 사실을 누구를 통해 들었으며 심정은 어떠하셨습니까?

6. 앞으로 어머니는 가족과 함께 딸을 어떻게 대할 생각이신지요.

7. 부모님의 종교는?

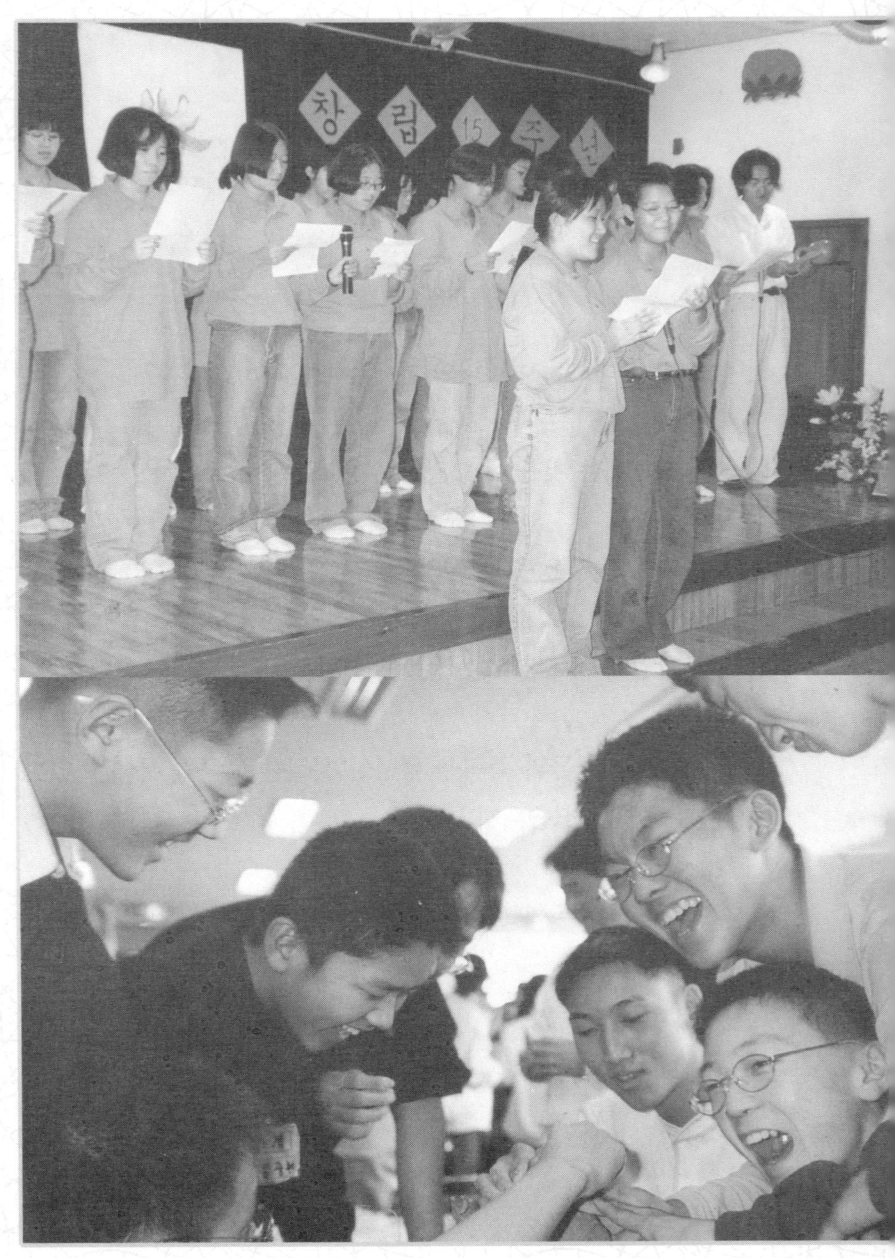

창 립 15 주 년

III

정기법회를 통한 청소년 포교

우리 함께 일요일에 만나요

청소년!

그 이름은 아름답고 희망입니다. 여기 청소년 여러분의 값있고 행복한 생활을 위해 청소년의 모임을 마련한 신흥사 중 · 고등학생회가 있습니다.

누구든지 오셔서 어려움도 해결할 수 있으며, 여러분의 꿈과 희망을 가꿀 수 있는 사색과 대화의 광장으로

「매주 일요일, 오전 10시부터 12시까지」법회(모임)를 갖습니다.

"청소년 여러분, 일요일마다 어디를 가시는지요?"

여기 우리들의 청소년 수련원에 오셔서,

우리들의 값있고 밝은 삶을 어떻게 살 것인가?

우리들의 미래의 꿈과 희망을 어떻게 이룰 것인가?

사색해 보고, 그 지혜를 얻지 않으시렵니까?

첫째주: 서원법회

청소년 여러분!

생활하면서 여러 가지로 어려움도 많고, 또 뜻대로 되지 않아 좌절할 때가 많을 것입니다.

이것은 우리들이 오랜 옛적부터 지어온 죄업(잘못한 일들) 때문입니다.

이 죄업은 진실한 마음으로 참회(뉘우치는 것)하고, 간절하고 정

성스러운 마음으로 서원(기도)드리면, 어려움도 해결되고, 모든 일
들이 뜻대로 이루어 집니다.

둘째주: 선정법회
　오늘날 우리들의 생활은 너무 번거롭고 안정이 되지 않아, 우리
들의 마음은 늘 허공에 둥둥 떠서 공연히 불안하고, 쓸데없는 망상
과 나쁜 유혹에 시달리고 있습니다.
　고요히 참선(명상, 사색)하고, 조용히 붓글씨를 쓰면서 마음의 안
정을 얻고, 지혜를 얻으십시오.

셋째주: 예의 생활 법회
　현대는 나 혼자서는 살 수가 없습니다.
　여럿이 모여 사는 대중사회입니다.
　대중이 모이는 곳에는 서로 질서와 예의를 지켜야 하면, 인간이
편안하게 살려면 윤리와 도덕을 지켜야 합니다.
　부모와 자식, 스승과 제자, 형제와 친구, 이웃간의 윤리, 예의 및
일상생활의 예절을 익혀, 교양 있는 청소년이 됩시다.

넷째주: 봉사법회

　특별활동을 통해 우리들의 능력과 자신감을 회복하며 건전한 우
리 전통 놀이(풍물치기)를 통해 심신을 단련하고, 남을 돕는 마음
으로 인간이 사는 보람과 환희를 배웁시다.

신흥사 야사 중·고등학생회 회칙

제 1 장 총칙

① 제 1조(명칭): 본 회는 신흥사 야사 중·고등학생회라 칭한다.

② 제 2조(목적): 불기 2526년(1982년) 9월 첫째 일요일에 창립된 본 학생회는 부처님의 가르침을 배우고 실천하여 인격 완성과 법우들 간의 친목과 정진을 통하여 밝고 진실한 청소년으로 고운 심성을 함양하고 보살도의 길을 구현하고자 하는 데 그 목적이 있다.

③ 제 3조(사업):

- 월 2회(2, 4째 일요일) 정기법회를 갖고 불교를 배우고 실천한다.
- 년 2회(여름, 겨울방학) 수련대회를 갖는다.
- 사찰행사와 수련 때 자원봉사(풍물 공연, 찬불가 합창, 연극 공연, 문예 활동, 도량 청소, 정리 등)
- 기타 대외 활동(군부대, 양로원 등 위문)을 갖는다.

제 2 장 회원 자격 및 의무와 권리

① 제 4조 (회원 자격): 불교를 좋아하는 모든 중 · 고등학생들

② 제 5조(회원 의무):

- 본 회의 회원은 일요정기법회에 결석하지 않고, 자신의 신행과 새법우 포교에 힘쓴다.
- 사찰의 행사 때나 청소년 수련 때 풍물공연 및 수련준비에 적극 봉사한다.
- 정해진 회비를 납부한다.
- 청소년 불자로서의

절대적인 믿음(삼귀의)

크나큰 서원(사홍서원)

끊임없는 실천(육바라밀)을 실천한다.

③ 제 6조(권리) : 선거권, 피선거권, 결의권이 있다.

④ 제 7조(이익) :

- 수련 때 수련회비 할인

- 장학금(20만원) 혜택

- 대학시험합격 축하 장학금(50만원) 혜택

- 8조(회비) : 본 회의 회비는 매월 2,000원으로 정한다.

제 3 장 임원 및 임무

① 제 9조(임원) : 본회의 고문은 신흥사 주지스님을 당연직으로 추대하고 회장, 부회장, 총무 각 1명, 부장 4명을 두며 임기는 1년으로 한다.

② 제 10조(임원 임무) :

- 회장 : 본 회를 대표하며, 법회 진행과 법회지 만드는 일을 총괄한다.

- 부회장 : 회장을 도와 회의 일을 같이하며, 회장 유고시에 회장의 임무를 대행한다.

- 총무 : 회계(재무, 경리)와 제반 업무를 맡아 한다.

- 부장 4명 : 각 부서의 소속 부의 특별활동을 활발히 주관하고 부원 법우들의 친목을 도모한다.

- 풍물부 : 사물(북, 징, 장고, 꽹과리) 치기, 우리 가락의 우수성과 우리 것에 대한 소중함을 일깨워주고 청소년 정서 순화에 좋은 활동, 절의 행사와 수련 때 공연하여 환희심을 더해주며,

외부 위문 특별공연도 하게 된다.

- 합창부: 청순한 목소리로 찬불가를 불러 위로는 부처님을 찬
탄하고, 아래로는 청중들의 마음을 청량한 감동으로 이끈다.
- 문예부: 아름다운 마음으로 시도 쓰고 일요 정기법회의 법회
지를 만들며 1년에 한 번 회지도 만든다.
- 연극부: 한없이 가지고 있는 꿈과 재량을 마음껏 표현하고 발
휘할 수 있는 연극부. 절의 행사와 수련 때 특별공연을 하여
많은 감동을 준다.

제 4 장 회의

① 제 11조(종류): 본 회의 정기총회와 임시총회로 구분한다.
- 정기총회는 매년 2월 졸업법회일
- 임시총회는 임원회의 결의에 의하여 총회가 필요할 때
- 임원회의는 필요할 때 정기법회일에 한다.

② 제 12조(결의): 본 회의 총회는 다음 사항을 결의한다.
- 임원 선출
- 사업 계획
- 예산 결산 심의
- 회칙 개정
- 기타 본회 발전을 위한 일

모든 의결은 회원 과반수 이상 출석과 출석 회원 과반수 이상의
찬성에 의한다.

제 5 장 지도법사

① 제 13조(법사): 지도법사는 본 회의 설법 및 회원 불자를 바

른 길로 지도한다.

제 6 장 지도간사

① 제 14조(간사): 지도간사는 여래회(간사회)에서 선출하며 임기는 1년으로 한다. 항상 후배들을 돕는 자세로 봉사한다. 간사는 정기법회를 진행하는 간사 1명, 풍물부를 지도하는 간사 1명을 둔다 - 단, 정기법회 간사는 합창, 연극, 문예부를 총 지도한다. -

제 7 장 회칙 개정

① 제 15조(회칙): 회칙 개정은 필요시에 총회에서만 할 수 있으며,

② 제 16조(개정): 회원 과반수의 찬성으로 한다.

③ 제 17조(통과): 회칙 개정안이 통과되면 그날로부터 효력을 발생한다.

제 8 장 재정

① 제 18조: 본 회의 수입은 정기회비, 불교용품 판매 수익금, 사중지원으로 구분하며 회비는 총회에서 그 액수를 결정한다

- 정기회비는 매월 일인당 2000원으로 한다.
- 불교용품 수익금은 부처님 오신날 불교용품 판매 수익금을 말한다.
- 사중지원금

② 제 19조: 본 회의 경비는 다음의 수익금으로 한다

- 회원의 회비
- 불교용품 판매수익금

• 사중지원금은 청소년 포교를 위하여 꼭 필요시에 지원 받는다.

② 제 20조: 종합 결산 보고는 반드시 총회에서 한다.

제 9 장 부칙

① 제 21조: 본 회칙은 공포한 날로부터 효력을 발생한다.

② 제 22조: 행사 때 결석할 경우에는 임원단에게 하루 전 연락을 해야한다.

③ 제 23조: 본 회칙은 불기 2526년(1982년) 2월 10일 제정 공포한다.

신흥사 야사 중·고등학생회 정기법회
입회원서 및 회원카드

<table>
<tr><td rowspan="2">성 명</td><td>(한 글)</td><td>법 명</td><td></td><td rowspan="5"></td></tr>
<tr><td>(한 자)</td><td>성 별</td><td></td></tr>
<tr><td>생년월일</td><td colspan="3">음력/양력　　년　　월　　일</td></tr>
<tr><td>본 적</td><td colspan="3"></td></tr>
<tr><td rowspan="2">현 주 소</td><td colspan="2" rowspan="2"></td><td>TEL</td><td></td></tr>
<tr><td>TEL</td><td></td></tr>
<tr><td>소속학교</td><td colspan="4">학교　　　　학년　　　　반</td></tr>
<tr><td>취 미</td><td>특 기</td><td colspan="3">혈액형</td></tr>
<tr><td>가입동기</td><td colspan="4"></td></tr>
<tr><td>가 입 일</td><td colspan="4">년　　　　월　　　　일</td></tr>
<tr><td>희망사항</td><td colspan="4"></td></tr>
<tr><td>학생회에서
활동사항</td><td colspan="4"></td></tr>
</table>

　　저는 학생회의 취지와 목적을 명심하여 회칙을 준수하여 청소년 불자로서 사명을 다할 것을 삼보전에 귀의하여 다짐합니다.

　　　　　불기　　　　년　　　　월　　　　일

　　　　　　　입회자　　　　　　　　　　합장

대한불교 조계종 야사 중·고등학생회 귀중

신흥사 야사 중·고등학생회 정기법회 출석부

지도법사:
지도간사:

불기 254   년(200   년)

번 호	이 름	법 명	학 교	학 년	성 별	1월		2월		3월		4월		5월		6월		7월		8월		9월		10월		11월		12월		
						2	4	2	4	2	4	2	4	2	4	2	4	2	4	2	4	2	4	2	4	2	4	2	4

대한불교 조계종 신흥사 · 청소년 수련원

신흥사 야사 중·고등학생회 정기법회 주소록

불기 254　년(200　년)

지도법사:
지도간사:

번 호	법 명	이 름	학 교	학 년	전화번호	주　　소	입회날짜	인도자	보호자

대한불교 조계종 신흥사 · 청소년 수련원

신흥사 야사 중·고등학생회 정기법회 회비장부

지도법사:
지도간사:

불기 254 년(200 년)

번호	법 명	이 름	학 교	학 년													

대한불교 조계종 신흥사·청소년 수련원

※ 회비 납부자는 ○표함

정기법회 연(월)중 계획표-월 2주 법회〔1〕

· 정기법회: 년 26회(매월 2회)
· 수련대회: 년 2회(여름, 겨울 방학 중)

· 교재: 불교성전

※ 이곳 신흥사는 거리가 멀어서
　현재 월 2회로 법회를 하고 있음.

월	주	법회이름	설법주제	수행목표	특별활동 및 토론	준 비
1월	2째주	성도절 봉축법회 준비	부처님 성도의 의의	우리가 할 수 있는 정진?	찬불가, 성도재의 노래 연극: 쥬리반타카, 풍물 연습	연극의상 등
	4째주	성도절 봉축법회 평가	최초의 설법	부처님의 가르침을 열심히 배우기	1. 찬불가를 부르는 우리 자세 2. 연극 공연에 대한 평가 3. 풍물 공연에 대하여	
2월	2째주	졸업법회 준비	전도 부촉	포교의 중요성	1. 법회지 만들기 2. 송사, 답사 준비 3. 풍물 연습 4. 선물 준비	
	4째주	졸업법회 (정기총회)	졸업의 의미 업과 윤회	나쁜 업은 졸업 선업은 실천	졸업법회 　제1부: 순서 참조 　제2부: 임원 선출 　제3부: 다과회(노래 부르기)	졸업증서, 상품, 임원선출 투표지, 무지개떡, 과일, 과자, 차
3월	2째주	신입생 환영법회	새로운 인연 불교와의 만남	불교와의 만남을 감사하게 행복하게	1. 새법우 소개 서로 자기 소개 2. 입회원서 쓰기 3. 풍물 치기 4. 법회지 만들기	
	4째주	정기법회	부처님 어떤 분이신가 1. 석가모니 부처님 전생 2. 도솔래의상 3. 비람강생상	우리도 부처님같이 수행 정진	1. 회원주소록 쓰기 2. 출석부 반별(6바라밀) 정리 3. 반별 불교예절 익히기. (간사, 반장 지도) 4. 풍물 연습 5. 법회지 만들기	법회장소 청소 (수련원) 보시, 지계 청소도구 준비
4월	2째주	방생법회 (식목일을 맞이하여)	4. 사문유관상 ※ 방생의 의의	중생의 생로병사를 보고 중생의 고통을 덜어 주신 부처님의 자비, 방생은 적극적인 자비	1. 절도량에 나무 가꾸기 2. 풍물 연습 3. 법회지 만들기	법회장소 청소 (수련원) 인욕, 정진
	4째주	정기법회	5. 유성출가상 6. 수하항마상	부처님의 출가 고행정신 이어받고	1. 법회지 만들기 2. 풍물 연습	선정, 지혜

정기법회 연(월)중 계획표 - 월 2주 법회

· 불기 2540년(1996년)
· 정기법회: 년 26회(매월 2회)
· 수련대회:년 2회(여름, 겨울 방학 중)

※ 이곳 신흥사는 거리가 멀어서 현재 월 2회로 법회를 하고 있음.

월	주	법회이름	설법주제	수행목표	특별활동 및 토론	준비
5 월	2 째 주	부처님 오신날 봉축법회 준비	7. 녹원 전법상 8. 쌍림열반상 절대적인 믿음 삼귀의, 크나큰 서원 사홍서원	1. 열반을 성취하기 위하여 끊임없이 정진 2. 우리 청소년 삼귀의, 사홍서원, 실천하자.	1. 법회지 만들기 2. 부처님 오신날 봉축 양로원 자제정사 위문 풍물 공연 준비 3. 부처님 오신날 신행단체별 교리퀴즈 출전 준비 4. 풍물 치기	청소당번 반별 차례대로 출전자 선정
	4 째 주	정기법회 (선정법회)	1. 참선의 의의 2. 끊임없는 실천 6바라밀	마음을 조용히 하여 안정을 얻고 자신과 지혜를 성취하기 위하여	1. 법회지 만들기 2. 풍물 치기 3. 예불문, 반야심경 외우기	
6 월	2 째 주	친선 체육대회			수원 포교당 중·고등학생회와 친선 체육대회	서신, 수원에서 번갈아 개최
	4 째 주	정기법회 (독경대회)	1. 예불문 (5분향례) 2. 독경의 공덕	일상생활에서 아침, 저녁 간단히 부처님께 예불드리는 생활을 하자	1. 독경대회 1) 예불문 → 예선 2) 반야심경 → 본선 2. 법회지 만들기	상장 상품 준비
7 월	2 째 주	정기법회 (심성수련)	1. 사제 2. 팔정도	인간의 근본 문제를 인식하고 해탈하기 위하여 수행 정진해야 하는 것을 깨닫게 하기	1. 팔정도 찬불가 부르기 2. 법회지 만들기 3. 풍물 치기 4. 심성수련 실습	
	4 째 주	정기법회	12연기법	이 세상의 모든것은 인연에 의하여 일어났다가 인연에 의해서 멸한다	1. 여름 수련대회에 우리는 무엇을 할 것인가? 2. 풍물 치기 3. 법회지 만들기	여름수련 일정표 준비하여 보면서 평가회
8 월	2 째 주	정기법회 (청소년 여름수련 대회 평가)	사무량심 사섭법	자비희사 사무량심으로 끊임없이 이웃사랑, 보시, 애어, 이행, 봉사 사섭법으로 함께 사는 자비를 실천하자	1. 여름 수련 평가회 2. 법회지 만들기 3. 풍물 치기	여름 수련대회 일정표 준비
	4 째 주	정기법회 (창립법회 준비)	우란분절이란? 불교의 효도사상	효도란 가장 아름답고 복 받는 일. 목련존자의 효심을 본받자.	1. 법회지 만들기 2. 창립 16주년 기념법회준비 3. 풍물 치기	

정기법회 연증 계획표 - 월 2주 법회

· 불기 2540년(1996년)
· 정기법회: 년 26회(매월 2회)
· 수련대회: 년 2회(여름, 겨울 방학 중)

※ 이곳 신흥사는 거리가 멀어서
현재 월 2회로 법회를 하고 있음.

월	주	법회이름	설법주제	수행목표	특별활동 및 토론	준 비
9월	1째주	창립17주년 기념법회 ※2째주 쉼	이 세상에 사람 몸 받기 어렵고 불법 만나기 더욱 어려워라	일찍이 불교를 만난것 감사하고 학생회원이 된 것을 자랑스럽게 행복하게 느끼도록	제1부: 기념법회 제2부: 기념 예술제 제3부: 다과회	세부 진행표 참조
	4째주	2학기 기도법회	기도의 의의 기도하는 생활	지극한 기도로써 업장소멸하고 어려움을 지혜롭게 극복해 나가는 힘을 기르고 부처님의 가피를 느끼게 한다.	1. 법회지 만들기 2. 풍물 치기	

10월	2째주	정기법회 (독경 암송대회)	부처님의 위신력
			
			6신통 이야기
				톺가사의한 부처님의 위신력 (6신통) 우리도 수행정진하면 무한한 자신의 힘을 개발한다.	1. 독경대회
					  1) 예불문 → 예선
					  2) 반야심경 → 본선
					2. 법회지 만들기
						상장 상품준비

	4째주	야외법회 (성지순례)	오늘 성지순례지 소요산 자재암	자재암: 관세음보살님과 원효대사에 대한 이야기. 관세음보살의 위신력	1. 법회: 자재암 법당 2. 놀이: 세부진행표 참조	도시락 간식 준비
11월	2째주	대입 기도법회	신묘장구 대다라니의 위력 참회하는 마음으로 기도	지극한 정성으로 대입선배들을 위하여 기도	1. 법회지 만들기 2. 풍물 치기	
	4째주	정기법회	지혜와 자비의 말씀			
12월	2째주	정기법회				겨울수련 대회 일정표 준비
	4째주	정기법회 (수련준비)			1. 법회지 만들기 2. 풍물 연습 3. 겨울 수련 어떻게?	

정기법회 연(월)중 계획표 – 월 2주 법회〔2〕

교재: 불교성전

법회 일수: 26회 수련대회: 2회

거리 관계로 월 2회 법회를 하고 있음

월	일	법회이름	설 법 주 제	학 생 토 론 주 제	
1	8	신년불공법회	부처님의 생애(불교성전 pp. 3~28)	새해불교학생회원으로서의 자세	새 해 불 공
	21	성도재가족법회	부처님께서 성도하신 의의	연극 : 앙굴리말라 공연	휴 식
	22	정 기 법 회	〃	연극 · 평가 · 토론	〃
2	12	〃	부처님의 성도(불교성전 pp. 23~39)	내가 부처님이 된다면	誠初心學人文
	26	〃	최초의 설법 (〃 pp. 40~60)	처음 절에 왔을 때의 인상?	海東沙門牧牛子述
3	12	〃	여성의 출가 (〃 pp. 60~73)	내가 본 불교의 좋은 점	夫初心之人須遠離惡友
	26	〃	네 가지 진리 (〃 pp. 77~91)	내가 본 불교의 나쁜 점	親近賢善
4	2	〃	법이 쇠퇴하지 않으려면 (〃 pp. 92~106)	불교학생회원이 된 소감	受五戒十戒等
	16	〃	지혜와 자비의말씀 (〃 pp. 92~106)	나는 어떻게 불교를 믿게 되었나?	善知持犯開遮
5	7	〃	지혜와 자비의말씀 (〃 pp. 131~150)	四 · 八 봉축행사의 준비사항	등. 리본만들기 향로. 촛대 닦기
	20	부처님오신날봉축법회	부처님께서 이 세상에 오신 의의	법요식 중 합창, 손님 안내	제등행렬, 가장행렬
	21	정 기 법 회	〃	행사 뒷처리	행사 뒷처리
6	4	〃	피할 수 없는 죽음 (〃 pp. 151~170)	四 · 八 봉축행사 평가토론	설문지 작성
	18	〃	성인의 길 (〃 pp. 170~200)	어떻게 하면 법회를 기다리게 되나?	但依金口聖言
7	2	〃	전생에 쌓은 수행 (〃 pp. 201~221)	가장 감명받았던 부처님 말씀?	莫順庸流妄說
	16	〃	어리석음의 비유 (〃 pp. 222~247)	여름수련회에 대한 준비	旣己出家參音清衆
	29~8·1	여 름 수 련 회	불교의 근본 이념, 특색, 목적	수련이란 무엇인가?	수련생, 대화, 수계식
8	6	정 기 법 회	티끌을 벗어난 대장부 (〃 pp. 248~269)	기독교의 사랑과 불교의 자비 차이점	常念柔和善順
	20	〃	욕심이 적으면 근심도 적다 (〃 pp. 270~290)	어머니들의 불교 믿는 자세에 느낀 점	不得我慢貢高
9	3	〃	염불에 의한 구제 (〃 pp. 291~302)	아버지의 불교에 대한 관심	大者爲兄小者爲弟
	17	〃	피안에 이르는길 (〃 pp. 305~324)	염불에 대한 나의 이해	黨有諍者兩說和合
10	1	야 외 법 회	순례사찰의 사적에 대하여	우리 나라 삼보사찰	通度寺, 海印寺, 松廣寺
	15	정 기 법 회	유마힐의 설법 (〃 pp. 325~342)	기독교와 불교의 차이점	但以慈心相向
11	1	〃	보살의 자비 (〃 pp. 342~362)	포교와 전도의 다른 점	不得惡語傷人
	15	〃	승만부인의 서원 (〃 pp. 363~384)	불교의 충효사상	若也欺凌同件
12	3	〃	지식과 지혜 (〃 pp. 385~408)	스님께 바라고 싶은 일들	論說是非如此出家
	17	〃	생멸이 없는 마음 (〃 pp. 409~431)	한 해를 보내면서 나의 신앙생활	全無利益
	28~31	겨울수련대회	영원한 생명, 열반의 기쁨 (〃 pp. 432~486)	자 자 회	

정기법회 연(월)중 계획표 – 월 4주 법회〔1〕

정기법회: 51회 방학수련대회: 2회   교재: 불교성전

월	주	법회이름	지 도 내 용	자료 및 교육목표
1월	첫째	성도재 준비법회	연극연습: 부처님의 생애 – 수하항마상 칠불암과 일곱 왕자님들의 성불	6년을 고행하시고, 마침내 인류의 최고 진리를 깨달으신 부처님의 위대하신 사상과 중생을 차별없이 사랑하여 제도하신 가없는 자비심을 알게 하고 자신들이 실천하도록 교육.
	둘째	성도재 준비	연극연습: 부처님의 생애 – 수하항마상 칠불암과 일곱 왕자님들의 성불	
	셋째	정기	보리수 아래에서 도를 이루신 부처님	
	넷째	정기	녹야원에서 최초 설법하신 부처님	
	특별법회	성도재 기념 1.10	1. 어린이, 중·고생, 부모님들과 함께 철야법회 2. 정근 및 참회기도 3.참선 4. 연극공연 5 가족 찬불가 대회 6. 새벽 촛불제 및 새해 발원법회	
2월	첫째	새해 세배	올 한 해도 부처님께 정성껏 귀의하여 착하고 행복하게 살기를 기원함.	새해에는 더욱 신심 있게 부처님의 가르침 배우고, 실천하고, 더욱 부처님 믿는 마음이 돈독하여 건강히 살도록 지도.
	둘째	성불도 놀이	부처님이 되는 공부의 수행절차를 교육하면서, 불가에서 하는 특유한 놀이	
	셋째	정기	야사의 출가, 야사의 친구 50명 출가 3가섭 형제의 제도	
	넷째	졸업 환송	인심이 흉악한 수로나국으로 포교를 떠나는 부루나 존자의 포교정신을 졸업생도 실천	졸업생들은 대학생 법회에 계속 나오도록 지도.
	특별법회	졸업환송 법회	개근한 모범청소년 포함, 기념품 증정, 다과회	

월	주	법회이름	지 도 내 용	자료 및 교육목표
3월	첫째	호국 (삼일절)	우리 나라 불교역사와 나라를 건진 서산, 영규 대사, 한용운 선사의 애국심과 불교인의 긍지를 갖도록 지도.	유구하고 찬란한 한국 불교 역사를 이야기해주어 불교가 우리 나라를 위하여 얼마나 공헌하였고 문화를 남겼는가를 알게 하며 불자가 된 것에 자부심과 긍지를 갖게 한다. 부처님을 믿으면 잘 살 수 있다.
	둘째	정기	죽림정사 건립과 빔비사라왕 부처님의 10대 제자 중 사리불, 목건련, 가섭 존자	
	셋째	정기	난타 태자, 라훌라, 아나율 등 5왕자 출가, 이발사 우바리 출가.	
	넷째	신입생 환영	부처님은 이 세상에서 제일 훌륭하신 분, 부처님을 만나 뵙고 그 가르침을 알게된 우리는 지혜롭고 행복한 사람들	
	특별 법회	신입생 환영법회	부처님 품 속에서 함께 만난 인연의 소중함을 일깨워 줌. 화기애애한 분위기에서 자신들을 각자 소개하는 자리를 마련, 반도 정하고 반장도 선출	
4월	첫째	식목	작은 풀 한 포기에 이르기까지도 중생을, 자연을 사랑하시는 부처님의 자비심을 실천하도록 지도	불교의 적극적인 자비는 방생. 자연을 살리고, 지구를 살리는 것이 인간을 살리는 길, 불교의식 지도. 연극 공연의 참여 의식 고취.
	둘째	방생	가족 방생법회, 방생이란 무엇인가?	
	셋째	독경 암송	예불문, 반야심경을 쉽게 설명 암송 지도, 암송	
	넷째	부처님 오신날 봉축 준비	연극 연습: 부처님이 오셨네요 찬불가: 합창, 독창 연습	
	다섯째	부처님 오신날 봉축 준비	연극 연습:부처님이 오셨네요 −비람강생상 찬불가: 합창, 독창 연습	
	특별 법회	식목, 방생	· 사찰 도량에 나무를 심고, 잔디에 풀도 뽑고, 꽃씨도 뿌리고, 환경 정리, 도량청소 · 방생법회는 부모님들과 함께	

월	주	법회이름	지　도　내　용	자료 및 교육목표
5월	첫째	부처님 오신날 봉축준비	부처님 오신날 연등 준비, 연극 연습. 부처님꼐 올릴 공양 준비, 찬불가 연습.	부처님께서이 세상에 오심을 기뻐하고 친근감이 가도록 교육.
		어버이날 효도	부모은중경 부모님 은혜 10가지 이야기, 카네이션 한 송이씩 나눠주면서 아침에 달아드리도록 지도. 어버이들의 불교에 대한 마음이 높아지도록	
	둘째	정기	기원정사의 건립과 급고독 장자의 끊임 없고 변함없는 공양과 신심.	보물찾기 법회. 같은 형의 정기법회에 변화를 주고 법회 흥미를 더함과 동시에 공부한 내용을 다시 익히게 함.
	셋째	보물찾기	멀리 가기 어려우면 가까운 山에 모두 올라 보물찾기 종이에 교리 한 가지씩 써놓고 찾은 다음 답을 말하면 상을 줌	
	넷째	정기	연극: 아기부처님 룸비니동산에 태어나시는 모습.	
	특별 법회	부처님 오신날 봉축 5.8	1.「부처님 으신날」 리본 달아드리기 2. 봉축식 때 찬불가 합창 3. 연극 공연 4. 찬불가 발표회 5. 제등행렬, 목탁연주대 　가장행렬, 풍물치기	
6월	첫째	정기	설법: 급고독 장자의 며느리 옥야를 제 도하신 부처닏, 길에서 스님께 인사 잘 한 사람 칭찬.	날씨도 더워지고 큰 행사도 지난 조금은 권태로운 달이니 정기법회라도 변화 있게, 효율적으로 하기 위함.
	둘째	정기 (독경암송)	예불문, 반야심경 쉽게 설명, 독경의 공덕과 영험 이야기	
	셋째	부처님 오신날 봉축 준비	월광 동자 이야기(부처님의 신통력) 앙굴리말라 제도하신 부처님. 설문지 조사	
	넷째	정 기 (설문지 쓰기)	설법: 육사외도, 부부외도, 500외도 제도하신 부처님. 설문지 조사.	설문지 조사로 청소년 포교에 반영 하고 반성하고 보완 필요.
	특별 법회	설문지 쓰기	청소년들이 무엇을 생각하고 무엇을 바 라는지 파악하고 법회의 운영도 보완해 나가기 위해서 폴요한 일이다.	

월	주	법회이름	지 도 내 용	자료 및 교육목표
7월	첫째	정기	부처님 다시 카필라성으로 오시다. 정반왕의 죽음. 마하파사파제 왕비의 출가.	축생까지도 제도하신 부처님의 위신력과 대자비심을 일깨워줌. 불교에 귀의하여 경건한 수계식을 하고 부처님의 아들 딸들이 되었다는 영광스러운 마음과 불퇴전의 마음을 나게 함. 여름수련대회의 성황과 교육목표 달성.
	둘째	정기	독룡, 사나운 소, 술취한 코끼리를 제도하신 부처님.	
	셋째	정기	데바닷타의 최후, 노지 장자 교화	
	넷째	정기	· 계단을 건립하신 부처님 · 청소년 5계의 설명	
		수련대회		
	특별법회	수련대회 수계식	· 다채로운 수련대회 프로그램 진행 · 장엄한 수계식으로 영원히 부처님의 제자라는 불퇴전심과 긍지와 자세를 청소년 가슴에 강렬하게 심어주어야 함	
8월	첫째	우란분재	목건련 존자가 어머니를 아귀지옥에서 구한 이야기, 우란분재의 시초	인간의 기본자세인 효도에 대하여 가르치며 효도야말로 인간이 가장 바르게 사는 길임을 교육.
	둘째		가난한 노인이 부처님을 뵙다. 추한 여자가 미녀가 되다.	
	셋째		빔비사라왕과 아사세 태자의 인과 이야기	
	넷째		○년을 돌이켜 보는 의견 발표 프로그램 준비	조상께 제사 드리는 의의와 필요성. 시식의 첫 동기
	특별법회		부모님들과 함께 조상님들께 제사를 올림.	

월	주	법회이름	지 도 내 용	자료 및 교육목표
9월	첫째	창립 ○주년 기념법회	불교를 믿는 우리는 이 세상에서 제일 지혜롭고 행복한 사람들이다.	위대한 부처님의 사상과 권선징악의 가르침.
	둘째	정기	난국왕이 며느리로 인하여 부처님께 귀의, 장님아이가 부처님을 보다.	
	셋째	정기	늙은 여종을 제도하시다. 어린이를 통해 부처님께 공양하다.	
	넷째	정기 (글짓기)	돈을 주어 공양 올리다. 늙은 거지가 부처님을 뵙다.	
10월	특별 법회	창립 3주년 기념법회	· 기념법회 · 기념 다과회 · 소감 발표회	부처님의 위신력으로 많은 중생을 제도하시는 자비로우신 부처님을 청소년 가슴에 가득히… 야외법회의 의도는 신심 고취.
	첫째	야외법회	천안 망향의 동산, 크신 부처님께 가다. 중·고생 언니들과 함께	
	둘째		하늘에 제사 지내는 화묵임금님 제도 백정 소년 제도	
	셋째		어부들을 구제하시다. 사냥군, 추한 소년을 제도하시다.	
	넷째		도적, 똥치는 사람을 제도하시다. 갓난 아기를 구하시다.	
	특별 법회	야외 법회	천안 망향의 동산 참배 크신 부처님, 용주사 참배	

월	주	법회이름	지　도　내　용	자료 및 교육목표
11월	첫째	공양 발원	모래를 공양 올려 대왕(아쇼카)이 된 어린이	부처님께 공양 올리는 공덕은 한량없는 복이 됨을 교육. 우리 청소년들도 실천하도록…
	둘째	정기	버들과 물을 공양 올려 제도 받다. 목숨 걸고 꽃 공양한 공덕	
	셋째	슬라이드	손오공	
	넷째	정기	기와 일산을 공양한 공덕 조각옷 공양한 공덕, 놀란 사자와 토끼	
	특별 법회	공양 올림	부처님께 공양 한 가지씩 올리고 발원을 하도록	
12월	첫째	정기	신묘장구대다라니를 증명하시다. 승광왕이 정치하는 법을 묻다.	신묘장구대다라니의 위력으로 독경자세 진지하게. 나라도 잘 다스릴 수 있는 법을 부처님께서는 임금에게 일러주심. 겨울수련대회 짧은 시간에 부처님이 제일이고 불교가 제일이라는 것을 청소년 마음에 가득히 심어줌.
	둘째		유마거사와 문수보살. 쇠북과 참회.	
	셋째		반야심경을 설법하시다.	
	넷째	겨울 수련대회	일정표대로 진행.	
	특별 법회	겨울 수련대회	일정표대로 진행.	

정기법회 연(월)중 계획표 – 월 4주 법회〔2〕

법회일수: 26회 수련대회: 2회

월	매주 토	법회이름	설 법 주 제	학 생 토 론 주 제	
1월	1	신년불공법회	불공의 의의, 공덕	불자로서 새해 계획	성도재 연극준비
		성도재가족법회	부처님께서 성도하신 의의	연극: 부처님의 정각	〃
	2	정 기 법 회	종교란 무엇인가?	기독교 친구와의 교우관계	
	3	〃	불교란 무엇인가?	법우들의 관계	
	4	〃	불교의 세 가지 보배	스님에 대한 나의 생각	
2월	1	〃	법 · 보 · 화 삼신불	내가 할 수 있는 포교?	
	2	〃	석가모니 부처님의 생애	우리도 부처가 될 수 있는가?	
	3	〃	네 가지 진리	기독교와 불교의 차이점	
	4	〃	여덟 가지 바른 길	자신의 자랑	
3월	1	호 국 법 회	삼일절과 한용운 선사	신입생 환영법회 준비	준비
	2	신입생환영법회	우리는 왜 불교를 믿어야 하나?	법우 소개, 다과회	준비물: 과일 과자 떡
	3	정 기 법 회	십이인연	우상이란?	
	4	〃	사견과 정견	불상의 손모양은 무엇을 의미하나?	
4월	1	식 목 법 회	나무 한 그루 심어 가꾸는 마음	기　념	
	2	정 기 법 회	관세음보살 영험록	나는 불공을 올리고 싶은가?	
	3	〃	고행과 바른 수형	불교의 나의 실천	
	4	시 낭 송 법 회	부처님의 시, 법구경	시　낭　송	시　낭　송
5월	1	효 도 법 회	부모은중경 강의	지계에 대한 우리 자세	
	2	정 기 법 회	네 가지 관법	四 · 八 봉축 법회 준비	
		부처님오신날봉축법회	부처님께서 이 세상에 오신 의의	합창, 안내, 제등행렬	
	3	정 기 법 회	나를 보려거든 법을 보아라	四 · 八 행사 평가 토론	
	4	〃	법다운 보시	사찰 건물 이름과 이해	
6월	1	〃	사술에서 돌아온 사람들	법구의 이름과 이해	
	2	참 선 법 회	화두란 무엇인가?	참　선	
	3	정 기 법 회	법의 상속자	내가 스님이라면?	
	4	〃	바다의 비유	산중절과 도시절	
7월	1	〃	관세음보살 영험록	108 참회	
	2	〃	함부로 신통을 부리지 말 것	한국어 속에 담긴 불교용어	

월	일	법회이름	설 법 주 제	학 생 토 론 주 제	
8	1	발원법회	부처님의 가피	천수경 독송, 정근(1000번)	축 원
	2	정 기 법 회	나도 밭을 갈고 씨를 뿌린다	멋이란?	地藏殿, 龍華殿
	3	〃	어진 아내의 도리	어진 남편의 도리	三聖閣, 寮舍
	4	〃	열 가지 선악	사랑과 우정	十善惡
9	1	창립기념법회	우리는 왜 불교를 믿어야 하나?	다 과 회	
	2	발원법회	부처님의 가피	천수경 독송 · 정근 · 축원	
	3	정 기 법 회	큰 공덕	한국인의 정신문화는 어디에?	諸惡莫作
	4	〃	스무 가지 어려움	이 시대의 불교가 할 일	衆善奉行
10	1	야외법회	순례사찰 사적에 대하여	여 행 자 의 하 루	
	2	정 기 법 회	사람으로 태어나기 어렵다	이 가을에 읽고 싶은 책	自淨其意
	3	〃	계율을 스승으로 삼아라	가장 감명깊었던 한국명작	是諸佛敎
	4	〃	마음을 잘 단속하라	내가 읽은 불교서적	三法印, 諸行無常
11	1	학력고사합격기원회	기도하는 마음	천수경 독송 · 헌공 · 정근 · 축원	
	2	정 기 법 회	참는 덕	기독교 사랑, 불교 자비 차이점	諸法無我, 涅槃寂靜
	3	〃	겸허하고 순박하라	5계를 얼마나 지키나?	衆生無邊誓願度
	4	〃	욕심이 적으면 근심도 적다	학생회 이대로 좋은가?	煩惱無盡誓願斷
12	1	정 기 법 회	무명 속의 밝은 등불	6바라밀 지키고 있나?	法門無量誓願學
	2	〃	여래는 길잡이다	한 해를 보내면서	佛道無上誓願成
		겨울수련회	수 련 교 재	수 련 생 활	준비물: 회비, 공양미, 필기도구 세면도구, 모포

학생회 활성화 방안

<table>
<tr><td rowspan="2">결
제</td><td>주 지 스 님</td></tr>
<tr><td></td></tr>
</table>

일일 시간 계획

10:30~12:00	법회 및 교리공부
12:00~13:00	점심공양 (생일파티)
13:00~14:30	특별활동(연극, 합창, 문예 및 풍물)
14:30~16:00	VTR 상영 및 정서교육
16:00 ~	귀　가

활동사항

1. 법회: 주지스님

2. 특별활동: 반별로 편성하여 반장을 중심으로 계속 연습
   　　　　　한 달에 한 번씩 점검
   　　　　　반은 풍물, 연극, 합창, 문예
   1) 연극: 6개월에 한 편씩 연습하여 행사에 공연
   2) 합창: 찬불가와 가곡, 건전가요를 중심으로 연습
   3) 풍물: 김지훈 간사가 지도.
   4) 문예: 격주 회보를 당일 제작, 시화, 시낭송
   ※ 이들 반은 절에서의 행사 때마다 프로그램을 제작하여 그때그때마다 공연함.

3. VTR 및 정서교육
   굿모닝 팝스의 프로그램을 참고하여 영어교육과 연계 상영함.
   아름다운 이야기는 문예부에서 이야기를 선정, 발표하여 느낌을 주고 받음으로써 정서를 함양.

학생회 활동 계획

1. 법회 : 매월 2째, 4째주 일요일 오전 10:30
2. 특별활동 : 레크리에이션, 연극, 풍물, 합창, 문예
3. 연 1회 체육대회, 야외 법회, 예술제
※ 인근 사찰들과 연대하여 행사를 개최
4. 굿모닝 팝스 영어 모임(가칭 : 아사스)을 만들어 학생들에게는 영어를
   쉽게 접하게 하고 신흥사를 대외적으로 홍보(영어 교육에도 도움).
5. 개인 신상 면담
   활동 시간에 아이들을 관찰하여 문제가 있는 아이는 고민을 들어주
   고 해결책을 주지스님이나 총무스님과 토의.
6. 생일 챙겨 주기
   한 달에 한 번 2째주 법회 공양시간에 그 달의 생일자들에게 선물을
   증정하고 축하해줌.
7. 새로운 법우
   새로운 법우들에게는 화분을 선물.
   중고등 학생이 있는 신도님들에게 홍보물 발송.
   가족 법회시 '3대가 같이 나올 수 있는 법회' 라는 이미지를 적극 홍
보.
8. 청소년들에게 친근감 있는 주제로 연 2회 특강
   예) 성교육, 진로상담 등
9. 방학 시기를 이용한 활동.
   전시회나 연극 등을 적극 권장
   봉사활동 : 양로원이나 고아원을 방문 효, 예, 인성 교육
10. 일주일에 한 번 법우들에게 편지쓰기

지도법사 : 주지스님

지도간사 : 이 제 희

지도법사 : 김 지 훈

신흥사 청소년 수련원

정기법회-학생회원들의 부처님 오신날 축가

정기법회-학상회 야사 풍물패의 성도절 봉축 공연

중·고등학생회 정기법회 순서

1) 기도
  ① 예불(오분향례)
  ② 반야심경
  ③ 천수경 독경
  ④ 정근
  ⑤ 축원

2) 법회
  ① 집회가
  ② 삼귀의
  ③ 찬불가
  ④ 청법가
  ⑤ 입정
  ⑥ 설법
  ⑦ 새법우 소개 및 환영가
  ⑧ 출석부르기
  ⑨ 청소년 발원문
  ⑩ 우리도 부처님같이
  ⑪ 승만서원
  ⑫ 사홍서원
  ⑬ 산회가

1) 특별활동

- 풍물부: 풍물연습
- 연극부: 연극연습
- 문예부: 시, 법회지 만들기
- 합창부: 찬불가 연습

창립법회

창립법회

부처님 오신 날 제등행진 중 풍물놀이

불기 2544년(2000년) 4월 9일

신흥사 야사 중·고등학생회

- 정기 법회지 -

때	매월 둘째, 넷째 일요일 10시
곳	신흥사 · 청소년 수련원
전화	031) 357 - 2695, 3916

중고등 학생회 정기법회 설법

제　회	불기 2000년 4월 9일 둘째 일요일	법회교재	청소년 불교입문
주　제	부루나 존자 (10대 제자 중 설법 제일)		

- 부루나 존자는 → 부처님이 태어나신 바로 그날
- 카필라성 이웃 → 부유한 바라문의 아들로 태어나다.
- 일찍부터 → 바라문교의 모든 경전 공부
- 총명한 능력을 발휘 → 질투심이 강해 → 견디다 못해 →
  → 세속의 은애(恩愛)를 끊고 → 산으로 들어가 → 고행정진
- 그 후 96종의 경서와 논서를 탐독하여 → 스스로 일체지를 얻었다고 자부
- 왕사성에서 → 부처님을 뵙고 → 크게 감화
- 부루나 존자는 → 독특한 설법 요령이 있었는데 일단 설법을 시작하면 → 먼저 뛰어난 말 솜씨로 사람들을 기쁘게 만들고 두 번째는 폐부를 찌르는 고언(苦言)으로 그들의 마음에 절실한 가책감을 가지게 하고 마지막에는 밝은 지혜로 모든 것이 공함을 가르쳐 듣는 사람들로 하여금 예외없이 해탈케 하였다.
- 불교를 믿지 않고 외도하는 수로나국 사람들을 교화하기 위하여 → 위험을 무릅쓰고 가려고 한다.
- 부처님께서는 "그 나라의 사람들은 아주 포악하고 잔인하다던데 그들이 너에게 욕을 하면 어떻게 하겠느냐?"
  "네, 그들이 저를 주먹으로 때리지 않는 것을 고맙게 생각할 것입니다."

“부루나야, 만약 그들이 너를 주먹으로 때린다면 어떻게 할 것이냐?”

“그렇다면 저는 사람들이 막대기로 때리지 않는 것만으로도 좋은 사람들이라 여길 것입니다.”

“부루나야, 그들이 막대기로 때린다면 어떻게 할 것이냐?”

“그들이 저를 막대기로 때린다면 칼로 베지 않는 것만으로도 좋은 사람들이라 여길 것입니다.”

“부루나야, 그들이 칼로 벤다면 어떻게 하겠느냐?”

“그때는 이렇게 생각하겠습니다. ‘세상에는 살아가면서 생기는 온갖 슬픈 일과 괴로움 때문에 덧없는 육신을 벗기를 원하는 사람도 있다. 이렇게 원하는 죽음을 그들이 나에게 베풀어주는 것이다.’라고 고맙게 생각하겠습니다.”

부루나 존자의 확고한 결의를 확인한 부처님은 말씀하셨다.

“훌륭한 일이다. 부루나야, 능히 인욕할 줄 아는 그대야말로 수로나국 사람들 사이에서 머물 만하다. 가거라, 가서 열심히 불법을 펼쳐 그들을 제도하라.”

마침내 부처님의 허락을 얻은 부루나 존자는 그 나라로 가서 불법을 펼치다가 열반에 들었습니다. 무섭고 나쁜 사람들로 소문이 났던 수로나국 사람들은 부루나 존자의 설법을 듣고 1년 동안 5백 명이 출가하여 승려가 되었으며, 사찰도 5백 개나 생겨났습니다.

그리고 그 나라 백성들은 열심히 부처님을 믿고 가르침을 따르는 착한 사람들이 되었습니다.

공지사항

하나. 다음 주는 대부분의 학교에서 중간고사가 있는데 법우님들
공부 열심히 하셔서 모두에게 좋은 결과가 있기를 부처님께
기도드립니다.

둘. 우리모두 법회에 꼬박꼬박 참석하고 회지를 열심히 만듭시다.

편집후기

석이가 해주는 말　회지 열심히 안 만드는 ××는 다음에 볼 때 가
만 안 둘껴 …
숙언니가 하고 싶은 말　절에 잘 나옵시다.
and … 법회 시간에는 쉿
윤경이가 하려구 하는 말　난 할 말 없는 걸…
덕이가 할 말　H·O·T를 사랑합시다. 또한 신흥사두 사랑합시다.

· **다음 회지 만드는 부서**
우리의 자랑 합창부(하는 일은 하나두 없음.)

· **key point**
우리 절의 자옥이는 (?)…
진숙이 언니…(장난이 아님…)

400

청소년 발원문(Ⅱ)

한량 없는 생명이요, 광명이요, 자비하신 부처님!

저희는 더 없이 맑고 선한 부처님의 아들, 딸들이옵기에 한 송이 깨끗한 연꽃을 들어 부처님께 돌아가나이다.

부처님!

저희가 어둠 속에서 방황할 때 당신의 눈빛을 보게 하시고, 시련 가운데 고통 할 때, 당신의 손길을 잡게 하시며, 불화로 인하여 반목할 때 당신의 미소를 생각하게 하시고, 게으름과 좌절에 빠져 나약할 때 당신의 고행을 배우게 하소서.

이 땅의 후손답게 부모님께 효도하고 나라에 충성하고 슬기롭고 긍지 있는 청소년들이 되게 하여 주시옵소서.

그리하여 저 찬란한 문화와 삼국통일을 이룩한 신라의 후예들이 되게 하시옵고, 이 나라가 다시 불국토가 되어 평화롭고, 안정된 나라가 되게 하시옵소서.

오늘 이 법회에 참석한 모든 법우들에게 부처님의 가피를 내리시어 건강하고 지혜롭게 학업에 열중하여 모든 일이 뜻대로 이루어지게 하시옵소서.

나무 석가모니불

나무 석가모니불

나무 시아본사 석가모니불

신흥사 학생회 소임 임무

1. 조직: 회장 - 학생회 대표

   부회장 - 회비 관리, 회장 대리

   총무 - 법회일지, 출석 점검

2. 부서: 문화부 - 도서관리, 벽신문, 법회지 제작

   섭외부 - (회장단) 타 학생 단체와의 교류, 행사준비,

   새 법우 지도

   특별활동부 - 학생토론, 풍물지도

3. 시간: 매달 둘째, 넷째 토요일 오후 3시

4. 회비: 매회 500원

   정회원 - 회비 납부의 의무

   회비는 학생회 행사에 쓰임

5. 교재: 불교성전, 교리노트, 교재는 실비로 정회원에게 지급

6. 법회내용: 1부 - 정기법회

   2부 - 특별활동(법우와의 대화, 풍물 치기, 행사 준비)

7. 새 법우: 스님과의 대화

법회 3회 동안은 준회원으로 하여 불교에 관한 기초적 교리를
배우며 본인이 들어가고 싶은 부서를 결정함.

8. 야외 법회, 체육대회는 각각 일년에 1회씩 거행

수련대회: 동계, 하계 1회씩 거행

신흥사 야사 중·고등학생회
정기법회 지도 간사 임무

2, 4째 일요일 오전 10시까지 절에 와서- 법회 준비

1. 입회원서: 서식대로 자세히 기록
2. 출석부: 학년별 정리
3. 주소록: 자세히 기록
4. 법회지: 정성껏 만들도록 지도
5. 법회일지: 꼭 쓰기

법회지 만드는 요령

그림, 컷을 사용
1면 – 표지
2면 – 설법
3면 – 교리공부
4면 – 소식란, 특별활동(풍물 잘 지도)

신흥사 야사 중 · 고등학생회 정기법회 일지

불기 254	년(200 년)		월 일 요일		
법회 종류	법회	법 사	회 장	기 록 자	
시 간					

참석인원	분류＼학년	중 학 생			고 등 학 생			총 명

참석인원	분류＼학년	1학년	2학년	3학년	1학년	2학년	3학년	총 명
	남							
	여							

법회내용	
공지사항	
오늘의 반성	
기 타	

대한불교 조계종 신흥사 · 청소년 수련원

성지순례 - 가정통신문

귀의 삼보하옵고,

단비가 내려 초록잎들이 더욱 싱그러운 봄날에 안녕하십니까?

그 동안 야사 중·고등학생회 정기법회에 자녀들을 꾸준히 동참시켜 주셔서 대단히 감사합니다. 학업에 쫓기는 가운데서도 우리 청소년 불자들이 법회에 열심히 나와서 부처님 말씀을 배우고 실천하고자 하는 느력은 참으로 자랑스럽습니다.

신흥사 크고 작은 행사에도 봉사를 아끼지 않고 동료 법우들과도 형제처럼 사이좋게 어울리는 모습은 불교의 밝은 앞날을 보는 것 같아 흐뭇합니다. 그 상으로 올해 중·고등학생회 야외법회를 강화 보문사와 전등사로 가기로 하였습니다. 부모님들께서 준비해 주실 사항은 아래 안내해 드리오니 참고하여 보내주시면 감사하겠습니다.. 불자님들의 가정에 늘 부처님의 가피가 충만하시며 하시는 일 모두 원만 성취되시길 기원 드립니다. 성불하십시오.　　　　　　　　　　　　　불기 2544년 5월 28일

- 다 음 -
· 날짜: 불기 2544(2000)년 6월 11일(둘째 일요일)
· 버스와 점심 도시락, 간식은 절에서 준비함
· 개인 준비물: 회비(3,000원), 모자, 개인용 돗자리
· 차 시간: 서신 쪽 – 서신 농협 앞 (7시) 송산 쪽 – 송산복지회관 앞(7시 20분)
　마도 쪽 – 마도버스정류장(7시 30분) 수원 쪽 – 새수원예식장 앞(8시 20분)

대한불교 조계종 전법도량신흥사 · 청소년 수련원

야사중 · 고등학생회 지도법사 선 관　야사중 · 고등학생회 지도간사 박성원 합장

특별활동, 성지순례, 야외법회, 체육대회

주관			지도법사	
			지도간사	
일 시				
장 소				
출발시간				
준 비 물				
활동내용 (시간대 별로)				
특기사항				

대한불교 조계종 신흥사 · 청소년 수련원

불교 포상 대장

회명				제 회	
일 시					
부문	상이름	등수	수상자	상품	비고

대한불교 조계종 신흥사 · 청소년 수련원

제 호

포교공로상

성 명   법 명

위 청소년 불자는 본 신흥사 중·고등
학생회원으로 학생법회에 열심히 동참
하여 성실하고 불심이 돈독하며 나아가
친구들을 부처님께 귀의 시키는 포교에
힘써서 이에 포교 공로상을 수여함.

불기 2540 년 2월 25일

대한불교 조계종
신흥사·청소년 수련원
주지 오 성 일

제 호

96학년도 대학시험 합격

축하 장학금

성 명   법 명

위 청소년 불자는 신흥사 중·고등학생회원으로
학생법회에 열심히 나오고 성실하고 불심이 돈독
하며 공부도 잘하여 좋은 성적으로 대학에 입학
하게 되어 모두 함께 축하하며 더 열심히 공부하
고 부처님 믿는 마음 더욱 굳건하여 나와 이웃에
게 빛이 되기를 바라며 이에 축하 장학금을
수여함.

불기 2540 년 부처님 성도하신날

대한불교 조계종
신흥사·청소년 수련원
주지 오 성 일

제 호

공 로 상

성 명   법 명

위 청소년 불자는 본 신흥사 중·고등
학생회원으로 학생법회에 열심히 동참
하여 성실하고 불심이 돈독하며 지난 6
년 동안 학생회를 위하여 많은 공로가
있으므로 이에 공로상을 수여함.

불기 2540 년 2월 25일

대한불교 조계종
신흥사·청소년 수련원
주지 오 성 일

전법도량 신흥사

야사 중고등학생회 창립 22주년 기념법회

불기 2543년 9월 첫째 일요일 12시
대한불교 조계종 전법도량
신흥사 · 청소년수련원

야사 중 · 고등 학생회 창립 22주년 기념법회

1부 사회: 정법 신현득 거사

- 집회가
- 삼귀의
- 찬불가
- 반야심경 봉독
- 청법가
- 입정
- 설법 – 주지스님
- 임명장, 장학금 수여 – 지도교사, 간사
- 기념품 증정(자원봉사단, 가릉빈가 합창단 수원 장안 법륜, 청년여래회)
- 축사 – 신도회장
- 발원문 – 학생회장
- 사홍서원
- 공지사항

2부 사회조성준 간사

- 어린이 합창(색종이마을, 개구쟁이스님)
- 해금 연주(학생회 조연경) 행운의 추첨
- 어린이 율동(선재어린이회 저학년)
- 승무(학생회 조보경)
- 학생회 합창(꿈을 뿌리자, 개구쟁이 스님) 대중 찬불가(사박걸음으로 가오리다)
- 어린이 항공(선재어린이회 고학년)
- 사물공연(야사풍물패)

※ 공지사항 – 1,2부 순서가 끝난 후에 1층 식당에서 창립법회 기념 및 신흥사 불교
대학 2학기 개강기념 대중공양 및 별식이 있으니 맛있게 드십시오.

신흥사 어린이 · 학생회 창립 22주년 기념법회

- 선재 어린이회 새 지도 교사 – 김혜선
- 선재 어린이회 새 반주 교사 – 정수연
- 야사 중 · 고등 학생회 새 지도 간사 – 박성원, 신석철
- 야사 중 · 고등 학생회 새 풍물 간사 – 김지훈, 박상후
- 야사 중 · 고등 학생회 새 반주 간사 – 정연수

※ 가을철 2학기를 맞아 야사 중 · 고등 학생회 법우님들, 법회
에 더 열심히 나오고 공부도 더 잘 하도록 해요.

중 · 고등학생회 법회 안내

- 때: 2, 4째 일요일 오전 10시
- 곳: 청소년 수련원
- 차: 수원 역전 오전 9시 버스 운행

학생회 졸업 법회

준비사항

1. 법회장 장엄 :

　② 법회 식순 - 전지에 써서 붙이고

2. 졸업증서

3. 졸업생 전체 선물

4. 임원진 공로 상장, 상품

5. 대학입학 축하 장학금, 장학증서

6. 송사, 답사

7. 설법

8. 꽃바구니, 꽃다발(청년여래회 준비)

9. 다과회 : 과일, 떡, 음료수

10. 점심공양

제 1 부: 기도

제 2 부: 졸업법회

식   순

사 회:

개회사　　　　사회자
집회가　　　　　　　다 같이 - 법 p. 74
삼귀의　　　　　　〃 - 법 p. 75
찬불가　　　　　　〃 - 법 p. 76
반야심경 봉독　　　　〃 - 법 p. 77
청법가　　　　　　〃 - 법 p. 82
입정　　　　　　　죽비 3번
설법　　　　　　　지도법사

수료증 수여 및 시상
축사　　　　　　　여래회 회장
송사　　　　　　　재학생 대표
답사　　　　　　　졸업생 대표
선물교환　　　　　여래회, 재학생 대표
공지사항
사홍서원　　　　　다 같이
산회가　　　　　　다 같이
폐회사　　　　사회자

제 3 부: 다과회

송 사

부처님의 자비로우신 품 속에서 만나 부처님의 가르침을 배우고 법회를 하고 수련을 한 것이 엊그제 같은데 벌써 선배님들과 헤어져야 하는군요.

항상 우린 선배님들께 무엇을 해주길 바라기만 하는 이기적인 후배였는데 선배님들은 항상 다정하게 우릴 대해 주었습니다.

앞으로도 그 마음 변하지 않길 바랍니다.

가끔 보고싶을 때 언제든지 서로 찾아와 만날 수 있게 또 그때 그 시절을 생각하며 웃을 수 있길 간절히 바랍니다.

우리는 가끔 이런 얘기를 하죠. 만남이 있으면 헤어짐도 있는 거라고…. 하지만 우리들의 만남은 학생회가 여래회로 이어지는 한 영원할 거라고 믿습니다.

선배님들이 여래회로 가신 빈 공백을, 곁에 있을 땐 느끼지 못했던 그 소중함을 우린 느낄 수가 있을 겁니다.

이렇게 떠나가심은 새로운 만남, 동료가 아닌 우릴 지도해 주는 간사님의 모습으로 만남을 기약하는 거죠.

그날 우리의 모습이 어찌 변할진 몰라도 우리의 법우애 변치 마시길 바라고 또 불교의 포교와 대중화를 위해 힘쓰는 훌륭한 지도 간사가 되시길 기원합니다.

언젠가 우리가 어느 정도 사회에 자리잡게 됐을 때 우리 절과 부처님 앞에 부끄럽지 않는 멋진 모습을 보여줄 수 있게 이 세상에 그리고 우리 종단에 꼭 필요한 존재가 될 수 있게 노력하시길 바랍니다.

학생회 대표

답 사

부처님의 사랑스런 불자들이 되고자 신흥사에 내디뎠던 첫 걸음을 이제는 옮겨야 될 때가 온 것 같습니다.

그동안 법회와 수련을 하면서 겪었던 기쁘고도 슬프고 때론 힘들었던 모든 일들이 지금 생각해 보면 우리 모두가 이 신흥사에, 더 나아가 이 나라에 중요한 없어서는 안 될 불자들이 되게 하기 위해 부처님께서 우리들에게 내리신 은덕이라 생각됩니다.

처음 못지 않게 중요한 것이 끝 마무리이기에 우리는 또 한 번 부처님 앞에 모였습니다. 부처님의 보살핌 아래 이만큼 성장한 우리들은 이젠 후배들 에게 이 자리를 물려주고 부처님께 한 걸음 더 다가가기 위한 또 다른 시작을 준비하여야 할 시기에 이르렀습니다.

시기가 시기인 만큼 새로운 각오와 좀더 성숙한 모습으로 여기 모인 우리들은 또다른 시작을 맞이 할 것 입니다.

그 동안 선배로서 후배들에게 좀 더 잘해 주지 못한것에 더한 미안함을 이 자리를 빌어 전하고 선배들이 못 다 이룬 일들을 우리 후배들이 멋진 모습을 기대하며 저희들은 이만 물러갑니다.

많은 아쉬움이 남았지만 그냥 묻어두고 이대로 떠납니다.

후배들, 열심히 생활하시고 성실한 부처님의 아들, 딸들이 되시길 진심으로 바랍니다. 성불합시다.

졸업생 대표

제　　　　호

수　료　증

성　명　　　　　　　　법　명

　위 청소년 불자는 본 신흥사 중·고등
학생회원으로 학생법회의 전 과정을 마
쳤기에 이에 수료증을 수여함.

불기 2540 년 2월 25일

대한불교 조계종
신흥사·청소년 수련원
주지 오 성 일

신흥사 장학제도

　신흥사 불교 장학생은 인근 서신 중학교 10명, 송산중학교 15명을 선발하여 해마다 입학식장에서 지급하며, 장학생 선발은 학교 측에서 추천한 학생으로 하고 있다.

　신흥사 내 장학생은 중·고등학생회 정기법회에 열심히 나오고 신심있고 학생회 소임을 맡아 열심히 한 학생에게 주며, 또 학생회원으로 법회에 열심히 나오고 공부 잘하여 대학에 입학하면 '대학 입학 축하 장학금'을 큰 액수를 지급하며 신도들이 많이 오는 큰 법회 날 부모님과 함께 나와 받아 가도록 하여 다른 신도들에게 귀감이 되게 한다.

　대학생 장학생은 중·고등학생회와 어린이회 정기법회(일요일) 때 지도간사로 1년간 봉사하는 학생들에게 지급한다.

대한불교 조계종 전법도량

신흥사 · 청소년 수련원

우 445 - 880 경기도 화성군 서신면 상안리 72 - 11 전화 031) 357-2695, 3916 Fax)357-8687

신　　홍 : 대불신 2544 - 16

시행일자 : 2000. 2. 9.

수　　신 : 서신중학교장

참　　조 : 교무주임

제　　목 : 2000학년도 장학생 선발 추천 의뢰

　윗 일 2000 학년도 귀교의 학생으로 밝고 성실하며 매사에 솔선수범하여 품행이 타에 모범이 되는 학생 10명을 추천해 주시면 감사하겠습니다. 장학금 지급은 신입생 입학식날 함께 하시도록 해주시기 바랍니다.

대한불교 조계종 전법도량

신흥사 · 청소년 수련원

주 지 오 　성　 일

2. 학교에서 온 공문

서 신 중 학 교

우 445 - 880 경기 화성 서신면 상안리 872 / 전화 (031) 357 - 3043/ 전송 (031) 357 - 5156
교 무 부   부장 문신조   담당자 홍사복

문서번호 서중 제 32호		
시행일자 2000. 2. 18. (년)		
(경 유)		
받 음 신흥사 주지스님		
참 조 장학금 지급 업무 담당자		
제 목 2000학년도 장학생 추천의 건		

신람			지시		
접수	일짜 시간		결재 · 공람		
	번호				
처리과					
담당자					
심사자			심사일		

윗 일, 대불신 2544 - 16(2000, 2. 9)에 대하여 아래와 같이 추천합니다.

-------------------------------- 아 래 --------------------------------

1. 장학금 수여 일시: 2000. 3. 2 (목) 입학식 오전 10:00

2. 장소: 서신중학교 운동장

3. 서신중학교 신흥사 장학생 추천 대상자 명단 (10명)

	학년	학생명	선정 근거
1	1	홍○○	분반고사 학년석차 11위
2	1	김○○	분반고사 학년석차 12위
3	1	김○○	분반고사 학년석차 13위
4	1	최○○	분반고사 학년석차 14위
5	2	김○○	학년말 석차 11위
6	2	김○○	학년말 석차 12위
7	2	이○○	가정 환경 불우
8	3	홍○○	학년말 석차 13위
9	3	이○○	학년말 석차 14위
10	3	조○○	학년말 석차 15위
계	10명		

서 신 중 학 교 장

신흥사 불교 장학금 지급 대장

번호	지급년.월.일	학 교	학년	성 명	장학금	계인

대한불교 조계종 신흥사 · 청소년 수련원

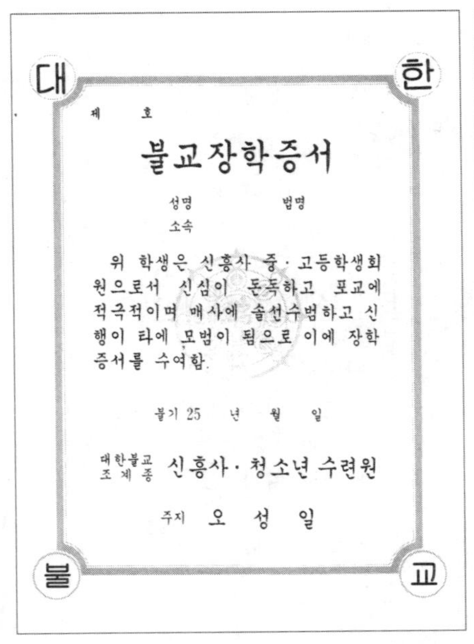

신흥사 학생회원용

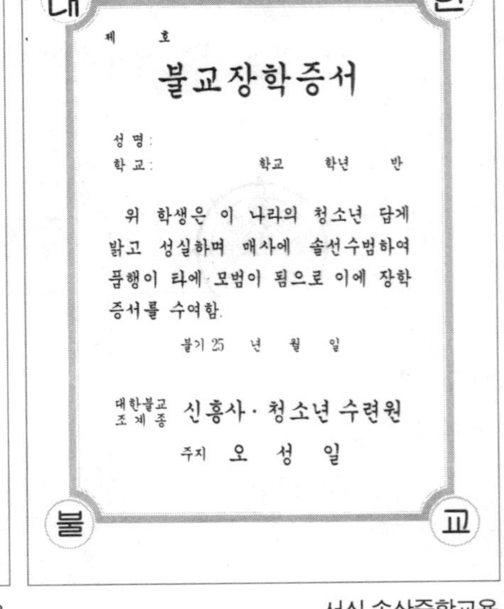

서신 송산중학교용

서신 중학교 행사, 석굴암 슬라이드 해설문

오늘 배울 과목은 석굴암에 대한 기행문이지만 여러분의 공부를 돕기 위하여 먼저 불국사와 석굴암을 짓게 된 유래를 『삼국유사』를 통해서 들어보겠습니다.

불국사와 석굴암을 지은 김대성은 신라 신문왕 때에 경주 모량 리라는 마을에서 한 가난한 여인의 아들로 태어났습니다. 갓 태어난 대성은 머리가 크고 이마가 넓어 커다란 성과 같았기 때문에 이름을 대성이라 하였습니다. 대성은 집이 너무나 가난하였기 때문에 어려서부터 그 마을에서 큰 부자인 복안의 집에서 일을 하고 생계를 이어 갔습니다. 청년이 된 대성에게는 일한 대가로 받은 밭 한 뙈기가 전 재산이었습니다.

그러던 어느 날 주인인 복안의 집에 흥륜사에 계신 점개 스님이 큰 법회를 열기 위하여 시주를 받으러 왔습니다. 그 때 복안은 기쁜 마음으로 비단 50필을 시주하였고, 점개 스님은 "신도가 보시하기를 좋아하면 천신이 항상 보호하여 하나를 보시하면 만 배를 얻게 하고 안락과 건강을 누리게 될 것입니다."라고 축원하였습니다.

이 말을 문 밖에서 들은 대성은 어머니께 달려가서 "어머니, 제가 지금 스님 말씀을 들으니 하나를 보시하면 만 배를 얻는다고 하십니다. 우리는 과거에 좋은 일을 한 것이 없어서 이렇게 가난하게 살고 있으니 지금 보시를 하지 않으면 내세에는 더욱 가난해질 것입니다. 제가 머슴살이를 하여 장만한 밭 한 뙈기, 그것이라도 시주하여 좋은 과보를 얻는 것이 어떻겠습니까?"

이 말을 들은 어머니도 아들의 말이 대견하여 기쁘게 승낙하였습니다. 대성은 점개 스님께 전 재산인 밭을 시주하였고, 그 후 얼마 지나지 않아 죽었습니다.

그날 밤 나라의 재상 김문량의 집에 하늘에서 들려오는 소리가 있어 "모량리의 대성이라는 아이가 너의 집에 다시 태어나리라."고 말했습니다. 재상 김문량이 깜짝 놀라 사람을 시켜 모량리를 조사하게 하였더니 과연 대성이 죽은 것이 사실이었습니다.

그날 하늘에서 들려온 소리와 동시에 김문량의 부인이 임신하여 아기를 낳았는데 왼손을 꼭 쥐고 펴지 않다가 7일 만에 점개 대사를 보고 드디어 손을 폈습니다. 그 손바닥에 대성이라는 두 글자가 새겨져 있었습니다. 모량리 대성임이 틀림없음을 알고 이름을 대성이라 하고 가난한 그 어머니도 함께 모셔다 살게 하였습니다.

대성은 장성하면서 사냥을 좋아하여 하루는 토함산에 올라가 큰 곰을 잡아 가지고 오다가 날이 저물어 산 밑 마을에서 자게 되었는데 꿈에 죽은 곰이 귀신으로 변하여 할퀴며 말하기를, "네가 어째서 나를 죽였느냐? 나도 너를 잡아먹으리라." 하며 달려들었습니다. 대성은 두려워 용서를 빌었습니다.

그러자 곰 귀신은 "네가 진정 나에게 용서를 빈다면 나를 위하여 절을 세워주겠는가?" 하므로 대성은 세워주기로 맹세하였습니다. 꿈에서 깨어 곧 그 자리에 절을 세워 웅수사라 하고 곰의 영혼을 위로하였습니다.

불교에 귀의한 대성은 사냥을 그만두고 더욱 불심이 돈독하여 현세의 부모를 위하여 불국사를 세우고 전생의 가난한 부모를 위하여 석굴암을 지었습니다. 이리하여 그 유명한 불국사와 석굴암이 세워졌습니다.

이제부터 석굴암 입구입니다. 석굴 입구에는 이와 같이 문을 세

위 앞에서 얼른 보기에는 굴 같지 않게 보이기도 하지만 그 문만 들어서면 아름다운 석굴 법당입니다.

이 석굴 법당 안에는 자비로운 미소로 끊임없이 중생을 내려다보고 계시는 본존 불상이 연화대 위에 앉아 계십니다. 이 본존 불상은 석가모니 부처님으르, 지금으로부터 2,540년 전 인도 카필라국의 태자로 태어나 나고, 늙고, 병들고, 죽고 하는 고통에서 헤매는 모든 중생을 건지기 위하여 왕위를 버리고 설산에서 6년 동안의 피나는 고행 끝에 이 으주의 참다운 진리를 깨달아 부처님이 되시어 모든 중생을 편안하고 안락하게 해 주신 분입니다.

이 십일면 관세음보살님은 얼굴이 열한 개의 관세음보살입니다. 관세음보살님은 모든 중생들의 소원을 다 들어 이루게 해 주시는 분으로 하나의 얼굴과 두 눈, 두 손으로 수많은 중생을 다 구제하기 어렵기 때문에 열 하나의 얼굴, 천 개의 얼굴, 천 개의 눈, 천 개의 손으로 많은 중생을 고통에서 건져주시는 분입니다.

이 금강 역사는 금강과 같이 단단한 지팡이를 짚고 부처님의 법을 지키는 하늘의 천신입니다.

이 문수보살님은 석가모니 부처님을 도와 중생에게 지혜를 주는 보살님입니다.

앞에서 본 십일면 관세음보살, 금강 역사, 문수보살 조각 외에도 석굴암 내부의 벽에는 이와 같은 여러 상이 조각되어 있습니다. 여러 조각상은 부처님의 십대 제자들의 모습입니다.

지혜가 제일인 사리불 존자

신통이 제일인 목건련 존자

두타가 제일인 마하가섭 존자

공한 이치를 제일 잘 까달으신 수보리 존자

설법을 제일 잘한 부루나 존자
이론에 제일 밝은 가전연 존자
진리의 눈을 가진 아나율 존자
계율을 지키는 데 제일인 우바리 존자
수행정진을 제일 잘한 라훌라 존자
부처님의 설법을 제일 많이 들은 아란 존자

여러분 이와 같이 장엄하고 아름다운 석굴법당에 끝없이 자비로운 미소로 중생을 내려다보시는 부처님 상을 조각한 우리의 조상들의 지혜롭고 자비로운 숨결이 들려오는 듯합니다. 전 세계인이 와서 감탄하고 감동하는 석굴암 본존 불상의 신비한 미소는 참으로 우리 민족의 영원한 자랑거리이고 긍지입니다.

– 서신중학교 행사 때 자료

졸업과 앞으로의 진로

송산종합고등학교 3학년 졸업반 학생들을 위한 설법 (1996. 12. 6. 수요일)

1) 인사

오늘 우리 수련원에 송고 졸업반 여러분들이 이렇게 와서 스님은 대단히 기쁩니다. 그리고 여러분들 환영합니다. 이 곳은 전국에서 많은 여러분들의 친구 청소년들이 수련 오는 곳입니다만 가장 가까운 지역에 있는 여러분들이 이 곳에 온 것을 더욱 반갑게 생각합니다.

전에는 스님이 학교에 가서 여러분들 선배들에게 이야기를 해주었는데, 이 곳에 여러분들을 오시게 한 것은 스님이 올해 8년째 두문불출 저 문 밖에 한 발자국도 나가지 않고 3,000일 기도 중이기 때문에 오라고 하였습니다.

여러분들도 우리 지역의 청소년 수련원인 이 곳도 한번 보게 되어 더욱 뜻깊은 일이라고 생각합니다. 모쪼록 오늘의 스님 이야기가 여러분들이 앞으로 살아가는 데 많은 도움이 되었으면 합니다.

2) 입정(入定)

이야기에 들어가기 전에 먼저 마음을 고요히 하는 명상의 시간을 갖겠습니다. 이 명상의 시간은 입정이라고도 하고 참선이라고도 합니다.

이 시간은: 나 자신을 돌아보며 나 자신을 찾는 시간입니다. 우리는 늘 나! 나! 내 것! 내 것! 하면서 살아가는데 그 '나' 라고 하는 나는 누구인가? 내 주인공은 누구인가? 찾아보는 시간입니다.

이 참선은: 불교신자가 아닌 사람들도 많은 호감을 가지고 있습니다. 우선 마음이 안정되고, 정신이 맑아지고 매사에 자신감이 생기기 때문입니다.

좌선이란 앉아서 참선(參禪)하는 것을 말하며, 범어 다나(dhyana)를 음역하면 선나(禪那) 선(禪)이라 하고, 번역하면 정려(靜慮: 定이라고도 함)라고 하여 마음이 고요한 세계로 가는 것을 말합니다.

3) 좌선하는 마음의 준비

대저 반야를 수행하는 보살은 먼저 반드시 대비심을 일으키고, 큰 서원을 세우고 열심히 선정의 삼매를 닦아 맹세코 중생을 제도할 것을 서약하며 자기의 일신만을 위하여 홀로 해탈을 구해서는 안 됩니다.

① 좌선법에 대해 자세히 살펴보면,

• 몸가짐

허리: 방석 위에 바르게 앉아 허리를 쭉 펴고

다리: 오른쪽 다리 위에 왼쪽 다리 얹고

손: 왼쪽 다리 위에 오른쪽 손 놓고, 오른쪽 손 위에 왼쪽 손 포개얹고, 엄지 손가락을 가볍게 서로 맞대어 타원형이 되게 한 다음 단전(배꼽)에 댑니다.

눈: 지그시 반쯤 뜨고 자기 코 끝이 보일까 말까 내려 뜹니다.

입: 꼭 다물고 이도 지그시 문 다음 혀끝을 입천장에 붙이고

코: 숨을 쉬는데

호흡조절: 숨을 들이 마셔서 단전에까지 이르도록 깊이 하여 한참 참았다가 길게 내뿜습니다. 단전호흡은 기(氣)를 몸에 집중시키

는 데 큰 도움을 주고 마음의 안정과 건강에 큰 힘이 됩니다.

마음가짐: 마음을 고요히 한 곳에 모아 화두(話頭: 알 수 없는 의심)를 듭니다.

우선 여러분들, 이제 중·고등학교 전 과정을 다 마쳐가면서 '그동안 나는 사람으로서 사람답게 살았나? 나는 나를 위하여 충실하였나?' 하고 돌아보세요. '자식으로서, 학생으로서, 제자로서 그답게 살았나?'를 생각하면서 나 자신을 찾는 것입니다.

(3분 정도 명상, 방선 죽비 치고 설법 시작)

4) 설법(說法)

졸업(卒業): 업을 마치다.

업(業)이란: 범어 까르마(karma), 몸과 입과 뜻으로 선(善)과 악(惡)을 짓는 행위를 말함.

업인(業因)이란: 그 선성(善性)과 악성(惡性)이 반드시 괴로움과 즐거움의 과보를 느끼는 것.

숙업(宿業): 과거에 지은 업.

현업(現業): 현재에 짓는 업.

나쁜 업은 졸업하고, 좋은 업은 행하자

이제 여러분들은 중·고등학교의 모든 업을 마치고 새로운 업을 찾아가는 아주 중요한 길목에 섰습니다.

먼저 외부적으로는 진학과 사회 진출의 두 가지 길이 있습니다. 이 둘 다 중요한 것은 마찬가지인데, 자기가 선택한 업에 얼마나 충실할 것인가가 관건인 것입니다.

개중에 어떤 학생들은 지난 고등학교 3년 동안 공부를 열심히 하지 못한 것을 지금 와서 후회하듯이, 인생도 열심히 살아놓지 않으면 일평생 회한이 따릅니다. 그러나 또한 잘하지 못한 지난 과거에 붙잡혀 시간을 낭비해서야 더욱 안 되겠지요.

진학하는 사람은 열심히 공부하고 사회에 진출하는 사람은 소신껏 자기 하는 일에 긍지와 기쁨을 가지고 임하는 자세가 필요합니다. 우리 나라 사회 구조가 대학을 나오지 않으면 대접을 받지 못하는 사회 풍토도 문제지만 더 큰 문제는 인생과 직업에 대한 바른 가치관이 제대로 조성되어 있지 않다는 데 있습니다.

인생과 직업에 바른 가치관을 갖자

개개인의 바른 가치관이 확립되지 않아 더욱 큰 문제입니다. 또한 직업에 대한 바른 가치관도 절대 필요합니다. 어떠한 일이든지 소중한 것은 다 마찬가지인데 자신이 얼마나 자기 하는 일에 사랑을 가지고 열심히 하느냐가 소중하며, 그 일에 대한 성공과 실패가 바로 거기에 달려 있습니다. 진학을 하든 사회에 진출하든 내 분수에, 내 능력에 맞게 열심히 성실하게 살아야 합니다. 앞으로의 내 인생을 성실하게 멋있게 살기 위해서 이제까지 지은 나쁜 업(행위)은 졸업하고 새로 선업(善業)을 시작하여야 합니다.

나는 나를 위하여 충실하였나?

– 부처님의 삶은 자리(自利)의 삶과 이타(利他)의 삶 두 가지로 나눌 수 있습니다.

① 자리(自利)의 삶(자기를 이롭게 하는 삶)

명상(冥想)을 통한 자아(自我＝atman＝自身) 완성의 삶

명상을 통해서 내적인 관조(觀照＝지혜로 사리 판단)

• 모든 지혜와 행복과 삶의 가치를 물질과 바깥 세계에서만 구하려는 마음을 내면의 세계에서 찾도록 함.

　명상을 통해서 자신감 회복

• 현대인의 불안 초조 노이로제에서 벗어나 항상 침착하고 여유 있는 심성을 함양.

• 정진(精進)을 통한 극기(克己)의 삶

물질만능의 풍조에서 정신가치의 회복

－자기의 삿된 욕심을 이성으로 눌러 이기고 과도한 충동과 감정을 억제하여 건전한 생활과 윤리회복

예: 감인대(堪忍待) 이야기(연극 대본편 참조)

견디고 참고, 기다리고, 모든 것에 꼭 필요한 감인대 주머니 이야기. 중생의 끊임없는 욕망의 다섯 가지 욕심, 재물의 욕심, 이성에 대한 욕심, 먹는 데 대한 욕심, 명예에 대한 욕심, 수명 즉 오래 살고 싶어하는 욕심, 가지고 싶어하는 물건을 가지지 못하더라도 견디고 참고 기다릴 줄 알아야 하며, 자기가 좋아하는 이성이 마음대로 되지 않더라도 지극히 사랑하면서 사랑해 줄 때까지 노력하고 견디고 참고 기다릴 줄 알아야지, 엊그제 뉴스에 애인이 자기 뜻대로 되지 않는다고 찔러 죽인 청년도 있던데 그게 무슨 사랑이겠습니까?

먹는 것도 옛날보다 얼마나 더 잘 먹습니까? 먹고 싶은 대로 다 먹지 못하는 것도 견디고 참고 기다릴 줄 알아야지요. 또 내가 좀 남보다 더 뛰어나고 싶은데, 유명해지고 싶은데 마음대로 되지 않는다고 엉뚱한 짓을 해서 관심을 사려는 심리도 반성해야 합니다. 세상에 훌륭하고 유명하게 알려진 사람은 꾸준히 자기 맡은 일을 열심히 하면서 어려울 때도 견디고 참고 기다린 덕입니다.

그리고 오래 살기 위해 남의 생명을 잡아먹고 남을 해치는 경우
가 많은데 그 또한 남의 목숨을 해쳐 나 살기를 바라지 말고 항상
마음을 즐거운 일에나 괴로운 일에나 평등히 가지고 모든 일에 견
디고 참고 기다리는 넉넉한 마음이 되면 자연히 건강해지고 오래
살게 됩니다.

• 정진(고행)을 통해서 인내력 기름.
−검소함과 절약함을 실천하고 근면성 터득

② 이타(利他)의 삶(남을 이롭게 하는 삶)
중생 구제의 삶: 개인주의에서 단체주의, 공동체 의식과 협동정
신 함양.
자비 실천의 삶: 나눔의 정신을 회복하고 이웃을 공경하고 섬기
는 자세, 끝없는 자비심 함양

나는 사람으로서 사람답게 살았는가?
(불살생 사상으로 학원 폭력 배제)
사람이라면 적어도 이 다섯 가지는 지키도록 노력하여야 합니다.

첫째: 살생하지 않는 대신에 방생을 실천
• 살생은 생명을 죽이거나 해치거나 괴롭히거나 하는 모든 나쁜
행위입니다.
• 다른 사람을 시켜서 죽이거나 해치거나
• 어떤 방법(방편)으로든 죽이거나 해치거나
• 남이 살생하는 것을 보고 따라 기뻐하면 스스로 죄업을 짓는
것과 같습니다.

　『열반경』에 부처님께서 말씀하시기를, 비록 사람이나 축생이나 벌레나 귀천에는 다름이 있지만 자기 목숨을 귀중히 여기고 죽음을 두렵게 여긴다는 점으로는 차별이 없다. 모든 생명은 다 채찍을 두려워한다."

　남을 때리고 해치고 죽이는 인과응보는 정확하여 또 다음에는 그가 나를 때리고 해치고 죽이게 됩니다.

　※ 예화

　부처님께서 사위국에 계실 때 제자들과 후미진 한 골목을 지나가고 계시는데 그 때 한 청소년이 칼을 들고 같은 또래의 청소년을 해치고 있었다. 칼에 맞은 청소년은 거의 목숨을 잃어가고 있었다. 부처님께서는 우선 칼을 휘두르는 청소년을 제지시키고 숨을 거두려는 청소년을 위하여 원한심을 버리고 보리심을 일으키도록 설법하였습니다.

　죽어 가는 친구에게 설법하시는 부처님의 가르침을 들은 이 칼을 휘두르던 청소년은 칼을 버리고 부처님 앞에 꿇어앉아 자신의 엄청난 잘못을 진심으로 뉘우치기 시작하였습니다.

　모시고 있던 부처님의 제자들은 부처님께 저들의 인연 업보를 여쭈었습니다. 부처님께서는 숙명통(과거세의 일을 훤히 아시는 신통)으로 그들의 과거세의 인연을 관찰하시고 제자들에게 조용히 말씀하셨습니다. "저들 두 젊은이들은 전생에도 같은 서당에서 공부하던 친구였는데 사소한 일로 싸우다가 끝내 한 친구를 죽이게 되었는데 오늘 죽은 사람은 전생에 친구를 죽인 사람이고 지금 여기 이 아이는 전생에 죽임을 당한 친구니라."

　인과응보는 정확하여 이렇게 서로 죽이고 죽임을 당하는 것이다. 스님이 듣기로는 요즘 학원 폭력이 아주 심하고 위기 상황에까지 다다랐다고 하는데 절대 안 되지요. 여러분들 위의 설화를 잘 마음속에 새겨서 나 자신이 매맞는 것을 두려워하고 죽기를 싫어하면 남도 나와 똑같은 마음이라 생각하고 항상 자비심으로써 친구를 대하고 모든 생명을 대하여 살생 대신에 남을 도와주고 죽어가는 생명도 살려주는 방생을 하여 우리 모두 함께 편안하여야 합니다. 이생에 많이 아프고 명이 짧아 일찍 죽는 사람은 전생에 살생을 많이 한 과보이고 이생에 건강하고 오래 사는 사람은 방생을 많이 한 공덕입니다.

둘째: 도둑질하지 않는 대신에 베풀어라(복덕 성취).
• 자기 스스로 훔치거나
• 남을 시켜 훔치게 하거나
• 방편으로 부당하게 남의 것을 취하는 것은 모두 도적질입니다. 이생에 많이 가난하고 고통받는 사람들은 전생에 남의 물건을 탐내고 훔치고, 빼앗고 한 업보로 가난하게 삽니다. 부자로 넉넉하게 잘 살려면 남에게 베풀어야지요.

셋째: 삿된 음행 하지 않는 대신에 청정한 행을 하라(순결 교육).
이 이야기는 결혼한 사람들이 자기 남편 외에 딴 남자와, 자기 부인 외에 딴 여자와 정을 통하는 것인데 여러분들은 아직 청소년이고 미혼이기 때문에 결혼할 때까지는 모두 순결을 지켜 깨끗하고 청순하게 살아야 합니다.
요즘 성 개방이니 뭐니 해서 잘못된 사고방식 때문에 우리 나라도 성도덕이 많이 무너져 내리고 있지만 그런 사고 방식으로 막 살다보면 자기 자신들이 불행해져요. 스님은 많은 사람들과 상담을 하는데 결혼 전에 순결을 지키지 않고 함부로 산 사람들은 결혼한 뒤에도 부부생활이 원만치 못하고 행복하지 못해요. 그리고 가장 마음이 청순해야 할 여러분 청소년들의 마음이 오염되고 산란해지며, 미혹해서 잘못된 길을 가게 됩니다.

어쨌든 결혼할 때까지는 순결을 꼭 지키고 결혼하여 내 사랑하는 남편, 내 사랑하는 아내에게 깨끗한 몸과 마음을 서로 줄 수 있어야 합니다. 이것이 우선적인 부부의 행복한 생활의 출발입니다. 이러한 가정은 항상 모든 가족이 화합하고 만사가 뜻대로 이루어집니다.

넷째: 거짓말하는 대신에 진실한 말을 하라(신뢰 성취).

크고 작은 거짓말로 수없이 남에게 해를 끼치는 경우가 많습니다. 큰 거짓말로는 '내가 메시아다. 미륵 부처다' 하여 많은 사람들을 현혹시켜 불행에 빠뜨리는 사이비 종교 교주들로부터 작게는 소소한 가지가지 거짓말로 남에게 해를 깨치고 불행으로 몰아 넣는 것이 있습니다.

또 번드르르하게 꾸밈말 하여 사기치고 이간시키는 말을 하여 사람들의 화목을 깨뜨리고 악담을 하여 남의 마음을 아프게 하는 것 등이다. 거짓말 대신에 항상 진실하고, 부드럽고 고운 말을 하여 신뢰를 얻고 화기애애한 언어 생활을 해야 합니다.

다섯째: 술 취하여 정신 잃는 대신에 바른 정신, 맑은 정신을 가지라(지혜 성취).

"술은 음료수인데 왜 마시지 말라고 하느냐?"라고 반문할지 모르지만 술, 담배, 아편, 본드, 마리화나, 저질문화(저질잡지, 만화,

소설, 영화 등)를 즐기게 되면 바른 정신 맑은 정신을 잃어버리고 온갖 잘못을 다 저지르기 때문입니다.

※ 예를 들면 돌이가 → 술, 본드에 물들었다. 술, 본드에 취해 → 여자, 남자 어울려 순결을 파하고 → 재미붙어 돈이 필요해서 남의 집에 훔치러 들어가 도둑질을 하게 되고 → 들키게 되면 살인도 하게 된다. → 나중에 붙잡혀 가서 문초 당할 때 하지 않았다고 딱 잡아떼고 → 거짓말을 하게 된다.

이래서 술은 음료수이지만 마시게 되면 한없는 잘못을 저지르게 되고 불행 속으로 떨어지게 됩니다.

나는 자식으로서 효도를 하였나?

부모님의 은혜는 참으로 하늘보다 높고 바다보다 깊습니다. 또한 이 세상에서 가장 아름답고 복 받는 일은 부모님께 효도하는 일이고 가장 불행하고 벌 받는 일은 불효하는 일이라고 부처님께서는 『부모은중경』에 말씀해 놓으셨습니다. 그리고 부모님의 크신 은혜 10가지를 들어 효도할 것을 가르치십니다.

• 잉태하여 10달 동안 지키고 보호해 주신 은혜

• 낳으실 때 고통받으시는 은혜

• 낳으시고 근심을 잊으신 은혜

• 쓴 것(맛없는 것)은 삼키시고 단 것(맛있는 것)은 먹여 주신 은혜

• 자식은 마른 자리에 눕게 하고 자신은 젖은 자리에 누우신 은혜

• 젖을 먹여 길러 주신 은혜

• 더러움을 씻어 주신 은혜

• 자식이 멀리 출타하면 걱정하시는 은혜

434

- 자식을 위해 고생하시는 은혜
- 끝까지 사랑해 주시는 은혜

또 『육방예경』에 자식은 부모에게 효도해야 하는 여섯 가지 일을 말씀하셨습니다.
- 부모님을 잘 받들어서 불편함이 없이 하고
- 어떠한 일이든지 하기 전에 부모님께 먼저 알려드리고
- 부모님이 하시는 일에 거슬리지 말고
- 부모님의 말씀을 어기지 말고
- 부모님께 걱정을 끼쳐드리지 말며
- 항상 부모님의 은혜를 생각하여 그 뜻에 따르는 것.

오늘날 우리 청소년이 할 수 있는 효도, 가장 일상적인 작은 것부터 실천하면 됩니다. 부모님이 자식을 위해서 바라시는 일들을 잘 따르는 것이 가장 큰 효도입니다.

나는 학생으로서 학생답게 살았나?

배움이라는 것은 참으로 기쁘고 소중한 일입니다. 만약에 스님과 여러분들이 우리 나라 문교부에서 나온 국어 책을 가지고 공부를 하지 않았다면 지금 여기서 스님이 아무리 말해도 여러분들이 알아듣지 못할 것이고, 또 저 제주도의 사람들도 우리 나라 사람이지만 만약에 똑같은 국어 책으로 공부하지 않았다면 말이 통하지 않아 살기 힘듭니다. 그래서 국어 공부를 할 필요가 있고 우리가 만약에 산수, 수학 공부를 하지 않았다면 가장 가까운 예로 차를 타고 차비를 3,000원 내어야 하는데 셈을 할 줄 몰라 1,000원만

내게 되면 차비 다 내지 않았다고 남에게 핀잔을 받게 될 것이고 반대로 3,000원 낼 것을 모르고 5,000원 내었다고 하면 2,000원 손해볼 것이니 이래서 산수, 수학 공부를 할 필요가 있습니다.

※ 예: 우리 신도 분 중에 54살 되신 어머니가 중1 영어를 시작하였습니다. 그 어머니는 아들딸이 다 대학원을 나와 교편을 잡고 있는데 큰딸이 결혼을 하기 위하여 사위 될 사람의 부모님 즉 사돈 될 분들과 서울 모호텔에서 만나는 약속을 하였는데 그 호텔 안에 들어가 영어로 써 놓은 것을 알지 못해 눈치로 찾다가 1시간을 늦게 약속 장소에 닿았고, 그런 저런 일로 좋은 조건의 그 결혼은 깨어져 버렸어요. 국민학교밖에 나오지 못한 이 어머니는 배우지 못한 것 때문에 일상 생활을 하는 가운데도 불편을 많이 겪었는데 이런 일을 당하고 보니 너무나 한이 되어 중 1영어를 시작하게 된 것입니다.

위와 같은 예를 보더라도 영어 공부 및 다른 여러 과목들의 공부를 할 필요가 있습니다. 항상 모르는 것을 배운다는 것은 기쁘고 소중한 일임을 순간 순간 깨달으면서 열심히 공부해야 합니다. 학생은 신분이 공부하는 것이므로 자기 신분에 맞게 열심히 공부 하는 것이 제일 아름다운 모습입니다. 그러한 배움을 베풀어주는 학교에 항상 감사하고 사랑하는 마음으로 자기 학교를 아끼고 가꾸어야 합니다.

나는 제자로서 제자답게 살았나?

저기 부처님 상을 한번 보세요.

저 부처님 관세음보살님이신데 저 관세음보살님의 머리 위의 화관에 작은 부처님 한 분 앉아 계시지요? 저 작은 부처님 이름이 아

미타 부처님이신데 관세음보살님의 스승입니다. 관세음보살님은
스승의 은혜가 소중하다고 수억 겁 동안 저렇게 이마 위에 스승이
신 아미타 부처님을 이고 계십니다.

여러분들은 여러분들에게 모르는 것을 가르쳐 주시는 선생님께
우선 감사 드리는 생각과 존경하는 마음을 가지고 스승을 공경하
여야 합니다. 그래야 공부를 잘 할 수 있습니다.

※ 예: 예를 들면 어떤 선생님이 마음에 안 든다고 싫어하면 틀
림없이 그 과목이 공부하기 싫고 따라서 성적이 떨어지고, 반대로
어떤 선생님이 마음에 들고 존경하면 그 과목은 공부하는 데 재미
가 있고 열심히 하여 성적이 올라갈 것입니다. 이래서 제자는 스승
의 은혜를 고맙게 생각하여 존경하고 공경하여야 합니다.

※『육방예경(六方禮經)』에 제자가 스승을 섬기는 5가지 법이 나
옵니다.

- 스승에게 필요한 물건을 대어드리고(교육비)
- 예배 공양하며 존경하여 받들고
- 가르침을 명심하고 순종하여 어기지 않으며
- 배운 법을 잘 지녀서 잊지 않고
- 스승의 은혜를 항상 생각하고 학행을 칭찬한다.

5) 결론

이상과 같이 여러분들기 앞에서 말한 것들을 잘 행하지 못하였
으면 못한 업은 졸업하고 반대로 새 선업을 실천하여 멋있는 인생
행복한 인생을 살기 바랍니다.

청소년 포교 지침서

2000년 12월 20일 초판 1쇄
2000년 12월 22일 초판 발행

지은이   오성일
펴낸이   봉화영(至淨)
펴낸곳   불광출판부
등록번호 제1-183호(1979. 10. 10.)

서울시 송파구 석촌동 160-1
대표전화   420 - 3200
편 집 부   420 - 3300
전   송   420 - 3400

ISBN 89-7479-528-0
www.bulkwang.org
E-mail：webmaster@bulkwang.org

값 10,000 원